# 写给大家的
# 美国简史

A SHORT HISTORY
OF
THE AMERICA

【美】房龙 著　尹继武 译

天津出版传媒集团
天津人民出版社

图书在版编目（CIP）数据

写给大家的美国简史 / (美) 房龙著 ; 尹继武译
. -- 天津 : 天津人民出版社 , 2019.1
ISBN 978-7-201-12149-9

Ⅰ . ①写… Ⅱ . ①房… ②尹… Ⅲ . ①美国 - 历史 -
通俗读物 Ⅳ . ① K712.09

中国版本图书馆 CIP 数据核字 (2018) 第 293201 号

写给大家的美国简史
XIE GEI DAJIA DE MEIGUO JIANSHI
[ 美 ] 房龙 著　尹继武 译

出　　版　天津人民出版社
出 版 人　刘　庆
地　　址　天津市和平区西康路 35 号康岳大厦
邮政编码　300051
邮购电话　( 022 ) 2332469
网　　址　http://www.tjrmcbs.com
电子信箱　tjrmcbs@123.com

责任编辑　章　赪
封面设计　王　鑫

制版印刷　大厂回族自治县德诚印务有限公司
经　　销　新华书店
开　　本　620 × 889 毫米　1/16
印　　张　24
字　　数　217 千字
版次印次　2019 年 1 月第 1 版　2019 年 1 月第 1 次印刷
定　　价　69.00 元

# 目录
Contents

# ◆ 第1章　渴望价廉物美的香料 ◆

杂货商们陷入了极端的困境。

他们供应的香料已经销售殆尽。

然而需求却空前强劲。

其中必有原因。

……

经常到豪华的里茨饭店用餐的人，是不愿意再回到杰克·穆勒利酒馆去的，他们实在不愿意再去吃那闻名遐迩的鲜鱼、咸肉、洋葱、菜豆的大杂烩。这是政治经济学教授和法庭的法官公认的一条法则。当然，在迫不得已的时候，他们也只好以粗茶淡饭充饥了。然而他们在绝望之前，还是要竭力保持积习已久的高消费。

在公元之初的10个世纪里，那些横扫西欧大片领土的野蛮人，饮食非常简单；他们根本就不讲究吃喝。对于他们来说，数量比质量重要。而西欧自从上次冰河期以来，仍然是一块尚未开垦的处女地，人们轻而易举就可以弄到一条木凳、一块野兽的肉和甘美的水。

还有许多的事情需要做，但是人口数量太少了，而需要做的事情却非常多；人们的精力往往都浪费在日常的琐事上了。也就是说，人们用了将近一千年的时间才过上安定的生活。西欧重又恢复了和平与安宁。祖辈赢得了和平与安宁；而年轻的一代人则开始了躁动和游荡。

躁动和游荡经历 10 个世纪，并且最终导致了另一次动乱。然而这时的西方人又再一次认可了唯一的统治者。他并不想主宰世界，但是他的思想武器却能够歼灭所有的瑞士雇佣兵，他的纸箭却能够穿透最坚固的城堡。

他的一丝不快，对于皇帝或国王来说就是战争的威胁。

机敏的外交家和精明的政治家都在辅佐他，持续高涨的不安情绪都被引向了切实可行的对外征服，并且引发了后来的十字军东征和向东的大迁徙。然而让人感到遗憾的是，这一历史事件往往会成为传奇文学的叙事主题，我们往往会忽略这些冲突平淡无奇的本质。

古代的世界是地中海的世界。谁控制了那片广阔的水域，谁就可以将自己的意志强加给在其他地区的人们。

这是一项雄心勃勃的壮举。出没于西班牙半岛、希腊半岛和意大利半岛海湾，以及活跃在摩洛哥、的黎波里和埃及海岸的海盗们，他们只希望取得一些小的胜利。

只有当这些种族群体联合起来——通过成千上万年社会、经济和宗教的共同发展，形成了一个强大的集合体——才能在广阔的地区横行无忌。这些族群对他们所面临的危险非常清楚：战争会给胜利者和失败者带来同样巨大的损失。

这样的壮举在十字军东征以前只有过两次。

第一次发生在公元前5世纪。希腊成为西方的霸主，并且打败了波斯人，在进行了多次成功的反击之后，最终将敌人驱赶到了印度河畔。

第二次发生在公元200年以后。罗马人高举民族精神，竭尽全力击败了迦太基，罗马帝国最终得以保全，保住了他们的家园。

在以后的时间里，他们安享了八百多年的和平。

然而622年，亚洲出现了一位新的先知，在他的号召下，一场非正义的战争正在酝酿。在这次计划中有规模庞大的战斗。穆罕默德大军的左翼占领了西班牙，军队的右翼则通过叙利亚和小亚细亚向君士坦丁堡进军。此时，基督教会的教皇感到万分恐惧，随即宣布进行圣战。

从军事的角度来看，这场战争是完全失败的，但是这场战争却给社会造成了巨大而深远的影响。罗马帝国崩溃之后，欧洲各国第一次接触到一种在各方面都优于它们的文明。十字军的将士到东方去是为了杀戮异教徒、掠夺他们的财物。当他们凯旋的时候却带回了关于舒适、奢华的新观念，他们对自己贫乏、枯燥的生活感到深深的厌恶。

这种观念的转变，不久就在西方大陆上人们的住宅、服饰、举止、娱乐方式和饮食上得到了体现。

那些严格遵循祖辈遗留下来的习俗的老一代人，不断地谈论着祖先的原始价值观。而年轻人则只是耸耸肩膀，一笑置之。他们到过“大城市”，所以他们见多识广。他们平静地等待着时机，等到父母都去世了，就赶忙重新布置家里的客厅，请来外地的厨子，把自己的孩子送到附近的城镇去学习金融和制造业，他们很快就获得了在泥土里辛苦劳动一千年也无法积累的财富。

然而教会却有些不高兴了。

这是它没有料到的结果。

啊！这些凯旋的英雄们已经不再具有他们祖先所特有的那种神圣的热情了！与朋友熟悉之后，就会变得漫不经心；而与敌人熟悉之后，就会相互尊敬。

结果是教堂的建筑物越来越简易，而私人的住宅和市政大楼的装饰则越来越华丽。

我既不能说这是一件好事，也不能说这是一件坏事。我只想把这些事实说出来。如果您得出了什么结论，那么这是您的事情。

在地中海的另一边，那种不可思议的宗教狂热（他们以杀戮俘虏来表示对真主的爱）也逐渐降温了。总而言之，双方都已经认识到了所处的困境，所以他们愿意妥协和解；而这种妥协与和解说明双方商人口袋里都有了钱。

被无数铁蹄践踏过的古老贸易之路得到了恢复。能够进行长途跋涉的骆驼再次驮上了货物，往来于卡什加和大马士革之间。威尼斯轻便的小帆船和热那亚的大帆船，又和以前一样定期往返于亚历山大和法马古斯塔之间。

因此，世界太平，一次成功的东方贸易之旅所获得的利润，很快就从零上升到了原来的四倍。

然而一件偶然发生的小事却可能会改变历史的整个面貌。13世纪中叶，可怕的鞑靼人发动了战争；从黑龙江到维斯图拉河，面对如潮水般涌来龇牙咧嘴的小黄鬼，人们惊恐万分，四处逃散。在这些逃命的人中有一支小的游牧部落（最多只有二三百户人家）。这群人很早以前就生活在亚洲的腹地了，他们一直都和平安宁地繁衍生息。他们一直向西跑，就要到达地中海了。这时他们听说危险已经过去，于是他们决定回到故乡。在回故乡的途中他们必须横渡幼发拉底河。然而意外发生了。他们的首领坠马溺水而亡。那些仍然滞留在河西岸的人们十分恐慌。他们认为这突发的事件就是上天的警告，于是他们请求波斯国王让他们留在那里。

后来的事情，大家都知道的。在不到一百年的时间里，这个游牧民族成了曾经友好接待他们的帝国的主人；三十年之后，他们成了伊斯兰世界的统治者，并且开始了征战的历程；最后，他们的马尾战旗插在了维也纳的城门上，而“土耳其人”这个词语也成了强悍、凶蛮的代名词。

如果这种穆斯林的狂热情绪仅仅只是一种政治运动的话，那么也不完全是什么坏事。然而一场极端宗教的暴风雨却席卷了整个西亚。在穆罕默德死后的 6 个世纪里，他的信徒们原有的激情已经消退。祖先的“信仰”固然是非常美好的，但是胡椒、桂皮和靛蓝交易所带来的巨额利润同样也是非常诱人的。这种交易促使忠实的信徒与地中海彼岸的异教徒们友好相处。这是非常不幸的，但是事情还是发生了。交易就是交易，一个人在进行交易的时候是不可能将基督徒拒之门外的。

那些生活在穷乡僻壤的人们并不是这样的，他们对自己的宗教十分虔诚。土耳其领导人的政治、军事成就鼓舞了他们，于是他们决定劝导那些生活在大城市中误入歧途的教友们改邪归正。

伊斯兰僧人的足迹遍布穆罕默德的国土。这些人有的做祷告，有的跟着音乐舞蹈，有的忙忙碌碌，有的大叫大嚷。但是他们每一个人都在鼓吹回归基本教义。

最初，在巴格达和大马士革从事商业活动的人们对此只是置之一笑。但是这些“极端的宗教狂人”却是非常认真的。商人们很快就不再发笑了。没过多久，他们的邻居遭到了谋杀，他们也受到了警告，于是，他们开始只与信奉同一种宗教的人进行贸易活动了。

而在当时，欧洲人早就已经习惯了那些来自亚洲的物品。这样一来，供应也就被迫终止了。

当然，这种情况并不是在一天或者一个星期、一年里发生的事情。但是在这段时间里，那些在过去二百年时间里一直源源不断地向西输送的物品，逐渐在欧洲的市场上消失了。投机商们开始囤积能够获得的一切物品，物品的价格也开始暴涨。信贷也被撤销了，黄金成为唯一的支付手段。这对于西方人来说是非常新鲜的事情。在中世纪的时候，人们在日常交易中，从来都没有被要求必须支付现金。人们的住所距离很近，鸡犬相闻，互相往来。以物易物，是非常自然的事情。这家修道院的蜂蜜完全可以和那家修道院的酿造醋进行交换。

确实是这样，进行贸易就需要大量的金币和银币。几片咸猪肉和几桶盐，已经很难使卡利卡特的香料商们满足了。他们在委托吉达或亚丁的代理商发货之前，必须支付威尼斯金币或者银币。

而欧洲的市场上现在也已经实行银货两讫的方式了。这样一来就会产生非常大的问题。

黄金这种神秘的、黄灿灿的东西似乎超越了国家和教会，也必须从海外进口。欧洲有一些银矿，但是奥地利、萨克森和西班牙山间发现的那一点点黄金，根本就不能满足投机商们日益活跃的投机行为和香料交易。

世界上出现了空前的、难以遏制的恶性循环。人们的购买欲望的极度高涨——供应量的下降——物价的急剧上涨——普遍需要金、银货币——而可以供应的黄金却越来越少——西亚和北非国家接二连三地落入了凶残异教徒的手中——一条又一条商路被无限期的关闭——新兴的、非常具有活力的欧洲资本主义制度为了自身的发展而挣扎着。

资本主义制度（当代大多数人对它的内涵都有误解）被指责犯有多种罪行。然而即使是它的死敌都不能够指责它是懒惰的，不能否认它在危机的时刻可以发挥出神奇的力量。正是这样一种危机在14世纪上半叶似乎要摧毁西方的整个商业贸易。

我已经谈到过那些杂货商们的困境。他们不断地表达自己的不满，呼声很高。而欧洲的整个经济（说到底是整个宗教、社会、文学、艺术和科学）结构也濒临解体的边缘。

叙利亚和埃及（有史以来东西方主要商路都要穿越这两个国家）在哥伦布死后许多年才被土耳其人占领。但是精明的商人是不会坐以待毙的，他们要提前行动。

许多关于现代商业大王精明能干的故事我们早就耳熟能详了，我们一直以为只有我们这个时代才能产生出这么多精明强干的人。

我们在想象中世纪商人的时候往往有些盲目，以为他们只会坐在一间沉闷狭小的屋子里，用一架小天平来称量计算着银币，同时还在向两名书记员口授信件（他还会保留信件的副本），他们需要等待半年的时间才能够收到维堡或诺夫哥罗德代理商的回信。

然而这就像鸭子喜欢水一样，是我们这个幸福时代喜欢自吹自擂的人们想象出来的谬误之一。

公元 1927 年的世界和公元 1427 年或者公元 427 年的世界实际上是非常相似的。这个世界由各种各样的人组成，有些人非常聪明，有些人就不那么聪明，而其他的人简直就是十足的笨蛋。

最后这种人（总是绝大多数）对什么都不感兴趣；而第二种人则懵懵懂懂，觉得应该做点什么，却又由于胆小怕事，结果一事无成；而第一种人（极少数）则是说做就做，敢作敢为。通往东方的财富之路逐渐被关闭了，没关系，他们于是开始向南、向西寻找新的通道。在那个时代，要在航海图上没有标示的海域进行航行，就像今天想乘坐飞机到月球上去旅行一样，希望是非常渺茫的。而现实也确实是困难重重，只有梦想家才能够克服。

那时有许多经验丰富的航海家，他们能够根据自己身上关节疼痛风湿病的发作情况，预测出即将来临的暴风雨。许多学识渊博的天文学家，他们观测天象就像我们查时间表一样。还有许多冒险家，他们为了寻求刺激，或者是为了得到一罐金币而甘冒生命危险。

但是解决这一问题的却是另外一种人：一位从以斯拉的《启示录》（在人类的记忆中有谁读过这本关于天堂、地狱和预言的古书吗？）中得到启示的奇才；一位毫不畏惧要正式签署合同的年轻人，他希望能够抽取从大洋彼岸的领地上发现的全部贵金属的十分之一；一位爱慕虚荣的人，他坚持让人们称他为“海军上将”；一位在去世的时候身上穿着破旧的圣方济会修道士服装的人；一位穷困潦倒的人。

## ◆ 第2章　未知的世界 ◆

热那亚的邻居们都叫他克里斯，他们认为他只是一个很普通的小傻瓜。西班牙人称他为克里斯托瓦尔·科隆先生，这些人从他的发现中获得巨额的财富，却剥夺了他应该得到的奖赏，后来想到委内瑞拉北部的黄金地带，就又给他封了个华而不实的贝拉瓜公爵的虚衔。人们一般都称他为克里斯托弗·哥伦布。他将以这样一个名字出现在我们的故事里。

他生于1446年，或者是1447年，或者是1448年，或者是1449年，也可能是1450年。我们不知道究竟是哪一年，这无关紧要。他出生在热那亚，或者科戈莱托。我们不知道明确的地点，这也没有什么关系。只是他那可怜的尸骨，在4个世纪的时间里被反反复复埋葬了7次。这很能说明问题：忙忙碌碌，没有安宁的时候；他所得到的奖赏仅仅是一副铁的手铐和一口木头棺材。

哥伦布的父亲是做毛纺生意的，自产自销，生意很好，所以他有能力让儿子进入好的学校学习。将来，哥伦布可能会子承父业，成为一个有名望的人并且娶妻生子，一代又一代，亘古不变，一直这样延续下去。

但是哥伦布并不是一个普通的人！他属于这个世界，却又不属于这个世界。他需要钱——大笔的钱——用这些钱来实现他的抱负、进行研究、著书立说。他要让世人知道：他并非平庸之辈，他的勇气、信心和智慧，都将使他这个毛织匠的儿子与世界上所有的帝王平起平坐。除此之外，他似乎没有其他的追求。

在日常生活中，他显得非常笨拙。但是他却能够仅仅依照自己的设想来制订航海计划，驾驶着一艘破旧的小船穿越航海图上没有标示的海域；他却能够让一帮无法无天的盗贼和劫匪变成规规矩矩的水手，并且帮助他发现他想要的东西；他能够忍受饥渴，他能够忍受睡眠不足和败血病的折磨。毫无疑问，对于一个野心勃勃的人来说，这些表现足以使他一举成名。

有一件事情哥伦布没有做。他没有将这些写下来。或许这是一个遗憾。然而总的来说，我却认为这是一件好事。试想如果有一些关于“我是如何发现新大陆的”的连载文章，再配上几幅那个地区特有的瓜纳阿尼酋长成群妻妾和女儿们的照片！如果再有一篇他署名的“我是如何成为一名探险者”的采访手记，那该是多么好的啊！不，还是没有的好！我们对他的了解也许并不像我们所希望的那么多。但是这却使我们避免用一大堆琐事来掩盖他一生中最精彩的篇章，他坚信，如果人们一直向西航行，那么并不会像当时大多数人所认为的那样将会离开地球，也不会被热带的阳光烤焦；与之相反的是，人们将到达异邦中国，并且可以取道印度返回家园。

结果证明，问题并不像他想象的那么简单。有一片广袤的陆地将欧洲的海洋和亚洲的海洋隔开了。然而这只不过是整个事件中的一个小插曲而已，谁都无法预料。这也绝对不会使这位衣衫褴褛、饱经风霜的热那亚水手的荣耀黯然失色，因为是他首先提出了“能够向西航行”，并把这个想法付诸了实施。

与我们这个时代相比，中世纪有一个巨大的优点：对自己的工作不仅要了解，而且还要非常熟悉。这被认为是一个人的良好品行，甚至可以说是一个人生命的重要组成部分，所以一点儿都不能够含糊。希腊人早在一千年前就已经说过了：只要诚实地劳动，诸神就会全力相助。15 世纪的时候，人们把行会的领袖当作宙斯，但是他们仍然严格地遵循着这样一条古训：只有勤劳的人才能够胜任工作。所以，当年轻的克里斯托弗决定不继承父业而要成为一名水手之后，就立即到一位船长那里当学徒，从侍从和厨子助工做起。

在此后的 4 年时间里，他到过地中海东部地区的所有港口。随后，他又到了葡萄牙和英格兰。他还曾经一直航行到达新发现的几内亚海岸。不久之后，他结婚了，他的妻子也是和航海有密切关系的人。这也更加说明他对自己的职业是真诚的和专心的。她并不是出身豪门，但是她却拥有她父亲的航海日志和笔记。她父亲不是别人，正是巴托洛梅乌·佩雷斯特雷略。他曾经为葡萄牙的亨利王子服务，是圣港岛（马德拉群岛中的一个小岛）的首任总督。

这样，哥伦布就和一位有着 30 年航海经验的人有了接触。这位先知完全可以被称为当代探险和发现的鼻祖，他为后人铺垫了道路，但他自己却看不到最终的胜利。

葡萄牙的亨利王了，通常被人们称为航海家亨利，他的父亲是葡萄牙人，他的母亲是英国人。年轻的时候他曾经是一位了不起的武士，同时他也是一位非常严谨的人，甚至可以说是一位名副其实的清教徒。当异教徒跨越直布罗陀海峡入侵葡萄牙的军事行动被遏止之后，战争结束了，他却退出了宫廷。他在自己家乡一处荒凉的海边，那座光秃秃的小山上（离萨格雷斯城不远）修建了一座修道院式的城堡。这座城堡后来成为历史上的第一所航海学校和中世纪最重要的天文观象台。

那里，没有外界尘嚣的烦扰。皇家地理学家、天文学家、数学家和地图绘制者在那里收集、整理、审查各种各样稀奇古怪的资料，并把这些资料进行分类。这些资料包罗万象，是航海家们所必需的专业知识。迦太基人汉诺是最早开始收集这些资料的。他记录了像人一样行走的类人猿，他把它们称作“大猩猩”。他的这些不可思议的记述让西方世界的人们大为吃惊。

人们应该清楚，这位杰出的王子的兴趣并不是贸易。作为约翰•贡特的孙子和非常富有的基督教骑士团的首领，他根本就不会为钱发愁。还有就是，他是一位非常虔诚的基督徒，所以他对于世俗得失并不会太在意。在博哈多尔角以南的地区，生活着并未开化的可怜的异教徒，他们仍然生活在愚昧之中。假如他能够赢得异教徒的心，那么商人和经纪人就可以与野蛮的黑人进行贸易，并且从中获利。而他只要能够同普雷斯特•约翰（12 世纪传说中的人物，后来经过查证，是阿比西尼亚一位头发卷曲的国王）取得联系，那么他就会欣然奉献出俄斐的所有黄金。

萨格雷斯研究院的很多研究成果是航海学上的定论，他们为了获得研究成果往往是不惜工本的。他们得出研究成果所需要的时间非常长，这也可以说明中世纪的探险活动是充满艰辛的。现代货船几天就可以完成的航程，研究院的船则往往需要航行很多年。每当成功地绕过了一个海角，那么他们就要唱上一整天的赞美诗，感谢上帝。一位曾经到北极探险归来的现代探险家还不如一名在航海图上多标示出几百海里非洲西海岸的葡萄牙船长得到的赞誉多。

因此，真正伟大的人和一般的伟人之间的差别就在于，前者从来都不急于求成。航海家亨利绘制海图，就像克莱斯勒拉小提琴。他的心中装着整个世界，他把全部身心都投入到他的工作中。他从来都不会马虎从事，也不会莫名的兴奋。于是，非洲的西海岸就逐渐被绘制成图了。长时间不见的亚速尔群岛又重新被发现了。被人们遗忘了近一个世纪的马德拉群岛，不再是英国浪漫爱情小说所描绘的如诗如画的地方，而是成为地图上的一个确切无误而又普通的地点。博哈多尔角也不再是地理知识的最终极限，因为布兰科角比它还要远。还有 1445 年发现的佛得角。其实，在亨利去世以前，他的一名船长已经把航线推进到了塞拉利昂角。这也就为后来迪亚斯航行绕过好望角和瓦斯科·达·伽马航行到达印度奠定了基础。

亨利王子在其他许多方面都对人类文明的进步和发展做出了贡献（虽然并不是那么直接）。很少的科学往往可以消除大量的无知和许多偏见。在萨格雷斯研究成果的影响下，乱七八糟的鬼怪、漂浮的岛屿、可以潜入水底的陆地以及其他许许多多幻想出来的故事都不见了。爱尔兰的传教士们原来曾经用这些故事取悦他们所在教区的那些迷信的民众。罗盘、六分仪已经代替了在海岸上颠簸航行的古老方法——人们所熟知的“依靠上帝、凭借猜测的航行”方法。大风往往会把航船吹离航道，水手们因此也就有机会看到许多非常奇怪的事物，对于这些新的发现他们都感到非常惊奇。他们回到家里之后就会讲给周围的人听。人们再也不会将这些奇谈异论当作只有福音书里才有记载的东西，而是进行细致的研究，视研究的结果而定，或者是加以批驳，或者是留待日后再进行研究。

哥伦布和他的水手们一样，非常清楚这些奇谈怪论。其中的一个故事说的是：在北极圈以北的某个地方有一个全新的世界，有人曾经到过那里。哥伦布究竟向那个方向航行了多远，我们并不清楚。他曾经向他的一些朋友暗示说，他的航行最远到达了世界的尽头。他所说的“世界的尽头”又是什么意思呢，我们也不明白。也许他说的是冰岛，也许是法罗埃群岛。但是，不要忘了：哥伦布在世的时候，“格陵兰主教”这一称谓就已经存在了；但是同格陵兰岛的直接交往不过只是 30 年前的事情；冰岛人当时搜集了大量的古代传说——在这些传说中记载了他们祖先的英雄事迹，并且详细描绘了西方的一些神奇的土地。

历史学家们在收集这些史料的时候，往往会忽略洋流和海风这类细枝末节的资料。我们在观看一幅大西洋图的时候，可能也不会问：“北欧人是否到过美洲的海岸？”而是会说：“他们究竟是怎样航行得那么远，并且最终抵达了那里？”

一艘法国商船或者一艘英国商船在偏离了航道之后，最终的结局不是葬身海底，就是返回本国的港口。这是墨西哥湾流在作祟。

而一艘来往于挪威和北极之间的北欧商船，却随时都可能碰上危险的格陵兰洋流。除非它是非常幸运的，还有可能会碰上拉布拉多洋流，那么它就只好顺流航行，最后抵达北美大陆西海岸的某个地方。

格陵兰与挪威的交往长达 4 个世纪（983 — 1410）；在那期间，许许多多的男男女女曾经到过西方的那些岛屿；他们在航行的时候并没有航海图的指引，也没有罗盘，完全是根据不同的北极洋流来航行——他们航行中遇到的艰难险阻，我们这些不了解墨西哥湾流的人是很难理解的；他们都是非常具有想象力和文学修养的人，为我们留下了有关他们探险的精确而详尽的记录。

我说的这些事情，并不是要重新挑起究竟是谁发现了新大陆这个愚蠢的争论，有人说是莱夫——埃里克的儿子、豪卡达卢尔的农夫，也有人说是克里斯托弗——多梅尼科的儿子、热那亚的纺织匠。我之所以提到历史上的这些欧洲人，只是想说明：在哥伦布的时代，大西洋彼岸存在着“某种事物”、任何人只要愿意冒险向正西方向航行三四个星期，那么就有可能够发现“某种事物”，这是人们普遍承认的事实。

那些认为可以乘船航行到达这些陆地（可能是印度和中国沿海的一系列岛屿）的想法，是没有证据的。一批又一批的船只进行远航，而结果却是白浪费金钱。我们将进入哥伦布生命中的第二阶段。他一生都在扮演倡导者的角色。

15 世纪下半叶，唯一拥有足够现金的地方就是意大利。如果罗马教皇或者是梅迪西家族愿意资助他的事业，如果他能够说服威尼斯政府或者热那亚政府，那该是多好的事情啊！

西班牙控制着大西洋的门户。并且西班牙还是一个强大的国家，是一个高度中央集权的国家。而意大利的各个城市则是规模很小的，并且他们只重视自身的利益；它们拥有的舰船也很少，主要是用于防卫。因此，西班牙的实力要远远超过意大利，这样，自然而然的也就成为哥伦布的首选对象。于是他就返回了西班牙，开始为他伟大的向西航行进行认真的准备。他坚信他未来可以获得庇护者的崇高荣誉。

现在，我们可以不惜花上数百万美元和浪费许多时间来赢得一些军事上的胜利。所以，我们就很难理解和评价让资本主义制度下的人在拿出大笔的金钱和赢得崇高荣誉面前进行选择时，所表现出来的极端愚蠢和无可救药。一百多年前，法国大革命爆发的原因，就是由于这个在18世纪非常繁荣昌盛的君主国没有能够筹措到一笔款项，尽管它拥有非常精明能干的大臣、忠心耿耿的高等法院法官，并且得到了当时最精明的财政大臣的协助，但是也无济于事。而现在，只要财政部长和几名国际银行家通上半个小时的电话就可以解决这笔资金了。

西班牙也差一点儿就失去了成为新大陆主人的机会。因为费尔南多国王和伊萨贝尔王后一时很难筹措到相当于现在1万美元那么多的现金。最后，经过一番周折，才最终弄到了这笔钱。然而，如果没有平松兄弟（帕洛斯非常有地位的商人；帕洛斯小城现在早就被人们遗忘了）的私人援助，哥伦布可能还要到巴黎、里斯本和伦敦向那里的王室事务官们求助，向他们说明：他的计划绝对不是痴人说梦；还要向他们保证：现在花这么点儿钱，用不了多久就可以获得巨额的财富。如果没有这些资助，他也许只能碌碌无为地了却残生了。

虽然经历了很多曲折，最后平松兄弟还是决定与国王和王后联合，哥伦布才得以在 1492 年 8 月 3 日指挥三艘船扬帆起航，向亚速尔群岛进发。这三艘船，即使是最大的那一艘也要比大渡船还小，它们是用来与佛兰德进行沿海贸易的。

他曾经两次看到了陆地：有一次是加那利群岛；还有一次是特内里费岛。后来，他勇敢地向前行驶，进入了一个完全陌生的海域。航行了两个多月时间。1492 年 10 月 11 日至 12 日的那个夜晚，他看到了一点儿光亮。那就是“印第安人”的营火。第二天上午，白人和古铜色皮肤的印第安人第一次见面了。那情景肯定非常滑稽的。哥伦布的指挥船上有一位犹太人水手。因为他会很多种外语才被雇用的。在这个重要的时刻，他的工作其实很简单。

哥伦布：问问那个老异教徒，印度在哪里？

路易斯·德·托雷斯（举起一根闪闪发光的小铜棍，挥了挥胳膊）：嘿？

那个“老异教徒”（用脏兮兮的手指向西一指）：嘿！

接着，这些勇敢的冒险者就又重新起锚了，向西航行。他们一路上只发现了一些岛屿。这些岛屿都非常小，高出水平面很少，岛上长着棕榈树，赤身裸体的野蛮人生活在上面。“圣玛瓦亚”号船开了一炮，炮声响起，岛上的小孩子们都大喊大叫，四散逃跑。可是，印度在哪里呢？筑有角楼的中国城墙在哪里呢？西潘古的香料树在哪里呢？连一点儿影子也没有。

然而，哥伦布并不承认他失败了。

他又连续三次不知疲倦地横跨了大西洋。他坚信，总有一天会在这些令人讨厌的礁石和海角之间发现一条航道，到达他的目的地。

但是他却一直没有发现这条航道。

海上航行充满了艰难险阻，他必须忍受饥渴和热带病带来的折磨。他和其他船长一样，已经是筋疲力尽，身体虚弱，难以继续奋斗了。

哥伦布于 1506 年 5 月 20 日辞世。他死后仍然是厄运不断。

16 世纪上半叶，法国小城圣迪埃有一所非常有名气的研究院，这里是专门从事地理学研究工作的地方。1507 年，研究院院长马丁·瓦尔德西默勒（一位诚实的德国人，他把自己称作希拉科米勒斯）决定出版一部关于宇宙知识的著作。可是，对于散布在亚速尔群岛以西数千海里之外的那些数目不断增加的小块陆地该怎么办呢？

应该把它们集中起来命名吗？

是时候了。但是应该起个什么名字呢？

有人提议：“是谁发现并进行了探险，就用谁的名字命名。”

在这个问题上，人类历史上最不合理的事情出现了。

欧洲北部的人们可能听说过哥伦布，但是他的事迹还没有广泛传播。欧洲的北部地区流传着一本粗制滥造的铅印小册子。小册子上有蹩脚的木刻图片，表现的是印第安人和野兽，书里讲述了一个名叫多夫或类似这个名字的人曾经到过大鹏鸟生活的地方，他回家以后向周围的人们讲述了自己冒险的经历。欧洲北部的人们就了解这些。

然而在16世纪刚开始的5年时间里，一些非常有趣的故事逐渐在比利牛斯山脉流传开来。

哥伦布的第二次航行得到了一名在塞维利亚经商的佛罗伦萨商人的资助。后来这名商人突然亡故了，一个名叫阿美利戈·韦斯普西的人继续与哥伦布签订契约。这个人也是佛罗伦萨人，是梅迪西家族在西班牙西部的金融代表。这位阿美利戈（据他自己说）曾经多次航行到新大陆，并在新大陆的南部发现了很多新的地区。他是一位非常聪明的宣传家，还是一位非常喜欢写信的人。他经常给他的雇主洛伦佐·德·梅迪西写信，向这位老银行家讲述他的所见所闻。这些信到了佛罗伦萨之后，就被翻译、印刷出来，并广泛传播。

当博学多识的希拉科米勒斯准备为欧洲和印度之间的那些岛屿命名时，立刻就想到了这位人们非常熟悉的佛罗伦萨人。每个能读会写的欧洲人都知道他的作品和业绩。因此，布拉科米勒斯提议：这些新的土地应该被命名为“阿美利戈之地”或“亚美利加之地”。因为人们对“亚美利库斯”这个名字已经很熟悉，所以也就没有人提出异议。这有什么关系呢？不管是这个名字还是其他的名字，都是一样的。重要的是问题解决了，人们也就不用再操心了。

我们也不要对可怜的希拉科米勒斯过分责备。他其实并没有什么恶意，他只是一位普通的学者，被聪明的宣传家欺骗了而已。

# ◆ 第 3 章　信仰、黄金和印第安人 ◆

1732 年，杰弗里 • 阿默斯特将军（他用自己的名字为北马萨诸塞的一个村庄和一所著名的学校命了名）命令他的一名下属处置一些已经承认英王陛下为其君主的土著部落。

英王陛下曾经传达旨意给他：“把那些天花患者使用过的毛毯送给印第安人使用，让他们染上疾病。还要动用一切可以消灭这一可恶种族的手段。如果你计划用狼犬追杀他们的计划能够获得成功，那么我会非常高兴的。”

如果 18 世纪上半叶（这时的人们已经开始关注那些文明程度不高的种族的福祉了）的一位杰出的、友好的英国将军可以干出这样的事情来，那么早在三百年前那些被西班牙天主教控制的国王陛下的士兵和传教士控制的可怜的野蛮人，又会是怎么样的呢？还是不要说了。

西班牙人从小就憎恨和蔑视那些皮肤微黑的摩尔人（他们统治西班牙长达 5 个世纪）。因此，他们认为新领地上的那些古铜色皮肤的居民其实只是一种动物，和人并不属于一个族类。

从某种意义上来说，这对于印第安人倒是非常有利的。他们因此就可以摆脱宗教裁判法规的约束，因为宗教裁判法规是专门针对

“人”的。因此，无论是在墨西哥城还是在库斯科，当那些贸然闯入的英国异教徒和犹太教徒脚步沉重地走向火刑柴堆时，那些土著人就可以兴致勃勃地前往火刑场观看盛典，而不会因为他们自己的邪教主张受到凌辱。然而除此之外，印第安人的境遇并不好，他们并不感到开心。他们坚信：他们才是美洲这块土地上真正的、合法的主人；那些外来的入侵者让他们成为奴隶；这些入侵者之所以能够幸存下来，就是因为他们拥有大量的枪、炮。这样的想法使他们更加难受。

印第安人的来历问题一直都没有确切的答案。他们难道是跨过冰封的白令海峡或者是通过已经消失的陵桥来到美洲大陆的亚洲人？还是经过冰岛和格陵兰岛从欧洲漫游到拉布拉多半岛的原始人的后代？至今都没有人能够根据现有的资料得出结论。然而有两点是可以肯定的：人类在亚洲、非洲和欧洲出现之后的数千年时间里，美洲大陆还没有人类活动；印第安人的祖先到达美洲大陆之后就和世界其他地区割断了联系，经过了大约 1.5 万或 2 万年的时间。但从智力来说，美洲的土著人并不比世界其他地区的人差。只是由于他们长期处于完全独自生存、发展的环境，以致在很多方面都比使用枪、炮袭击他们的欧洲人落后数千年。

印第安人之所以轻而易举地就被外来人征服，还有一个原因就是他们的人数太少了。整个大陆（包括南美洲、北美洲和人口稠密的中美洲）的人口可能也不超过一千万，和现在的纽约或芝加哥差不多。人数这么少，因为他们已经习惯于游猎，同时还因为他们大多不知道农业。

当然，我所说的这些只是一个概论，而概论是不确切的。印第安人有很多种：有高度文明的玛雅人和秘鲁人，也有吃人肉的巴塔哥尼亚南部地区的部落。但是他们都不是那些组织严密、武器精良的欧洲入侵者的对手，他们的领土被侵略了，在很短的时间内就被占领了。

对于他们来说，非常不利的是哥伦布的发现新大陆的时候，即西班牙人刚刚经过大约 6 个世纪未间断的战争，把最后一个穆斯林哈里发赶出了他们的国土。西班牙仍然充满着圣战的精神，并且时刻准备着，以至高无上的宗教的名义来从事见不得人的勾当。科尔特斯和皮萨罗这些人和一群训练有素的恶棍摧毁了有法国、西班牙和英国加起来的面积那么大的印第安帝国。如果他们不是把自己当成首领熙德的直系子孙和上帝挑选的使徒的话，是绝对做不出这种事情的。

征服者当然都是一些非常特殊的人物。他们英勇悲壮的故事被描述得有声有色。他们越过高山，穿过沼泽，具有高尚而又邪恶的献身精神，这就是他们的事迹。但是我们往往会忽略这样一个问题：这种虔诚是和对黄金的极度贪婪交织在一起的。为上帝效劳和为异教徒做些事情的意愿，的确促使一些纯朴的传教士不畏艰险，漂洋过海。但是绝大多数的人想的只是发财致富，并且是要迅速地发财致富。他们打家劫舍，毁坏农民的灌溉水渠，霸占良家的女孩。而那些国内的人们同样是贪得无厌、冷漠无情的。只要“运银船”每年运送大量的黄金、白银，供相继登上国王宝座的腓利佩们、卡洛斯们和阿尔丰索们进行无休止的征战，就没有任何问题。

这种状况对西班牙人造成了恶劣的影响。第一批美洲的岛屿被发现还不到20年的时间，墨西哥的土著就已经大批死亡了，最后还不得不从其他地方引进劳力。最开始的时候，这些劳力是印第安人，来自佛罗里达和委内瑞拉。但是那些美洲的印第安人并不是好的奴隶，一旦他们被抓住，就会陆续死亡。因此，一个叫巴托洛梅•德•拉斯卡萨斯的人（一个和哥伦布一起航行的人的儿子）建议不要再强迫美洲的土著到矿山和种植园工作，而是使用能够吃苦耐劳的非洲黑人代替他们。他的这一建议的确是非常令人反感的。

拉斯卡萨斯提出的这个建议是出于善意的，但是他的计划在实施过程中却与他的初衷相违背。不久，那些基督教国家的恶棍无赖（当时为数不少，后来也很多）就纷纷出动，沿着塞内加尔河和刚果河猎取奴隶。而这种令人愤慨的贸易一旦开了头，就一发不可收拾，并且一直延续了几个世纪之久。

新大陆的殖民地体制是注定要消亡的。一个非常突出的原因就是：西班牙国王天生就爱集权。在那个不幸的国度里，一切都要听从马德里的命令。任何殖民地都不可能享有丝毫的自治权。所有的官吏都来自宗主国；没有一个在海外出生的人能够得到一个高的职位或者是负有责任的职位。

在这种情况下，殖民者们只能耸耸肩说："这有什么用？"（或者类似的话。）他们避开政府的所有机构，不择手段，发财致富，他们要么就是剥削他们的白人邻居，要么就是奴役他们的奴隶。还有一些人加入了教会，充分利用他们在社会上的这种优势地位，很快就能够使当地百分之八十以上的不动产落入教士和他们随从的手中。

但是垄断统治却严重阻碍了社会经济的发展。西班牙将这种制度作为整个殖民政策的重要组成部分引进到了新大陆。私人企业被无情地排除在外。个人经商者一旦被发现，立即就会被送上绞刑架；从布宜诺斯艾利斯和哈瓦那运出的每一盎司黄金和每一磅肉桂，都要在加的斯登记造册。那里有一群死板的书记员和官僚政客，所以独立的商人阶层根本就不可能存在，也没有发展的余地。一些犹太人（就在哥伦布从帕洛斯启航的那天被西班牙驱逐出境，这完全是一个偶然的巧合）在墨西哥、秘鲁和委内瑞拉落脚生根。他们凭借自己的勤劳和俭朴积累了一些财富。但是只要他们有了一点儿钱，宗教裁判所就会指责他们离经叛道，并对他们施以火刑，还会没收他们的财产。于是其他一些人就移居到了伦敦和阿姆斯特丹，用他们的智慧和金钱为西班牙的劲敌服务，用这种迂回的方式来摧毁那个曾经使用残酷的手段处置他们祖先的国家。

其实还有许多令人不满和应该受到非难的事例可以列举出来。但是这些事实已经足以说明：为什么现在“美国的历史”已经不再是那些讲西班牙语和葡萄牙语而不讲英语的历史故事。

不错，是西班牙发现并征服了新大陆，但是当发现和征服的过程一完成，它就犯了一个严重的错误，它想把新大陆变成一个旧大陆的复制品。这个严重的错误使它日后的所有努力都注定要失败。

决定人们命运的诸神是非常宽容的。

但是在事实上，它们又不准人们随便跨越越雷池一步。

# ◆ 第 4 章　毫无价值的土地 ◆

一群岛屿，彼此邻近，组成了一条锁链，截断了从欧洲通往东印度群岛的道路。这个障碍是非常可恶的。人们对它的认识是一个渐进的过程。它逐渐成了一个可怕的现实。

最开始的时候，那些冒险航行的人都是满怀希望的。

哥伦布失败了。其他人可能会取得成功。

而解决这一问题的人却可以轻而易举地获得巨大的收益。因此，他们开始努力地工作。

他们探寻每一个海湾。他们的航船沿着每一个河口进行巡查，在河流中逆流而上，直到看见沙岸或者山梁为止。因为那些令人讨厌的沙岸和山峰说明，他们的探察又要落空了。他们对每一条小河、每一条小沟都进行了探察，可能会取得成功！不在这两个岛屿之间，就在那两个岛屿之间，肯定会有一条通道、一条狭窄的水路，也许会有一条线路可以通过小帆船，不在这两块礁石之间，就在那两块礁石之间，也许会有一条通道，能够直接到达向往已久的“香料群岛”。

有很多次，这个愿望似乎就要实现了。1500 年，维森特·平松（1492 年那次著名航行的幸存者）发现了一片宽阔的水域，好像可以向西航行。他航行了50海里，但是遇到了一组小岛和沙洲，所以他被迫向后转了。直到40年后人们才发现亚马孙河其实只是一条非常平常的河流，可能只是比其他河流长一点儿、宽一点儿、大一点儿、混浊一点儿，但是不管怎么说，不过只是一条河而已。

1513年，谣言又一次传遍了欧洲的各个港口，说问题很快就可以解决了，直接通往中国的水路找到了。很正确。但是巴尔博亚刚刚以西班牙国王的名义占领的那片波光粼粼的水面，被绵延数百英里的难以攀越的山崖和火山与大西洋隔开了。巴尔博亚站在绞刑架上的时候（他独自行动的冒险行为受到了西班牙式的惩罚）才知道他失败了；他什么问题都没有解决，而且还把问题搞得更加复杂了。

与此同时，瓦斯科·达·伽马终于发现了直接通往加尔各答的东航路线。这样，从加的斯和帕洛斯到圣多明和古巴的漫长而危险的航行就不必要了，这条航线能“获得重大发现”的希望非常渺茫的，被人们看作一种荒唐而又不必要的冒险行为。向正南方向沿着亨利王子在25年前所指定的路线航行，人们始终都能够看到陆地（除了几片很小的水面之外），三天或者四天就可以上岸补给一次淡水。因此，“亚美利加大陆”在地理学上就不再那么令人感兴趣了，而剩下的只有实实在在的经济利益了。

而下面的问题则是“我们现在应该如何处置它呢”？

答案很简单。

“我们可以靠掠夺那些土著人发财致富，也可以把其他人喂狼和猎犬。”

于是，那些出身低级的贵族冒险家们、拦路抢劫的盗贼们、恶棍暴徒们，以及伊比利亚半岛上的无赖、流浪汉们，都欣喜若狂，高声喊叫着："快走啊！"

他们实现自己宏伟大业的方式就是：枪杀、砍杀、绞杀、放火、抢劫、说谎和欺骗；他们的方法就是让土著的村落合并，集中进行墓葬。作家们往往会对这一切进行美化，使他们的事迹流传于世。他们认为自己祖先所做的这些杀人放火的勾当，和其他人的祖先杀人放火的罪行完全不同。在很短的时间内，新大陆上凡是有些价值的地方就全都落入了西班牙征服者的手中。他们强行霸占了这些土地，又不愿意辛勤地进行耕种。

墨西哥最先遭受灾难，然后就是秘鲁，再后来就是智利被并入了新卡斯蒂利亚。与此同时，西班牙人和葡萄牙人在东海岸开始了活动，但是他们的活动被教皇亚历山大六世在平面世界地图上所画的一条小小红线所限制。他们只能在划给自己国家的地域内活动。教皇画这条线，为的是让他那些虔诚的信徒能够平分美洲的战利品，而不要使基督教徒们流太多的血。

我们最好还是查阅一下那个时期的地理手册吧！

对于绘制那些地图的专家来说，16、17 世纪是一个黄金时代。那个时代的许多地图绘制者同时也是一流的艺术家和非常卓越的科学家。但是他们为我们留下的美洲"形象"却是非常奇特的。他们在绘制南美洲和中美洲地图的时候，把那里的海岸线和河流都描绘得非常清楚，可以说是完美无缺。对于墨西哥，也是这样的。对南美洲的部分地区，他们绘制的精确度也是非常高的。但是除了这些地区以外，他们就都不感兴趣了。在北部美洲广袤的旷野上，他们只是简简单单地写下了这么一行字："毫无价值的土地。"

## ◆ 第 5 章　尚普兰与独木舟 ◆

很少有人能够非常理智地看待自己。即使是现在，这种人也不会比旧石器时代多很多，甚至还要比公元前 3 世纪的希腊和小亚细亚少那么一点点。当然这种事情是很难用一种科学的精确尺度来加以衡量的。

然而我们对这个事实是非常清楚的：不管是过去还是现在，一般人都喜欢吃容易消化的、添加了很多种调料的食物。生活在北半球的人们在餐桌上最爱谈论的话题就是：拉丁人（和其他所有的南方人）根本就不懂得航海；真正懂得航行和航海知识的只有"盎格鲁－撒克逊人"，（把标准放宽一点儿）或者还有荷兰人和挪威人。

可是，当我们的祖先还在往脸上涂颜色、吃生的熊肉片的时候，腓尼基人的船长就已经带领着一群闪米特人水手到过好望角了。

之后，当日耳曼人还惊奇地盯着一种叫作"舵轮"的新鲜玩意儿的时候，闪米特迦太基人已经开始和刚果的土著人做生意了；罗马人和希腊人就已经探察过地中海的各个角落了；一些勇敢的推罗人和西顿人水手还定期到康沃尔锡矿区。

葡萄牙人漫游了世界各地；一位意大利人发现了美洲；从火地

岛到佛罗里达之间的各个港口都在使用西班牙语。

我们可能并不喜欢听这些话，但是不可争辩的事实是：我们的祖先是从西班牙人和法国人那里学会了如何做生意。当世界地图的大部分地区都精心地标上法语和西班牙语名称的时候，我们的地名还没有标示在地图上呢！这不仅仅是因为拉丁人航海家具有非常高超的航海技术，也是由于他们有着非凡的探察技能。

弗罗比歇和德雷克曾经多次试图寻找能够把他们从大西洋带到太平洋的水道。但是他们是航海家，所以他们离不开船。当结果被证实：他们在一片开阔的水域逆流而上，来到了一条河的源头，或者又看到了一个海湾模模糊糊的海岸线，他们又一次失败了。他们发誓要继续寻找。他们掉转了船舵，扬起风帆，想到其他地方再碰碰运气。难道不能上岸试试吗？不，他们绝对不会上岸！对于约克郡的农夫来说，行走只是一种娱乐的方式而已。而真正的德文郡人的活动是要在船上进行的，要远离陆地上的花草树木。

西班牙人和法国人可就完全不一样了。他们善于行走。他们能够披着盔甲，在烈日下行走很长的一段距离。如果是现在的军队，那肯定会拼命地喊叫，要求乘坐卡车，要喝冷饮了。西班牙人走到哪里就毁坏到哪里，他们总是盲目行事；而法国人由于没有得到自己国家的支持，所以逐渐地也学会了使用其他的方法做事。他们有的时候也和其他国家的人一样，非常残忍，用枪炮来对付仅以弓箭武装起来的土著人。但是法国人更喜欢先礼后兵；而西班牙人则是一开始就杀人，然后再派教士去布道，教化那些幸存的人。

在那些百折不回的法国航行家中，有一位非常有名（因此也是最为引人注目的），他叫尚普兰。他曾经写过一本非常著名的书，他在书中第一次提出建议开凿一条穿越巴拿马的运河。他在书的扉页上签的名字就是萨缪埃尔·德·尚普兰·德·布鲁瓦热。他为自己的这个名字而感到骄傲。当他到达新大陆北部的时候，人们在半个世纪以前就已经知道有一条流经内陆的大河了。但是人们对圣劳伦斯湾雾蒙蒙的岸边以外的地方就不那么了解了。有一个人想在加拿大的旷野上寻找通往印度的道路。这个人就是尚普兰。他和他的后继者坚信自己的事业一定能够成功。

他们是一群非常勇敢的人。他们不需要大队的人马随行，因为那样会很麻烦。他们通常只带一两个白人随行。沿途的土著帮他们运送东西、划船操桨。很快他们就发现：向西穿行，水路比陆路更容易。

大部分的印第安人的生活仍然是以渔猎为主。他们发明了一种小船，非常结实，能够在急湍的水流中航行；这种船的船体很轻，当遇到河道不能行船的时候，把它拖上岸带着走就可以了。尚普兰乘着这种“独木舟”向西航行，一直到达了休伦湖，并且绘制了圣劳伦斯河下游地区的地图，探察了安大略湖和欧奈达湖；还非常巧妙地利用阿尔贡奎因人、休伦人和易洛魁人之间的争斗，探察了后来发现的尚普兰湖（以他自己的名字命名的湖）的沿岸。最后，他在罗亚尔港、魁北克和蒙特利尔建立了殖民点。这些殖民点后来都成了计划中的“新法兰西”（从戴维斯海峡到墨西哥湾）的发展基地。

即使是尚普兰和与他同样著名的后继者（马盖特、诺利埃、埃内潘和拉萨尔——他们从贝尔岛海峡出发，沿着圣劳伦斯河、五大湖、俄亥俄河以及密西西比河顺流而下，经过陆地到达莫比尔湾）这样一些人的热情，也没有能够让法国的君主们相信：从长远的观点来看，在美洲进行不动产的投资，要比他们竭尽全力为了扩张王朝势力的而进行无聊的战争更为有利。

波旁王朝的君主们和哈布斯堡王朝的君主们毕竟是亲表兄弟；而哈布斯堡王朝君主们的姓氏又都来源于一个名叫“雄鹰巢穴”的古堡。雄鹰是非常善于争斗的，但是雄鹰却不善于深谋远虑。

这些决定着欧洲命运的王朝，专门寻找和平邻国中那些容易对付的对手。只要它们还能够维持一天，那么就绝对不会考虑到遥远北方大陆天寒地冻的荒原上去。

因此，即使那些伟大的法国先驱者已经进行了探察、开发，但是一切都依然如故。

那块地方在地图上仅仅只是几个点、几条线。那个地方是五百年前北欧人莱夫第一次看到的。其他的地方则是一大片的空白，上面写着一行经常可以看到的大字——“未知的地方”。

以前未知，现在仍然未知，这真是地理学上的一个天大的笑话。那里的一切都成了凡尔赛宫里茶余饭后闲聊时讲给小孩们听的稀奇古怪的神话故事。他们非常喜欢听有关霍奇拉加国王的故事。他的头上装饰着羽毛，鼻子上穿着金属环，非常滑稽可笑。

# ◆ 第6章　加尔文博士对世界的探索 ◆

佛罗伦萨的圣洛伦佐教堂里竖立着一块石碑。这其实就是一块原石，没有任何雕凿的痕迹。数百年来参观者们用批判的眼光审视着它，一直都认为它是难得的雕塑佳作之一。它是用来纪念一位生命非常短暂的六等小诸侯的。在他的一生中从来都没有做过任何值得纪念的事情。

在6个世纪以前，有一位非常精明的当铺老板使阿尔诺河畔的一个小村庄变成了文明世界的中心。他死后也葬在了圣洛伦佐教堂。他被装在一个普普通通的木质棺材里下葬，被埋在教堂里一个非常不显眼的地方。

人死了以后，荣耀就会像闪电一样，稍纵即逝，有什么功绩，谁也说不清楚。

哥伦布的发现为西班牙扩张了数百万平方英里的土地，而一位德国的教书匠在编写一部普通学校使用的初等地理书时，竟然剥夺了用他的名字来命名新大陆的荣誉。要知道，是他让他同时代的人知道那块新大陆。

后来曾经有很多人试图纠正这个错误。但是在这个问题上，美利坚合众国的公民却表现出了比其他任何国家的人都要强的宽容大度。我们国家的地图就是一首对热那亚航海家荣誉的赞歌。国家的法律规定：把开垦出来的沼泽地称作哥伦比亚特区。用“哥伦布”的名字命名的地方，全国各地都可以见到，并且还有用“哥伦布”的名字命名了公路、停车场和山峰。

总之，火星来的客人很快就会有这样一种印象：即克里斯托瓦尔先生肯定是这艘名叫美国的商业投机巨轮背地里的合伙人；他在我们国家的发展进程中肯定起到过非常巨大的作用。如果我可以勉强地使用一种比喻说法，那么哥伦布就是我们这个国家的接生婆。是他为我们生活的这片土地带来了文明之光。他是一位非常具有影响力的人。他的品德可以说是儿童们的楷模：要像他那样，在少年时代就树立伟大的理想，努力求学，长大了以后进行不懈的追求。他的经历又启迪着人们：一个人也许会被遗忘，即使是他同时代的人也可能根本就不知道他的名字。

如果我们这些后来人还有一些真情实感的话，那么就应该在美国的每一座城市和村庄竖起一座或者若干座约翰·加尔文[1]的雕像，以表示对他的纪念。加尔文 1509 年出生在法国的诺阳，1564 年在瑞士日内瓦去世。

由他创立的批判性极强的神学体系和原来霍雷布山的先知所阐释的体系都已经过时了，1927 年著书立说的人们，往往根本就不

[1] 约翰·加尔文（John Calvin，1509 — 1564），法国宗教家，于马丁路德新教之后，创立一派，势力最盛。他所宣示的主张称为“加尔文主义”，重点在强调教会组织为保持信仰纯洁所必需；确认人性的堕落与成功属于少数选民。

会再提到这位已经过时的法国改革家，往往也不会重视这位不知疲倦、疾病缠身的神学家对人类的进步事业所做出的巨大贡献。但是，如果承认自由和幸福是每个文明国家为之奋斗的目标的话，那么加尔文就应该在每个通情达理的人心中拥有一个特殊的、突出的位置。

加尔文如果能够读到我的这些看法，那么他一定会坚决否认他曾经想过要做这样的事情。不错，他是要为法国人争取思想的完全自由(法国人认为他确实是这么想的，其实他们这样认为也是对的)。然而，一旦他活动的地区摆脱了罗马教皇的影响，他那么就会希望日内瓦成为第二个罗马。在那里，人们要按照教规行事，长老的话一言九鼎，就是最高的法律。

他的这些想法是根本行不通的。但是他敢于挑战教皇权威的战斗精神，却促使形形色色的改革者和新教徒，组成一支战无不胜的反对派大军，向教皇宣战。

为什么约翰・加尔文可以发挥这样的作用，而首先竖起反叛大旗的马丁・路德[1]却不可以呢？看看地图，你就会明白为什么了。

马丁・路德生活在德国的北部，一个叫威登堡的小镇上。在他的家乡与敌人的领土之间隔着一大片广阔的友好地区，这使他非常具有安全感。而加尔文生活在瑞士南部的一个群山环抱的小城中，时时都可以感受到天主教的影响。他在指挥着新教徒的前沿阵地。他终生都生活在军营中。做这种事情的人——不管他们是军队的先锋，还是教会的先锋——往往都会提出一种非常奇特的人生哲学。

---

[1] 马丁・路德（Martin Luther，1483 － 1546），德国的宗教改革家，他反对罗马天主教，创立了新教派。

这种哲学在其他的地方是根本找不到的。

“绝不留情”的训诫是从第戎和格勒诺布尔的火葬堆里带到日内瓦的。战场上的不留情与教会和国家治理上的不留情只有一步之遥。但正是这一步，距离《新约全书》中所体现的仁慈心就已经很远了，信徒们就被带回了《旧约全书》中所体现的那种冷酷无情之中。这一步使人们离开了可爱的拿撒勒田野，恐怖的耶路撒冷城墙被视为灵魂的寄托之地。

对这种事情的发生表示遗憾是没有任何用处的。

在历史学的范畴里，对任何一件事情表示遗憾都是没有任何用处的。

人们所能够做的事情，就是竭尽全力设法对此加以理解。

铁腕人物（这种人没有任何原则；他说的话，就是原则）最终摧毁了世界超级大国罗马帝国，也只有铁腕人物才能够摧毁这个世界超级大国。用我们的观点来看（不可以，这样说就太笼统了，应该说，从我自己的观点来看），这是一件非常顺乎人心的事情。罗马人的宗教信仰是直接仿效各位先知和大师的（关于他们的业绩，在古代犹太编年史中有许多记载）。而他们的这些宗教信仰，肯定要在将来的某个时候从地球上消失。

但是他们做的好事也肯定会流芳千古。因此我敢肯定地说：我们如果没有受到日内瓦湖畔那位孤胆斗士的启迪和激励，那么就绝对不可能完成自己的任务。

# ◆ 第 7 章　异教徒成了抢劫犯 ◆

为了让那些从来都没有当过记者、警察局看守、不懂得有关罪行的专门术语的人明白，让我们来解释一下“拦路抢劫者”这个词。拦路抢劫者并不是普通的盗贼。普通的盗贼是一些卑鄙小人，他们抢劫正派人的钱财。在这种情况下，被抢劫者可以大声呼救。那时，立即就会有勇敢的警察赶到现场，捉拿嫌疑犯，将他送上法庭。无私的法官会判他几年徒刑，把他们关在牢狱中服刑、反省。

当然拦路抢劫的人也是一些道德败坏的人，他们专门抢劫那些非法酿制、运输和销售各种酒的人。这种人是没有法律保护的。他不能叫“救命！”，请求警察来帮忙。因为警察会询问他：“尊敬的先生，请问你的职业是什么？”他如果如实回答：“我是非法酿制、运输、销售各种酒的人。”那么他立即就会被关进监狱。因此，他就只好任由拦路抢劫者摆布，他们全都心狠手辣，并且配着手枪，驾驶着大功率的汽车。他认为这些家伙实在太卑鄙了，简直无法形容。其实，只要那些非法酿制、运输和销售各种酒的人不主动去找麻烦，那么，那些拦路抢劫的人就都会自由自在、无忧无虑地生活。他们活着（寿命往往会很短）除了害怕那些非法酿制、运输和销售各种酒的人进行报复以外，什么也不用担心。

年长的人总是想让年轻人相信他们自身的清白，他们应该受到所有好孩子的尊敬，孩子们应该像希腊人敬畏、尊崇居住在山上的神灵那样敬畏、尊崇自己的祖先。

1600 年被绞死的海盗船上的厨子，1700 年成了“英勇无畏的海盗船船长”，后来又成了 1812 年海战中“勇敢的船长”，1900 年时则成了辉煌的殖民帝国的奠基者之一，享有了树碑立传的殊荣。

12 岁的时候因为偷窃祖母的钱包而逃到印度的小孩，后来在一群恶棍无赖的帮助下劫掠了一个印度贵族的所有珠宝。他回到家乡的时候，家乡人把他视为当地财主中最杰出的代表人物之一，对他表示热烈欢迎。

历史和现实生活一样，成者为王，败者为寇。如果你参与了政治动乱，被抓住后就要被当作叛徒绞死。但是如果你带头进行暴动，并且赢得了胜利，那么，你就会成为世世代代备受尊崇的国父。

这些事情有可能是好事，也有可能是坏事。但到底是好事还是坏事，我也不知道。我在前面已经说过了，历史学家并不想成为道德家。他的职责就是尽职尽责地说明到底发生了什么事情，收集一切能够收集到的材料，尽可能准确地说明历史的“真相”。至于对其祖先行为的最终评判，最好还是留给耶和华去做吧！这位古老的神灵具有其洞察事物的本领，也能够对人类的一切行为做出准确的评断。

因此，如果我说我们国家的历史（美洲国家的历史是指 40 个国家的历史）上许多伟大的英雄人物都是拦路抢劫者，那并不是在揭露一个新的、令人吃惊的秘密。我只是在复述他们同时代人都知道的一个事实而已，只是在重复他们中的一些人在获取利润之后放弃海盗这个兼具风险和财富的职业时所说的话。

如果我们以现在的眼光来看待日内瓦和罗马之间的争斗，那么，将会是非常不公正的。今天人们想到的是生意，而原来想的都是宗教。当我们邻国的人在有关政治经济学的问题上与我们有分歧的时候，我们会感到非常忧虑。如果他们自认为是社会主义者，那么我们就会让我们的孩子们不要再和他们的孩子们一起玩（他们可能会有非常奇怪的想法）。如果我们怀疑他们偷偷喜欢上了苏维埃式的政府，那么就给华盛顿写信，要求司法部门进行调查。然而我们既不清楚也没有注意到他们究竟是参加了群众集会还是祈祷会。如果他们不会成为我们最危险的贸易竞争对手，那我们就可以尽情地过哈努卡节，就可以永远都不用过圣诞节了。

在 400 年前是不可能如此宽容的。在所有新教徒的眼里，天主教徒都是偶像的崇拜者，至少在思想上他们承认自己是外国主子的臣民，并且会采取一切手段帮意大利的暴君夺回欧洲北部的地区。而在天主教徒的眼里，所有新教徒都是危险的激进主义分子，都是胆大妄为、作恶多端的革命家；他们蓄意破坏了全球统一的精神世界的美好合作；他们认可那些道德败坏的牧师结婚，认可那些贪婪的国王剥削善良的修士和修女发财致富。

当然，他们是完全错误的，但是没有一个人给他们指出过。却有成千上万的人为了自己的利益对他们说：他们是对的。

因此，当他们在海上捉到对方的时候，就会毫不留情地像对待野兽那样把俘虏扔到大海里。当他们在陆地上相遇的时候，就会绞死对方。真是冤冤相报，没完没了。

情况就是这样的（这种野蛮的争斗持续了将近四百年时间）。争斗一直蔓延到了古老的欧洲之外。这是不可避免的，也是不足为怪的。1555年，法国“科利尼”号船长（后来在圣巴多罗买[1]大屠杀中遇害）在里约热内卢河口建立了一个新教徒的殖民地，他的追随者们以为那里不会受到西班牙人的干扰。但是两个月后，一支西班牙的舰队攻打了这个小小的胡格诺派的殖民地，屠杀了那里所有的男人、女人和小孩。就像西班牙指挥官所说的：“不是因为他们是法国人，而是因为他们是新教徒。”

三年以后，法国人（在印第安人酋长的协助下）进行了报复。他们攻打了佛罗里达的圣马特罗要塞，杀死了那里全部的西班牙人——“不是因为他们是西班牙人，而是因为他们是叛徒、强盗、杀人犯。”

20年之后，汉弗莱·吉尔伯特爵士在纽芬兰海岸建立了贸易站，为每年到那里捕捞鳕鱼的英国水手们提供方便。但是没过多久，汉弗莱爵士就在一次冲突中丧生了。

“科利尼”号船长向南好像走得太远了，而汉弗莱爵士又似乎向北走得太远了。沃尔特·罗利爵士这时正好结束了向西的探险。他提出的报告认为：建立殖民地的理想场所应该是佛罗里达与加拿大之间的那片地方，那里简直就是人间天堂。他用女王伊丽莎白一

[1] 圣巴多罗买大屠杀，1572年8月圣巴多罗买祭日（St.Barholomew Day）法国新教徒和旧教徒在巴黎发生了冲突，新教徒中的胡格诺教派有数千人被杀害，随后他们纷纷逃离法国，很多都逃往了英国和美洲殖民地。

世的别名（Virgin Queen）将那个地方命名为弗吉尼亚。为了女王的荣耀，他屠杀了无数的西班牙人。

两艘不适于航海的小木船上满载着未来的定居者，在沃尔特爵士的表弟理查德·格伦维尔爵士的指挥下，顺利地横渡了大西洋，在罗阿诺克河口的一个小岛上靠岸登陆。

这一次似乎可以成功了。

但是殖民地消失了。

殖民地消失得无影无踪了。

殖民地就像一艘船在大海上失踪一样，神秘地消失了。

谋杀、饥饿和丛林迷宫这些事情根本就吸引不了那些想移民的人。因此，在很长一段时间里，没有人想过要到北美的荒原上建立据点。然而在这段时间里，如果想在美洲最大限度地捞到好处，那么比较好的办法就是“拦路抢劫”，然后间接获得利益。

西班牙、葡萄牙的殖民统治方式对“拦路抢劫”是非常有利的。16世纪的世界仍然是一个垄断的世界。自由贸易、口岸开放的思想对于1525年的商人来说，似乎是非常荒唐可笑的，这就像1927年时美国商人认为共产主义的贸易制度荒唐可笑一样。西班牙人和葡萄牙人为了保持他们的垄断地位，全力避免宣扬他们的发现，不断地把殖民地的产品运回宗主国。也就是说，他们加紧收集黄金、白银，达到一定数量之后，就会立即装船，以最快的速度运回国内。当然，从严格的法律意义来看，所有这些财富都是属于印第安人的。西班牙人偷走了这些财富。英国及荷兰的掠夺船袭击了西班牙的船队，劫走了成吨成吨的金条。他们从西班牙人手里抢到的这些财富，是本来不属于西班牙人的东西。西班牙人如果完全凭理智行动，如果真正根据他们炫耀的天主教教义行动，那么就应该把这些财富还给它本来的主人。然而，我问你，人们怎么能知道那些赤身裸体的土著人住在哪里呢？要知道，他们生活在遥远的尤卡坦的深山老林中，他们也拿不出什么文件来证明他们对这些财富拥有所有权。

北方的新教徒使用快速轻便的小船，和南方天主教徒笨重缓慢的大帆船展开了残酷的游击战。这些战斗为英国和荷兰提供了文学创作的素材，至少有六部神话诗集、英雄传记和圆桌会议故事集是与此有关的。

每天都会有残酷的战斗。西班牙的船和仓库没有一个是安全的。西印度群岛经常被抢劫、掠夺。来自伦敦和弗拉辛的掠夺船根本就不顾及加尔文教徒被俘后将要遭受到的厄运（西班牙国王的宗教裁判所将对他们施以火刑或绞刑），将他们的活动范围一直扩展到太平洋的东海岸。

这样一来，大量的黄金、白银就源源不断地流入了荷兰和英国，使这两个好斗的国家可以改进和建造船只。更有甚者，这种冒险的掠夺活动教会了北方的年轻人在很短的时间内就可以掌握航海的技艺，制订战斗的策略。

1588 年，西班牙决定发动一场圣战，消灭一切异端，彻底摧毁英国和荷兰的势力。一支 6 万人的军队集结在东、西佛兰德的海港。他们计划将舰队开到敦刻尔克，在那里补充领航员和战斗物资，然后再依次侵袭北海沿岸的国家。

整个欧洲都清楚，这是两种无法妥协的人生哲学之间的决战。

战争一开始就抱有如此高的获胜希望，在以前是从来没有过的。每一个真正的西班牙人都希望能够在圣战的胜利中分享到一份荣耀。而在北方，激情同样高涨。掠夺者们、拦路抢劫者们、爱国者们，随便你怎么称呼他们，他们抛下手中的工作，加入匆匆组建起来的海军，保卫祖国，将反对基督的人拒于国门之外。他们首次参加战斗。他们中的一部分力量封锁了敦刻尔克，切断了西班牙舰队司令、领航员与正在登陆的部队之间的联系。新教徒其余的船舰就像一群猎犬尾随着几只受了伤的熊一样，尾随着西班牙远征英国的无敌舰队。

大自然对异教徒出手相救。前所未有的风暴将无敌舰队吹离了原来的航道，致使西班牙的大帆船损失惨重，将近一半的船只没有回到港口。

最后一次圣战就这样以惨败告终了。虽然它对美洲后来的历史没有什么直接的影响，但是无敌舰队的失败却给北方人上了一堂非常有价值的课。他们明白了，西班牙人并不是不可战胜的。新大陆上的西班牙殖民地也不再是不能进入的禁地。美洲最终开放了，所有想漂洋过海的人都可以前往了。

## ◆ 第 8 章　印第安圣草 ◆

早期的欧洲历史学家说：美洲大陆上的土著是野蛮人，他们实在太原始了，连车的轮子都没有发明出来。

我们这些生活在 20 世纪的人如果没有千百万轮子的帮助，连一天都活不成。因此，我们喜欢用是否发明机械来衡量人们的聪明才智，因此往往会犯错误。这些可怜的异教徒用背（大多用他们妻子的背）驮东西，从来都没有想过要造车。但是他们其他方面还是有长处的。这些长处表明他们的智慧一点儿都不比我们的祖先差。

先说一个比较突出的方面：他们培育的植物品种比其他任何种族都要多。如果没有他们培育的一些植物（比如玉米、马铃薯、咖啡、棉花——比埃及和美索不达米亚种植的棉花品质高得多、橡胶、奎宁和烟草），要在这个大陆上长期生存肯定要困难得多。橡胶、咖啡和棉花后来得到了迅速的发展。马铃薯传到欧洲之后，使世世代代的欧洲人都避免了饥荒。而烟草则发挥出了非常重要的作用，它使美洲大陆北部的殖民活动成为新教徒的事业。这对于任何一种无名的野草来说，都是无上的光荣。

哥伦布在他第一次航行的时候就带回了有关“冒烟的印第安人”的神话。他手下的一些人曾经自行到附近的一座小岛上探险。他们返回之后，讲述了那些土著时常会围坐在一个燃烧着一种植物干叶的火堆旁边，用一种形状奇特的木制长管插在鼻子里，吸取火堆中冒出的烟；吸了这些烟之后他们好像都变得非常兴奋。水手们说，用来将烟吸进鼻孔的木制长管名叫“塔巴科”（Tabaco）。后来的考察证明，“塔巴科”的使用在生活于热带阳光下的印第安人中是很普遍的。

60 年以后，一名西班牙科学家在殖民地进行考察并要求他提出农业发展的可行性报告，他把被野蛮人烧过的神秘植物带回了西班牙。是野蛮人称这种植物为“塔巴科”呢，还是西班牙人（他们对土著的任何东西都抱着蔑视的态度，经常犯下很奇怪的思想上的错误）用木管的名字来称呼这种险恶的野草呢？我们不得而知。然而，毋庸置疑，“塔巴科”引起了全世界的轰动。曾有谣传说，印第安人吸食塔巴科，是一种非常庄重的仪式；“塔巴科吸食会”具有神圣、美好的内涵。但是在欧洲，是药剂师首先认识到这可能是一种新的药品。他们说塔巴科具有非常神奇的疗效。他们将“印第安圣草”煮上五六个小时，制成酊剂，给病人服用，可以治疗很多种疾病。“塔巴科”的确是具有某种药效，可以使病人立刻就恢复健康，而不用再服药；也可以使病人的病情加重，甚至当场死亡。

“印第安圣草”进入欧洲市场的第一年，竟然可以与黄金等值。这使它的声誉获得了极大的提高。就连凯瑟琳·德·梅迪西也对这个新鲜玩意儿产生了兴趣，并从宗教层面对它进行了长时间的研究和分析。她用来进行研究、分析的烟叶是法国驻里斯本的大使让·尼科（参见现在各种大百科全书中“尼古丁，$C_{10}H_{14}N_2$”条）提供的。他是从一个回国的水手那里弄到这种草的。

开始的时候这种植物并不是非常受人们的青睐，后来人们逐渐发现，如果用陶制的烟管吸烟，就能够使吸烟者产生一种快感，心境变得平和、无忧无虑、飘然若仙，因此吸烟就广泛地传播开了，并且是人见人爱，只有那些很小的小孩从不沾口。

从此以后，这种“圣草”就走出了药店，进入了酒馆。在10余年的时间里，所有的男人（和相当一部分的女人）都开始吸烟了。他们点燃圣草，吞云吐雾，怡然自乐。

这让老一辈人感到很不满意。当然老一辈人看不惯很多东西。他们认为必须采取一些行动。一开始，是对吸烟者进行惩罚。然后就是罚款加监禁。远在莫斯科的沙皇还下令：凡是随身携带烟袋的人，被抓到以后都要施以鞭刑，抽打 25 下。君士坦丁堡的国王则更加严厉，下令将吸烟者“砍头”！

但是吸烟的狂潮是难以禁止的。欧洲人想吸烟，欧洲人在吸烟。

吸烟与北美大陆英帝国殖民地的建立，好像是风马牛不相及的事情。但是历史往往就是以某种非常奇怪的方式来完成自己的使命。这一次就非比寻常，打破了常规。

人们都知道：加尔文和路德（还有大多数伟大的新教首领们）根本就不管上帝是否喜欢，他们更注重现世的物质享受（如果说得俗一点儿，就是金钱）。而天主教（在一些东正教牧师的影响下）通常认为赚钱是十分不光彩的事情，也许并不是非常不道德的，但是一个真正的基督徒对于这种事情还是少想为妙，以免在追求眼前金钱利益的时候失去了永生的灵魂。

教会对谋利的观念是非常反对的。因此，在中世纪要进行我们现在意义上的贸易几乎是不可能的。

宗教改革运动改变了所有这一切。有那么一小群“上帝特选的子民”和平地分散生活在“众多受苦受难无尽期的人”之中。他们都是一些非常吝啬的商人，热衷于寻求发迹的机会。加尔文的宿命论（一种含混而又给人留下深刻印象的神学观点）激活了他们的思想：他们要不断地发财致富，而让那些不应该发迹的邻居们永远贫穷。因此，他们“准备从事”最大限度的“贸易活动”。

而且还不止这些，还要对那些崇拜偶像的天文教徒们展开圣战，使新教的世界充满金钱。据估计，在 1500 — 1600 年间，英国的财富就增长了三倍。但是黄金、白银是不能吃的。这些贵金属本身是毫无价值的。只有用它们来购买一块面包或者两块钻石的时候，它们才会显示出自身的价值。这一点，我们是非常明白的。但是在 16 世纪的时候只有很少的人对此有一点儿模糊的认识。他们非常惊讶地发现：拥有大量金块、银条，的确是一件非常幸福的事情；但是这幸福却并不可靠，有时像是一件坏事，而不是一件好事。

现在人们都知道了：经历过革命的人很少能够意识到革命对自己的影响。因此，如果伊丽莎白女王时代的人不清楚是哥伦布的航行最终结束了中世纪的统治，并且彻底摧毁了统治着欧洲近 10 个世纪的封建制度，那么我们也不能因此而责怪他们。因为哥伦布发现了一个新大陆，旧大陆可以把它当成大型的寄宿场所，将旧大陆过剩的人口移居过去。数百年之后才发生了大规模的移民运动。通过西班牙和葡萄牙，大量的黄金、白银，开始涌入了西欧、南欧各地，以物易物的旧制度被彻底消除了——这种制度曾经使地主（供应肉类、蜂蜜、鸡蛋和其他可供交换的产品的人）成为中世纪社会的中坚力量。

商人的手中突然有了成千上万的现金，而在不久以前他们还在身背货物到处叫卖。他们做生意的规模是罗马帝国时代以来前所未有的。由于他们富裕、“显贵”了（或者是富裕了，而后竭力使自己“显贵”起来），就要立即住进高级的寓所，就要把孩子们送到收费很高的学校，就要花费巨资来操办女儿的婚事。

地主们看到了这一切，也不甘落后。他们花费大量的金钱改建乡间的住宅，而且他们还拥有土地，土地可以生产谷物，谷物可以出售，换成现金。

对于商人来说，这可不是什么好消息。他们不能在自己那小小的城市花园里种小麦呀！所以他们必须向地主购买小麦，这时地主就开始漫天要价了。

最后（似乎是不可避免的），这种经济剧变的受害者还是劳动人民。今天，如果这种情况发生了，就像 1914 — 1918 年那场种族之间的大战（美洲发现黄金产地之后的第二次最伟大的经济变革）结束之后发生的事情，诚实的劳动者（他们再也不那么愚昧了）就会开着车带着他们的孩子离开这里，然后他们会说：等到工资增加到可以买腊肉和支付煤气费的时候，我们还会再回来的。但是 1600 年的伐木工人和运水工人就没有那么幸运了。他们的报酬是由所在地区的治安官来决定的。雇工可以同意领取这份劳动报酬，也可以拒绝领取。但是如果他们拒绝领取，那么这个治安官员就有权逮捕他，给他定一个“流浪”罪，就可以下令对他施以鞭刑，或者判他强制劳动，一直到他愿意接受规定的报酬、回去工作为止。

如果仅仅是让劳动者提供服务，他们就不会在乎坐牢了，因为他们有的是力气，他们就是要让商人和地主听任他们的摆布。但是在上个世纪，整个欧洲北部的教会拥有的房地产全部被政府没收了，成千上万的人（修士、修女、教会神职人员、一直耕种修道院土地的无忧无虑的农民大军）被剥夺了原来的生计，被随意地抛向了劳动力市场。

因此开拓殖民地所必需的两大重要条件就具备了。少数人拥有大量多余的财富，想要投向所有能够获得利润的领域。同时又有无数贫穷、饥饿、处境悲惨的人们，只要能够摆脱当时的窘境，他们是什么地方都愿意去的，甚至是到可怕的美洲荒原去，他们也愿意。

美洲荒原的景象和50年前一样荒凉。巴多罗买·戈斯诺尔德想在马萨诸塞地区的巴萨德湾建立一小块殖民地的企图，最终彻底地失败了。但是一个叫尚普兰的人却有了一个新的发现。关于他的新发现的传闻很快就传遍了整个大陆。这位法国人和他的印第安朋友们到过宽阔的内陆大海。他们对这些大海的描述重新将人们的希望点燃了：从理论上来说（当时人们普遍持有这样一种看法），北美的山脉实际上是一条狭窄的陆地，找到从大西洋到太平洋的直接通道只是一个时间问题。

我们应该记住：人的天性是乐观和轻信。罗阿诺克岛上殖民者们的悲惨命运早就已经被遗忘了。而那些随同沃尔特爵士到过弗吉尼亚的水手们所讲的故事，则从一个酒馆传到了另一个酒馆，被不断地详细重复着。在这些奇谈怪论里，印第安人浑身上下都是装饰品，就像是用黄金制成的。那些严肃认真的有心人还比较相信沃尔特爵士的话，对他的话有比较深刻的印象：弗吉尼亚的土地是地球上最肥沃的土地，人们只要愿意花力气，那么就能够种植任何作物，并且可以取得丰收。人们知道种庄稼就要经常使用锄、犁和其他农具，细皮嫩肉的手掌、手指就会被磨出老茧。所以当时那些想移民的人也只是说说而已，做做黄金梦罢了，如果向他们说起《创世纪》

第三章第19节[1]的内容，并且指出这些内容在1600年和创世后的两个礼拜同样适用，他们只是诡谲地笑一笑。

这种对待事物不严肃的态度，几乎让他们丢了性命。后来，他们很快就明白了这一点。建立新贸易公司的事情被少数非常有名气的商人所掌握。他们很快就从国王那里弄到了许可证。关于国王陛下是否有权处置从严格意义上来说并不属于他的土地这件事情，仍然存在争议。这些土地也不属于其他的任何人，或者更确切地说，这些土地好像也没有什么价值，所以一直都没有人对他的归属权提出过疑问。因此，英国的许可证和葡萄牙国王、西班牙国王签署的证件同样被视为是有效的。

首先成立的是“伦敦公司”，管辖着弗吉尼亚的南部地区。1606年12月20日，三艘装载着40名水手和100多名殖民者的船，扬帆向西航行。5个月后，当船长们还茫然不知身处何地的时候，一阵东风将他们的船吹进了切萨皮克湾。他们抛锚停船，对这一地区进行了考察，并且最终找到了一个非常适于建筑堡垒的地方。这个地方坐落在一条河的岸边。他们将这条河命名为詹姆斯河，以此来向他们尊贵的君主——英国国王詹姆斯一世致敬。

然后，他们打开装有治理新殖民地密令的密封盒子，开始了新的生活。

这发生在1607年5月13日。当时的每个人都充满了希望。

6个月之后，他们中有一半的人死了，剩下的人也在设法逃离。

---

[1] 经文的内容如下：“你必汗流满面才能够糊口，直到你回到了土中，因为你来自土地，你本来就是尘土，所以仍然要归于尘土。”

他们的梦想全部都破灭了。从海边看过去很像是宽阔的海湾，其实是一片沼泽地。森林遮天蔽日，向远处延伸了近千英里。和原来一样，到印度去的“直接通道”还是没有找到。

然而出乎意料的是，那些跟随沃尔特爵士的水手们所说的黄金只不过是“黄铁矿”——是一种用以提炼硫酸的矿物质，并没有太高的价值。

如果说当时还有什么幻想破灭、不满意、不高兴的人存在的话，那就是詹姆斯河边那些被疟疾折磨的詹姆斯敦人了。

如果他们胡作非为的话，很难说他们最终会有什么样的愚蠢举动。然而，幸运的是，他们中有一个人知道纪律的重要性，并且知道如何来维持纪律。他就是美国早期历史上非常著名的追求享乐的人、非凡的林肯郡的约翰·史密斯。他在陆地和海洋上都经历了惊人的冒险活动，之后他就变成了一个“殖民独裁者”。他具有钢铁般的坚强意志并且非常乐观，他把那些满腹牢骚的兄弟们团结在一起，一直坚持到英国的救援到来。

即使是这样，伦敦的股东们恐怕也不能从他们的投资中收回一分钱。但是他们在绝望的时候还是采取了果断的措施，使弗吉尼亚的大火得以继续燃烧。他们将孤儿院的孩子们全都送到了弗吉尼亚。他们还经常光顾孤儿院。他们还在大街上公然拐卖小孩。但是这一切似乎都没有什么作用。

后来（像电影里所说的那样），发生了意想不到的事情。伦敦公司的发起人之一约翰·罗尔夫来到了詹姆斯敦。

他对烟草产生了浓厚的兴趣。几年以后，弗吉尼亚的烟草被运送到了伦敦，但是却没有人购买。因为弗吉尼亚烟草的苦味实在太重了，行家们坚持购买从西印度群岛进口的西班牙烟草。

罗尔夫推测（他的想法是对的），弗吉尼亚烟草的味道之所以苦，就是因为熏烤的方法有问题。美洲印第安人喜欢的烟草，并不一定适合英国绅士的口味。罗尔夫进行了很多次试验，最终找到了适合弗吉尼亚烟草加工的方法，产品的甜味和古巴的烟草一样。新产品立即就获得了巨大的成功。金钱开始大量流向詹姆斯河两岸。房地产业也迅速发展起来。因此就需要大量的奴隶，于是一船船的黑奴被源源不断地从几内亚的海岸运过来（第一艘运奴船 1619 年抵达，我们永远都不要忘记这一天）。于是，原来荒芜的庄稼地、废弃的花园，甚至马路的一些路段，全部被用来种植这种有利可图的野草了。

都铎王朝也开始重视烟草的发展。

斯图亚特王朝时期，烟草也得到了很大的发展。

请相信我的话：那些精于计算的苏格兰人一眼就能够看出来什么东西是有利可图的、什么东西是无利可图的。

伦敦公司原来的投资者们将资金投入了注定要失败的冒险事业中，他们甘愿冒着破产的风险。但是现在全世界的人都在抽弗吉尼亚的烟、吸弗吉尼亚的鼻烟、嚼弗吉尼亚的烟草。

国王立即大声吵嚷着要求从这意想不到的获利中分得一部分。这个要求难道不是再平常不过了吗？

古老的斯图亚特王朝的无耻成员们说到做到，他们得到了利益。

1624 年，伦敦公司的执照被吊销了。

弗吉尼亚再也不是一小部分人的专有地，成了一块名副其实的殖民地。皇家总督在出巡的时候要乘坐由四匹马驾着的大马车，由身穿制服的侍从簇拥着。一个小型的议会帮助他统治着殖民地。这个小型的议会完全由地主的代表们组成。

我在前面曾经说过：历史往往是以一种非常奇怪的方式来完成自己的使命。

这种“印第安圣草”成功地实现了黄金、白银所未能实现的获得无限财富的梦想。

几乎就是在一夜之间，这种恶草就改变了美洲大陆北部地区的面貌，使这片地区从一片极其荒凉的原野，变成了千百万品行端正的英国殖民者前途光明的家园。

## ◆ 第9章　零下20度的新理想国 ◆

那些教授往往都具有强烈的说教习性。我将要在这一章里谈谈历史编纂法中的某些错误。我现在已经意识到了，美国的历史在许多人的心目中已经不再只是人类历史长河中非常普通的一段了，它是非常特殊的内容。它已经成为上帝旨意的具体体现：早在三千年前，人就已经被分成两类：一类是“特选的子民”；一类是永远要下地狱的人。

这种思想可能会使财源滚滚的“公司”感到自豪，但是却真实地暴露出了控制着我们的上帝是多么的愚蠢和偏颇。在我看来，这是一种在思想上异常妄自尊大的表现，既不真实，也不可信。

每当我读到那些“五月花”号上的幸存者们胡编乱造的故事时，就会非常生气。要么是可怜的新水手晕船时遭到了某个老水手的嘲笑；要么是这个老水手得了重病首先去世被抛入大海；还有就是水手惊恐万分，都感到了死亡即将来临。

可怜的水手们每天都要将肮脏甲板打扫十遍以上，胡乱编造这些故事，是完全可以理解的。因为，他们的妻儿可能会以一种完全不同的眼光来看待他们所讲述的故事。

我也不赞成科顿·马瑟的说法。他说是上帝清除了波士顿湾周围小山上那些危险的家伙（应该读作“印第安人”），为“健康地发展”（这位牧师大人是这样说的）开辟了空间。毫无疑问，马瑟的教友们把自己看得比马萨索伊特的酋长还要高贵，其实那些可怜的土著在第一批清教徒抵达之前，就全部在很短的时间内死于天花和麻疹了。他们无法明白为了让那些笨拙的农夫获得所需的玉米供应就要被灭绝的命运。这并不是说，我这个拥有火炉能够舒服地度过严冬的人，不能理解当时那些人所表现出来的“坚持到底”的精神。他们做得很好。然而，虽然他们在一年中气候最恶劣的时候被抛弃在天寒地冻的岸边，但是与那些早到的移民还是好很多。原来的那些移民不是因为饥渴而死，就是被印第安人吃掉了（不错，确实有一些吃人肉的部落），也有的消失在旷野之中，他们的白人兄弟再也没有见过他们。

这些先到的移民知道他们是在冒险。

他们出生入死，最后终于梦想成真，如愿以偿，得到的东西远远超过了他们的想象。

他们横渡大西洋，避免了饥荒，种植烟草，发财致富，建设自己喜欢的教堂。即使是他们自己都不知道，他们为现在这个大帝国奠定了基础，组建了一个基本上按照他们的思想为道德标准的政府。这对任何一个小镇上的面包师、车轮制造商和蜡烛制造商来说，难道还不值得自豪吗？

我们常常听说，几乎每个儿童都了解清教徒们这次航行的详细情况。

“清教徒”这个词可能非常重要，也可能没有任何意义。有长老会、浸礼会和卫理公会，但是却从来就没有过清教会。清教主义是一种生活哲学，而并不是新教的衍生物。以前有过，现在还有许多清教天主教徒。十字军东征的起因就在于清教伊斯兰教徒。有清教印度教徒，有许许多多清教自由思想家。这完全取决于个人的兴趣和爱好了。

宗教改革运动结束以后，欧洲马上就有许多人认为：改革运动在涤除人们思想中的各种世俗观念和诱惑方面做得还不够。他们知道已经取得了一些成就，而且旧的思想枷锁也已经被砸碎了。但是许多新的小型枷锁又取代了原来的思想枷锁。不久就又出现了一些新的长老，他们仍然像旧的思想枷锁那样严格、严厉。

还不止这些。

16 世纪具有典型的战后时期特点。一些牟取暴利的人成了百万富翁。北欧和英国的君主们占用（要弄清楚，政府和王室并不是“窃取”——他们只是“没收”和“占用”）了教会的大量财产，将大量财富赐给了他们的支持者，从而确立了他们自己的一套宗教教规。这些教规和罗马教规一样严格。

在这样的形势下，一个希望通过伟大的改革运动来给自己的灵魂带来自由发展机会的人，遇到了同30年前一样的严格考验。他已经不用时时处处留心宗教裁判所的密探。但是如果他的异端言行和谣言传到了主教的耳朵里，或者是冒犯了那些新贵们（被国王封爵赐侯的亲信们），谁也无法知道他会有什么样的结果。

不信奉国教的人在这个时候就只有按照惯例行事了。他们转入了“地下”。他们在废弃的马厩里面碰头。他们一起到乡下去。

1607年，有一批处境艰难而且不信奉国教的人逃离了英国，前往荷兰，在阿姆斯特丹停留下来，他们的处境是非常可怜的。他们住在贫民窟里。而强大的荷兰工会（如果你认为这种说法太离奇了，就称作同业公会吧）对这些突然闯入的“外国劳工”并不欢迎。他们背井离乡，侨居在异国他乡，看不到英国农村的自然风光，心中感到非常难过。没过多久他们就再也无法忍受了。他们从阿姆斯特丹移居到莱顿——荷兰的第一大工业城市。他们想在那里找到谋生的机会，想离绿色田野近一些，以解思乡的痛苦。

荷兰政府非常清楚英国国王——上帝宠爱的君主对这些人的看法（“朋友，那是一群卑鄙无耻的叛教者！”），但是荷兰政府对他们却非常友善，而且还给了他们一座礼拜堂，允许他们请来自己的牧师，用他们自己的语言进行祷告。但是一旦走出礼拜堂，这些可怜的清教徒仍然要面对荷兰社会：学校是荷兰的，语言是荷兰语。

因此，在英国的中等阶级看来，他们仍然是“外国人”，肯定是要低人一等的。

这些生活在莱顿的英国人，“虽然身处荷兰但是内心却是向往英国的”，也许这是不公正的。那就让我们以仁慈的心来看待这个问题吧：他们是在想家啊！

再有就是，他们为自己子女的前途感到担忧。1621 年，西班牙与反叛的低地国家之间 12 年的休战期就要结束了。国家是否还能独立存在，实在没有把握。如果西班牙国王的军队收复了荷兰，那么这些英国人又会有什么样的命运呢？人们都知道，他们的导师在信仰方面已经是异端了，而他们比他还要异端。正因如此，他们才被迫离开了祖国。

所有这些都想到了。对于清教徒来说，还是离开为好。

当时的伦敦公司正在准备为在弗吉尼亚的殖民地打开一片新的天地。第一批弗吉尼亚烟草刚在伦敦市场上市，并且卖出了很好的价钱。股东们因此而受到了鼓舞。为了获得更高的利润，那里非常急需大量的廉价劳动力。当然，事情并不是一帆风顺的。莱顿的分离主义者们（或者把他们称为不信奉国教的人，或者称之为布朗派分子，或者称之为清教徒）在一个主要由圣公会成员组成的殖民地很可能成为一种不稳定的因素。但是毕竟美洲在三千英里之外的地方，而弗吉尼亚又很大。而那些不信奉国教的人们所占有的地方只不过是茫茫荒原上很小的地方，所以不会有什么大事。

但是要筹集到所有移民所需要的钱并不容易。1620 年，一个人坐普通舱横渡大西洋所需要的费用，相当于现在两个人坐快速轮船头等舱的费用。感谢上帝，钱最终解决了。但是借贷的条件是，未来的殖民者将无法获得原本属于自己的土地。他们将会成为集体企业的一部分。除了家庭必需品之外，他们到达新家的时候将没有任何私有财产。

1620 年 7 月，一艘约 60 吨的旧船从英国驶往荷兰，将移民带到了南安普敦。移民们在那里滞留了很长一段时间，经过整整一个夏季，一直到了 9 月份才离开了祖国的海岸。在一年中的这个时候横渡大西洋，是有些太晚了，既不舒适，也不安全。而“五月花”（船的名字可能是这么叫的，但我不能肯定）又不是定期的远洋客船。从普利茅斯到美洲海岸航行了两个月。船长是一位不称职的航海家。他偏离了航线达九百海里，没有能够将移民们带到切萨皮克湾。他根本就不熟悉美洲的海岸，因此移民们几次陷入险境，最后，船在一个无名的海湾停泊了。这个海湾的周围都是白雪覆盖的小山。

那些可怜的移民感到出了问题。他们是要为伦敦公司工作的，但是却进入了普利茅斯公司的辖区。但是他们再也不想回到大海中去了。于是他们就派出一艘小船，到附近的海岸进行探察，选中了一处不算贫瘠的地方，建起了自己的村落，命名为普利茅斯。

开始的一切总算是顺利的。但是没过多久就出了问题。“五月花”的乘客中有的人有钱，而另外一些人则没有钱。没有钱的人（他们中的大多数属于仆役阶层）满怀希望，想到弗吉尼亚赚大钱。而由于别人犯下的错误，他们发现自己还要继续过那种贫困的生活。他们不愿意这样。他们看到过契约书，契约书上说的是弗吉尼亚。

他们相信法律和秩序。他们决定即使是走，也要走到弗吉尼亚去。

这就像是反叛，一种非常危险的反叛。移民因为疾病、死亡，人数锐减，如果再发生出走的事件，就只有死路一条了。

在这种情况下，总是会有一些仁人志士站出来控制局面，最终会转危为安的。他们出面起草了一部法规。这是一部幸存者的行为规范，法规中满是《圣经》的辞藻。他们称这部法规为“盟约”，人们对它非常崇敬。

所有在法规上签了名的人（和那些原本想走，最终还是在规劝下签字的人）承诺将会遵守这个公正、平等的法规，它们都认为这项法规非常符合殖民地的整体利益。

这并不是独立宣言。这只不过是实事求是的英国精神的另外一种表现而已。数百年来，英格兰民族发扬了这种非常具有典型性的精神，正是这种精神使英国的革命者们以庄重、崇敬的态度砍下他们君主和政治家的脑袋。

最终的效果比预料的要好。

这个“盟约”使移民们团结一致，共同度过了严冬和苦难。只有自觉地遵守严格的纪律，才能够防止人们做出过激的行为。

如果我没有弄错的话（我记得应该是这样的），殖民地存在的前 5 年时间里，实际上只有一个人被绞死了。在整个殖民地发展的过程中，这简直就是一个奇迹。

当然，这种情况的出现（移民能够安然地度过第一个冬天这一事实），以及在寒冷而又荒凉的地方能够最终定居，首先应该归功于那几位领袖的人格魅力。

他们是一群意志坚强的人。

他们知道自己要干什么。

他们的态度十分严肃认真。

他们就是勇士，他们勇往直前。他们义无反顾地离开了旧大陆，永远不回头。无论怎么样，再也不愿意回到欧洲的罪恶之都。

因此他们建立了西方的新锡安。

所有那些静静躺在科尔山冰雪下面的人都明白：世间的一切都非常顺利，他们的牺牲是有价值的。

## ◆ 第 10 章　大西洋西岸的新英格兰 ◆

16 世纪 70 年代初期，喜欢沉默的威廉一世[1]对于进展缓慢的荷兰独立战争感到非常失望，他号召他的信徒们离开故土前往美洲。

他大声疾呼："到那遥远的大陆荒原上去吧！在那里可以享受自由，那样比在不和睦的家乡安逸地当奴隶要好得多。"

成千上万的人接受了他的建议，并且把他的号召付诸实践，纷纷背井离乡，到达一个崭新的、陌生的半球去从事前途未卜的冒险活动。

[1]　沉默者威廉，就是威廉一世(William Ⅰ,1533－1584)，他是奥兰治亲王，拿骚伯爵，荷兰共和国的缔造者。

其实，在非常著名的“新英格兰”殖民地移民活动之后，就很少有这种精心筹划的大规模移民计划。

我曾经说过，清教主义并不是一种信仰，也不是一个教派，而是一种观点。我还要说明的一点是：清教主义在人们的心目中往往和贫困、谦恭是相通的，而在英国的统治阶级中有许多人是非常虔诚的清教徒，他们会时刻准备着为自己的理想做出一切牺牲。我们不必对此大惊小怪。他们都是生活在伊丽莎白女王[1]时代那些人的子孙。他们所特有的这种严格品行，是在经历了暴饮暴食、狂舞滥赌、纵情享乐之后的正常反应。人们一提到“享乐”这两个字就会毛骨悚然。

然而非常不幸的是，当英国对于人的品行要求日渐严格的时候，英国的王位却落入了一小部分外国人的手里。这些人与亨利八世[2]和伊丽莎白都不一样，他们不会投国民所好。都铎王朝的各位国王都是非常令人讨厌的暴君，几乎无一例外。但是他们全都明白适可而止的道理，不能够把臣民逼上绝路。他们在非常恰当的时候废止了那些不受欢迎的法令，奖赏那些新法令的倡导者。

而斯图亚特王朝国王的祖先们早在11世纪初期就“管理”过布列塔尼的一些地产，所以他们执政时期是非常好的。但他们毕竟是苏格兰人，而不是英格兰人，所以，没过多久他们就吃尽了苦头。

都铎王朝的国王们性情都很活泼，而且具有乡村式的幽默感，

[1] 伊丽莎白女王（Elizabeth Ⅰ，1533 — 1603），英格兰的女王，都铎王朝最有政治才能的君主。

[2] 亨利八世（Henry Ⅷ，1491 — 1547），英格兰的国王。

他们的生活，往往是一顿饭、两瓶酒就可以解决问题，并不需要严格按照法律条文或者《圣经》的经文来进行。这样一来，他们的专制程度就减轻了不少。

斯图亚特王朝的国王们信守《圣经》的教义，毫不妥协。最终造成的结果是，从詹姆斯一世[1]（他于1603年继承了他表姐伊丽莎白的王位）登基开始，国王与臣民之间就出现了冲突。而且冲突还在不断地蔓延，最后斯图亚特王朝被赶走了，英国也走到了毁灭的边缘。

可怜的、不修边幅的詹姆斯的确是非常可悲的。他在童年时代就遭遇了不幸。在他出生前两个月，他的母亲眼睁睁看着丈夫把她的私人秘书戴维·里齐奥（据说是她的情夫）杀死了。他出生以后两条小腿又细又瘦，他的性情也十分乖戾；在他懂事以后他总认为这个世界对他是不公平的，所以心里总是有报复的想法。他根本就不适合统治一个在各方面都对君权神授产生疑问的国家。他的儿子查尔斯并没有他父亲所具有的那种可笑的苏格兰性格，但是也难以完全了解他的臣民的真实感受。詹姆斯有深厚的新教神学造诣，但是他的骨子里却是一个十足的亲西班牙者。对于他来说，西班牙国王一直都是这个世界上最伟大的君主。如果这位伟大的君主能够善待他的话，他就愿意倾其所有拱手相送。

而他那些信仰新教的臣民们一提到天主教徒、西班牙国王菲利佩的名字，就深恶痛绝；他们把西班牙的王宫看作地狱的前厅。但

[1] 詹姆斯一世(James Ⅰ, 1566－1625)，苏格兰的国王(1567－1625在位)和英格兰的国王（1603－1625在位）。

是这对于他来说并没有什么影响。他的儿子又和他一样，对于这一点全不在乎。这位未来的英国君主化名布朗先生前往马德里向菲利佩的孙女求婚。诚实的英国人听到这个消息的时候顿时就茫然不知所措了。要知道，他们都有亲人被宗教法庭当作“亵渎神灵的异端”而活活烧死了；而正是这个菲利佩二世（该死的玛丽的丈夫）曾经竭尽全力地通过无敌舰队和耶稣会[1]企图在英伦三岛恢复真正的信仰。在查尔斯继位以后，他继续执行他父亲的错误政策，他不征求臣民们的意见就向他们征税，他企图避开下议院直接对这个国家进行统治。于是就有许多人开始为自己国家的未来感到担忧。在数十年以后，英国人就不再愿意任人摆布了，于是国王被送上了绞刑架，从而结束了暗地里强加给他们的毫无限制的君主专制制度。而在当时看来，国王是可能会赢的。所以许多人根本就不顾祖国的未来，计划在还来得及的时候赶快到遥远的海岸边去建立新英格兰，至少这样还可以挽回部分损失。

这次运动的发起人是一个名叫约翰·温瑟罗普[2]的萨福克郡人。他出身于一个富裕的家庭，他曾经就读于剑桥大学，毕业以后从事律师工作。他和当时所有诚实的人一样，被迫卷入了政治之中。英国古老的自由到了危险的关头，他成了反对斯图亚特王朝暴政的领袖之一。他非常担心天主教的阴谋活动蔓延开来。他随处都可以

[1] 耶稣会（Jesuits 或 Society of Jesus）是 1540 年罗耀拉（Loyola）创立的，它为天主教内部的改革做出了贡献。但是到了 17 世纪末，这一组织忽然与教廷发生了冲突，因而受到歧视，1841 年以后，势力重新壮大。

[2] 约翰·温瑟罗普（John Winthrop，1588 — 1649），英国的法学家和殖民主义者。

看到天主教的威胁。他之所以想要到大西洋对岸建立英国的殖民地，其中的一个理由就是，他担心耶稣会士将会从加拿大出发侵占美洲大陆的整个北部地区。旧英格兰一旦失败了，他想要建立新英格兰的想法就会成为一道屏障，用来抵御罗马的侵略。

温瑟罗普像商人一样精明，他做事非常小心谨慎。他不想让他的殖民地变成又一个弗吉尼亚。这里不能有道德败坏的人、放纵情欲的人（用生动形象而直率的英语说就是“渣滓”）。温瑟罗普要让他的新英格兰和旧英格兰一样不容纳任何异端，他不想让他的新英格兰成为因为坚持个人意见而在其他地方遭受迫害的人的避难所。

在马萨诸塞地区，《旧约全书》是最高的法典。那里将会建立一个人民代表机构。但是这一地区将由清教徒治理，而且由清教徒管理，其他人要么服从这些规则，要么就走开。

1630 年 3 月，约翰·温瑟罗普启航前往美洲。他在启航以前，与伙伴们悄悄地商定了一个方案：殖民地政府将由那些移居新大陆的股东组成。这一方案不久就被证明是非常成功的。抛弃了“不在殖民地的地主所有制”；再也不会有殖民者因为饥饿而死，同时再也不会有股东身处三千海里之外闭着眼睛冥思苦想解围的方法了。

温瑟罗普最开始是打算在萨勒姆定居。因为那里已经有一些白人建立了一个村庄。但是萨勒姆殖民点的情况并不太好，温瑟罗普担心新来的人如果知道了先到者的倒霉故事后，情绪会受到影响，于是就向南挪了挪，在神通广大的约翰·史密斯[1]16年前曾经到过的一个海湾停船抛锚。一开始，他为这个新建的村子取名“特里蒙泰因”（“三山镇”），不久，又改名为波士顿，以纪念林肯郡的一座城池，一些移民是来自那里的。

查尔斯和他的追随者如果认识到了温瑟罗普先生冒险的真正用意，就不会再让英国前往马萨诸塞地区了。这块殖民地的确成了温瑟罗普想要成为的那个样子——一座清教主义的城堡。人口飞快地增加。在波士顿建立后不到12年的时间里，就已经有1.6万人生活在马萨诸塞公司的辖区内了；200多艘船只曾经到过新英格兰的各个港口；数百万元都投资在新英格兰的贸易上。

的确，马萨诸塞地区没有派遣大批的志愿者回国，帮助不信奉国教的人与国民无休止的迫害进行斗争。但就是因为这个地区的存在，极大鼓舞了那些留在家乡的清教徒们坚持斗争，因为他们自己的原则成了那里社会、宗教生活的主宰。他们确实完成了自己定下的任务，使查尔斯失去了他的王冠和头颅。

当祖国清除了邪恶和罪孽，也就不再需要国门之外建立的一个清教徒的城邦了。一些人因此而回国了。但是那些在当地出生的年轻人打算留下来。

因为他们不熟悉其他的地方、其他的事情，

他们认为，自己生活的这块土地很适合他们。

他们在环顾四周之后说：“这里就是我们的家。”

---

[1] 约翰·史密斯（John Smith，1580－1631），英国军人、探险家和作家。

# ◆ 第 11 章　荷兰西印度公司投资失误 ◆

当初恺撒第一次追赶英伦三岛上的青面野蛮人的时候，北海的东岸地区还是一大片沼泽，从莱茵河口一直延伸到易北河口，那里蛙声阵阵，苍鹭点点，日耳曼部落（不知道为什么，罗马人将日耳曼部落的人称作巴塔维亚人）在这里繁衍生息。随着时间的流逝，沼泽地逐渐干涸了，人们在这里开垦出了土地；河水在一套结构非常复杂的堤堰疏导下按照人们的意志流淌着；野蛮的条顿人定居下来，从事捕鱼、海盗、小规模的商品交换活动。

12 世纪的时候，由于一些未知的原因，鲱鱼从波罗的海迁移到了北海。一名荷兰的天才人物立即就发明了一种新式的、能够很好保存这种价值很高的鱼类的方法。由于所有的人都要过天主教的斋戒日，每个礼拜都要有一半的时间不能吃肉，因此一种不用冰库存放就能够保存很长时间的、味道鲜美的腌鱼就会非常受欢迎，成为国际性的食品。

没过多久，整个大陆就都开始食用荷兰的鲱鱼了。荷兰的商人很快就发财致富了。但遗憾的是不能够全年都捕鱼。鲱鱼每年都会在一个固定的时间里潜入较深的海里（可能是要在一个舒适、平和的环境里产卵孵化），当时原始的渔网是很难下沉到那么深的地方的。

鱼汛过后，渔民们就需要到从阿姆斯特丹和米德尔堡来的船上工作。

非常幸运的是（对于荷兰人来说是幸运的，而对其他地方的人来说就不是这样了），西欧人正在忙于相互征伐，所以难以生产自身所需要的物品。为了维持生计，西班牙、法国和意大利不得不从外部进口大量的谷物。荷兰因此就充当中间人和谷物运输人。他们前往但泽，装运小麦，到加的斯和里窝那出售，这样就可以获得丰厚的利润。

后来，宗教改革运动发生了。荷兰人和所有农业获得丰收的国家的人们，满怀激情地支持路德和加尔文所倡导的主张。这自然会使他们和西班牙菲利佩国王之间产生矛盾。这位国王通过王室联姻、屠杀和抢掠最终成为他们法定的君主。他将自己的神学观点强加给他的臣民们，又对他们横征暴敛。他们愤怒了，开始了推翻西班牙统治的斗争。独立战争一直进行了 80 年时间。

在最开始的 20 年时间里，他们遭受了惨痛的打击。随后，他们高超的航海技艺发挥了作用。荷兰的海盗成功了，他们迫使西班牙的运宝船在 1590 年以后在大西洋中航行时至少需要六艘军舰护航。有一位极富冒险精神的水手，名叫让・乌伊根・范・林肖腾，1595 年出版了一本著名的小书。他在书中向同胞们论述了经过好望角前往印度的可能性。

林肖腾在很小的时候就离开了家，开始为葡萄牙人服务。因此他会知道加尔各答、果阿和遥远的澳门等地。尽管如此，前往爪哇的第一批荷兰船只还是航行了两年多时间才到达目的地。但是这次航行获利颇丰。因此，一批“印度公司”如雨后春笋般成立起来了。

为了将混乱的贸易纳入到一种体系中，为了使弱小的贸易商行不在竞争中遭受损失，为了避免那种会使大家都遭殃的贸易战，荷兰的主要政治家约翰·范·奥尔登巴内维尔特提出了合并的建议。1602 年的这项建议最终得以落实，“联合东印度公司”在很短的时间内就控制了曾在 100 年前引诱哥伦布西航的那些“香料群岛”。

公司的业务由 17 位先生管理着，在将近 200 年的时间里控制了幅员辽阔的殖民帝国，他们从来都没有向股东们汇报过一次。他们与同时代的人一样，都非常赞成垄断制。东印度群岛是他们的，他们要将所有的外国人都排斥在外。但是经过好望角前往东印度群岛的路是任何人都可以随便走的。所以，他们如果有一条自己往来于东印度群岛的专门路线，就会非常有利了。

16 世纪下半叶到 17 世纪最初的 25 年时间里，为了通过西伯利亚建立起阿姆斯特丹和巴达维亚之间的直接联系，人们进行了多次尝试。四五次探险都迷失在北冰洋的冰天雪地之中，无法前进。有一次还被迫在新地岛的北岸度过一个难以忍受的冬天。于是人们寻找东北通道的热情大为减退了。但是到了 1608 年，阿姆斯特丹精通地理学、绘图学的学者们(当时他们正在绘制航行全球的地图)，再一次得出了结论：通过西伯利亚建立起阿姆斯特丹和巴达维亚之间的直接联系是完全有可能的。因此他们说服东印度公司阿姆斯特丹分公司的董事们，再为寻找东北通道提供一次尝试的机会。

1596 年的极地探险活动运气非常不好，探险队队长希姆斯科克死了。他是在与西班牙人的战斗中被打死的。当时英国有一个名叫哈得逊的船长，他在为英国莫斯科公司服务的时候享有盛誉。荷兰人派人敦请哈得逊，并且与他签订一纸协议，派出一艘船和十几名水手，请他帮助寻找一条经由北极通往东印度群岛的通道。

1609年4月5日，“阿尔夫马恩”号船起锚了，离开了特克塞尔。一个月之后，船航行到了巴伦支海。但是“今年已经晚了”（极地探险不能太早，也不能太晚），哈得逊不得不返航。他把船驶向了法罗群岛，希望能够在那里补充淡水和新鲜的食物。随后他又将所有的水手召集到一起，想听听他们对下一步行动的想法。

他提议：向西北航行，去寻找他朋友“快乐的约翰·史密斯”在十几年前向他说起过的那个大海湾。史密斯认为那里可能就是长期以来人们一直在苦苦寻找的港口。水手们每天看到的都是冰山和海象，连一点儿情趣都没有，他们都希望能够回到温暖地带，齐声高叫“同意”！

说干就干。起锚航行，哈得逊希望从托尔斯港出发，途经美洲或者更西边的地方，前往北极。

1609年9月3日，他的确在陆地上发现了一个豁口，湍急的水流从豁口中喷薄而出，就像连接着大西洋和太平洋的水链。这些巨大的水流现在还在那里，往往会给驾驶着小汽艇的没有经验的舵手造成巨大的灾难，让那些越洋轮船的船长们提心吊胆。严格地说，这些水流就是哈得孙河。如果想舒舒服服地从纽约到阿尔巴尼，那么人们就可以愉快地在这条河上航行，但是他们向西航行最远只能到达加利福尼亚。

可怜的哈得逊在撤离以前，已经开始怀疑了。但是他尽量在失望中寻找希望，于是写了一份报告，讲述他所发现的地方盛产毛皮和鱼虾，可以趁机建立一块殖民地，并且他说，他所考察的河流两岸风光秀丽，景色宜人。一年之后，他再次向北航行，满以为这次肯定能够获得成功。他一直航行到哈得孙湾，在詹姆斯湾过冬。第二年初春时节，他曾经试图向西推进（他只有约3000英里的路要走了）。但是水手们拒绝继续前进。他们发生了哗变。他们将船长和八名病员放到一只小船上，让它漂向北极海域，听天由命去吧！

15、16世纪伟大的航行记录中记载着许多有悖于人类本性的事情。由一批心怀不满的水手对勇敢的船长和八名不能动弹的病人所进行的这种谋杀，创下了最冷酷无情、残忍无度的纪录。我们的拉丁朋友们会感到非常欣慰，因为他们种族的人没有干过这种事情。他们会经常提到这件事情。

与此同时，阿姆斯特丹的东印度公司董事会已经收到了哈得逊的报告，但是并没有采取任何的行动。他们要的是肉豆蔻和胡椒。他们对风景并不感兴趣。其他人只想从船长的发现中获得利益。

的确有人想从船长的发现中获利。阿德里亚恩·布洛克考察了长岛海峡，并且沿着康涅狄克河逆流而上，一直到达哈特福特，然后再经过南塔基特，到达马萨诸塞湾。这件事情发生在波士顿建立前的17年。

科尼利厄斯·梅伊向南航行，绕过了一个海角，他非常谦逊地用自己的名字给它命了名，然后到达了一个大的海湾和一条大河，他将这里称作南方湾和南方河。后来改名为特拉瓦湾和特拉瓦河。

这些客商只对收购毛皮感兴趣，他们经常用印第安人认为很昂贵的玻璃球、枪支和烟进行交换，所以他们能够和当地的土著建立起令人愉快的关系。土著将他们视作圣诞老人，并且对他们上岸待几个星期都毫不介意。

然而，到了后来，一些荷兰人留了下来，并且开垦了土地，进入土著的禁区，这种友好的关系就被粗暴地破坏了。于是麻烦的事情发生了，农舍被毁，化为了灰烬。这说明，东方和西方由来已久的存在差异的古老习俗相遇时，是难以相互沟通和理解的。那些长期定居的殖民者人数增加得很慢，虽然在旧荷兰有许多人提出“应该为美洲领地做点儿什么”，但始终是雷声大雨点小，很少有切实可行的行动。如果没有立刻大量获益的机会，那么就很难使荷兰董事会议活跃起来的。一直到了1621年，荷兰西印度公司才成立，它垄断了沿非洲海岸和包括哈得孙河两岸在内的南、北美洲海岸的所有贸易活动。

不久之后，他们任命了一名总督负责治理新荷兰的领地，一小批政治流亡者接受了规劝，打算到一个人口稀少的地方碰碰运气。曼哈顿岛成为当地政府的中心。在哈得孙河和伊斯河汇合的地方建立起了一座城镇，被命名为新阿姆斯特丹。

表面上看来，这一切都是非常美妙的，但是如果知道实情的人们都明白，这一切都是不可能长久的，是没有成功的希望的。英格兰和苏格兰的经济状况使大批的劳动者都陷入了贫困的境地，他们比较愿意到其他地方去碰碰运气，到美洲去也行。或者，由于长子继承制和地主富绅们强大的政治地位，使很多土地荒芜，使成千上万的农民失去了获得一小块属于自己的土地的机会。这些农民因此也就愿意冒险加入移民的大军。

而荷兰的情况就大不相同了。旧的土地寡头政治早在与西班牙的长期战争中消失了，所以再也没有大规模的地产了。运输业、工业的不断发展和从西印度群岛香料贸易中获得的巨大利润（并不包括海盗活动劫掠的相当可观的财物），带来了高度、普遍的繁荣，因此也就没有什么人想到国外去。

在这种情况下，荷兰的西印度公司从来都没有得到过有力的财政支持（国家所有的剩余资金都投入到已经有20年历史的东印度公司了），但是由于他们从事着非常可耻的黑奴贸易，从外表上看还像个阔佬。在这种情况下，我想明确地指出：荷兰西印度公司根本就不可能在美洲的地产交易方面有什么作为，经营好地域辽阔的海外属地就已经足够了。有才华的年轻人都在为东印度公司服务，他们在那里有非常广阔的发展空间。西印度公司只拥有一些不称职的职员、破了产的推销商和形形色色的下流无赖。这些人没有什么社会关系，所以被强制派到一块比自己祖国的面积大40倍的殖民地去从事治理工作，他们被敌人（白人和土著）包围着。

从国际贸易的角度来看，新阿姆斯特丹的自然条件是非常好的。一位法国的耶稣会传教士在17世纪中叶走访了这座城市，发现这座城市的居民来自将近18个国家。使荷兰成为4个世纪以来最大的“国际账房”的那种“自己生存也让别人生存”的原则，在美洲殖民地似乎也是非常流行的。但是没有长住的殖民者，没有农夫，没有愿意定居的工匠、面包师和烛台制作工匠，又能做什么呢？

最后，数百年前就已经在北欧废止了的封建土地占有制又被恢复了，人们开始开拓殖民地。这导致了严重的专横统治和贪污受贿，所以连一点儿实际的意义都没有。“大地主”强迫佃户们到他的磨坊加工谷物、到他的店铺买盐，佃户们如果不服从，他们就会不高兴——这样的时代，早就已经过去了。

更为麻烦的是，荷兰人和旁边马萨诸塞地区的清教徒一直都不和睦。前面已经说过了，清教徒们认为上帝以某种神秘的方式为他们创造了北美大陆。其他任何一个种族的人（诸如瑞典人、法国人、西班牙人、德国人等）想占领这块土地，简直就是对上帝的亵渎。这些人几年前还到荷兰寻找避难所，并在那里生活了一段时间，而现在却又把荷兰指责为人世间的万恶之源。但是他们的敌对情绪并不是新荷兰最终瓦解的主要原因。

我们也不能把责任全部推到那些目光短浅、比时代落后 50 年的总督身上。根据事物的自然发展规律，这些无能之辈将会非常体面地被埋葬在一座漂亮的小教堂里，他们的位置将由精力旺盛而又不那么墨守成规的年轻人来填补。

荷兰的美洲帝国之梦破灭了，这是任何人都无法挽回的。

1664 年，荷兰与英国交战，新荷兰殖民地被英军占领了。7 年之后，一支荷兰舰队收复了失地。但是荷兰当时正忙于在世界上的其他地方进行牟利的活动，所以无暇顾及美洲的那一小块土地。而这一小块土地又总是麻烦不断：贪官横行、农民牢骚满腹、诉讼没完没了、牧师脾气暴躁、向国会和最高行政长官的请愿活动接连不断，不停地要这要那，但是连一分钱都不上缴。

在1674年的威斯敏斯特和会上，荷兰议会放弃了在新荷兰的一切权利。英国方面也承认荷兰在圭亚那的属地所有权。那里可以大面积的种植甘蔗，生产蔗糖。荷兰的种植场主想以此来弥补在北美地区所遭受的重大损失。

回首往事，这桩交易实在是非常可笑的。

荷兰的祖先用纽约港换到了南美的一处沼泽地。他们用纽约换到了南美一处瘟疫肆虐的沼泽地！

他们还自以为做了一件非常聪明的事情！

## ◆ 第12章　两百年前瑞典人就到过美洲 ◆

法国人很早以前就向我们提供了一种记述历史的方法(我写书，一定要参照法国人的方法，法国人的这种学识到处传播着仁慈、博爱的思想）。

他们说："朋友们，让我们来进行编纂吧，不要管那里已经有的784部书，让我们编写出第785部书吧。"

写一部10万到20万字的《美国史纲》很难说是一项编纂工作。如果说这是编纂，那么就是在犯罪，我可不愿意受到谴责。一般来说，了解一下别人所写的东西还是有好处的。因此，我阅读了所有近20年来出版的、以我们国家历史为题材的畅销书，并且从中发现了一种奇怪的思想谬误。

那些学术巨著的作者们在写到英国冒险者乘坐的船只靠近美洲海岸的时候，很少描绘当地的景色，他们只会说：以色列的子孙们快要渡过约旦河了，就要到达上帝赐予的土地了。这些土地从来就不属于那些可怜的迦南人（但迦南人一直都生活在这块土地上），在等待真正主人的到来。

但是每当说到瑞典人或者荷兰人，甚至是德国人决定投资美洲地产的时候，每当说到他们装备好自己的船，冒着千难万险，竭尽全力地在特拉瓦河蚊虫肆虐的沼泽地带，或者是在康涅狄克地区内陆落脚安家的时候，学者们就会有另外一番议论。

有人说“瑞典国王得了殖民地怪病”，也有人说“一批阿姆斯特丹商人向印第安人出售火药和杜松子酒，想以此发财致富”；还有人说“奥格斯堡的银行家正在开采刚刚发现的金矿，努力使自己的财富增加”，等等。

这些说法是完全正确的，

但也有一些是非常片面的。

不错，这些瑞典人、荷兰人和法国人之所以不辞辛劳地远涉重洋，霸占一片美洲的荒原，就是为了赚钱。但是英国人也是这样啊！是有那么一些英国绅士来到美洲，是因为他们对自己的祖国失去了希望，想在马萨诸塞湾沿岸建立一个新的、纯净的英格兰，以继承祖宗留下来的一些美德。但是即使是有着高尚节操的温瑟罗普也不是一个不食人间烟火的人。他非常清楚，在斯图亚特王朝统治的国家里，他想根据自己的理念做出些成绩来，是不可能的。他野心勃勃，“宁当鸡头，不当凤尾”。

而他的追随者们绝大多数都是从汉普郡的朴次茅斯迁徙到罗金厄姆郡的朴次茅斯，因为罗金厄姆郡的朴次茅斯向他们提供了比汉普郡的朴次茅斯更加丰富的物质享受。

在罗金厄姆郡的朴次茅斯，人们通常都会到清教教堂做礼拜；而在汉普郡的朴次茅斯，一个人如果到长老会的教堂里做礼拜，那么他就会受到怀疑。这可能与他们搬迁也有一定的关系。但是一般情况下，他们搬迁的理由和擦皮鞋的托尼的理由完全一样；托尼没有深思熟虑就到了美洲；他说："美洲是个好地方！我赚钱来了！"

物理学和历史学并没有什么共同点，但是有一条法则对这两门学科来说都是非常适用的。这条法则就是：自然界不存在真空。真空早晚（大自然的规矩是越早越好）都会被填补起来的。用水来填补，人来填补，或者是用空气来填补，什么东西来填补真空，这无关紧要，总之是要填补起来的。

从人类文化学的角度来看，美洲的原野是一个真空的地带，有着巨大的经济发展潜力。曾经有一些人尝试着在新大陆开始新的生活，感觉还非常不错。现在，如果有一家公司靠经营广播电台赚了钱，那么马上就会有许多家公司紧随其后，从事同样的经营活动。如果有一个人在佛罗里达经营房地产生意发了财，那么就会有成千上万个想发财的白痴将他们的妻儿老小装上福特牌汽车，赶往迈阿密。

1620年，斯德哥尔摩、哥本哈根和恩克胡伊森的人听说弗吉尼亚的烟草在伦敦市场上取得了很好的收益，他们看到阿姆斯特丹的胡椒交易行情时，都会说："好啊，好啊，我们也要去捞点儿钱！"他们很快就凑足了几千块钱，成立了自己的小贸易公司，加入竞争的行列。那个时期的经济史说明了一切。17 世纪上半叶，西印度公司如雨后春笋般纷纷涌现。它们可能早上成立，到了晚上就会解散。它们将成千上万个不幸者的积蓄都卷走了，喂肥了少数的幸运儿。于是那些受骗上当的人就会说：“你瞧，发财还是非常容易的！让我们再来干一次吧！这次一定会成功的！”他们又开始了新一轮的竞争，追逐巨额的财富。

这个世界上好像就有这么一种奇怪的观念：生活在北方的人非常冷静、镇定而且沉着。的确，他们中的多数人都是善于思考的，并且他们也不贪嘴，当然，他们还是偏爱自己的饮食。

在荷兰，已经批准的、尚未完全批准的、非法的公司不计其数。丹麦人可以骄傲地说出 5 家东印度公司来；它们都曾经有过的非常辉煌的历史，但是不久之后就绝望地破产了。俄国人没有合适的港口，但是却非常想参与这场掠夺。他们向东推进，拓展他们的殖民事业。他们最终得以从后门进入了美洲，攫取了阿拉斯加，从伟大的哥伦布的遗产中分得了一份。

就连奥地利和勃兰登堡这些对航海一窍不通的国家也高举着国旗进入了海洋，开始从事殖民活动。但是在这些小规模的殖民活动中，最突出的就要算瑞典人了。

长期以来，他们的邻居丹麦人在竭尽全力将他们封锁在波罗的海里，赫尔辛基的城堡声名远扬，不仅是因为那是可怜的哈姆雷特的鬼魂经常出没的地方，更是因为那里是扼守海峡的特别令人讨厌的一座堡垒。

但是瑞典人在 17 世纪上半叶的时候，爆发出了一种非常奇特的力量（这种力量的爆发往往是很突然的，也很不可思议，这种情况可能会发生在一个国家里，也可能会发生在一个普通人的身上），使它成为北欧的一个重要强国。巴内尔、奥克森斯杰纳和托尔斯滕森的铁骑镇压了反宗教改革的运动，拯救了欧洲的大陆。瓦萨家族的军事才能阻止了他的那个半开化的斯拉夫邻居的野心；波罗的海成为瑞典的内陆湖；波兰人和俄罗斯人一看到飘扬着三重皇冠的旗帜就会躲得远远的。

当刚从卢森和布雷滕费尔德战场上归来的士兵出现在特拉瓦河口的时候，英国人与荷兰人就开始感到不安了。然而，瑞典虽然在打败德国皇帝和俄国沙皇之后占领了大片的疆土，但是在人员方面也造成了重大的损失。这个庞大的北欧帝国，当时的人口数只有现在的一半。而瑞典农民可以在芬兰（就在波罗的海对岸）安置新家，因此就不用航行到克里斯蒂纳堡（现在的威尔明顿）了。到那里需要冒险航行两三个月的时间。据说那里经常有大批的野兽出没，而更为可怕的是那些土著人。因此，瑞典农民就像荷兰的农民一样，待在自己的家乡。世界上那么多美好的东西都难以诱使他们离开他们在达莱卡利亚和诺尔兰的舒适农庄。

没过多久，国家就开始感受到人口过剩的压力了。于是就开始了大规模的西迁运动，大概有一百多万瑞典人背井离乡，移民到了美洲。但是他们还是来迟了，因为已经没有地方让他们建立自己独立的殖民地了。

1655 年，瑞典人在宾夕法尼亚和特拉瓦地区的居住地被荷兰人兼并了。9 年以后，康涅狄克河和苏伊尔基尔河之间所有的领土都被英国人占领了。新瑞典就这样结束了。

唉！无论多么美好的愿望、精致的特许状和美妙的计划，都难以建成一块繁荣的殖民地。

金钱的用处很大，但是这并不能代表一切。要建成一块殖民地并让它得到发展，必须要有某个阶层人自觉自愿，他们有充分的理由和强烈愿望离开自己的家乡。

英国就具有这种条件。而法国、瑞典和荷兰则没有这种条件。

因此，虽然这本书是在康涅狄克州写的，但是却并没有使用我的祖国的语言，而是用11世纪下半叶征服者威廉强迫他的撒克逊臣民所讲的法国拉丁语。

而费城人从明尼苏达州圣保罗城的面包师那里购进黑麦面包。

## ◆ 第13章　各民族共享的自由殖民地 ◆

1435年之后，从欧洲前往美洲可以使用很多种交通工具。人们可以乘坐快船漂洋过海，可以乘坐飞机越过大西洋，也可以乘坐各种类型的轮船旅行。甚至有一次，十多个思乡心切的斯堪的纳维亚人划着一艘小艇回到了他们的故乡：这简直就是一个伟大的创举！

最危险的要数乔治·福克斯乘坐的那艘小船了。因为每两个小时，那艘小船里就会漏进16英寸深的水（乘客和船员都要不停地向船外抽水）。这应该也算是创造了一种全新的纪录吧！这种经历对于公谊会的教友乔治来说是非常平常的。因为他服刑的监牢要比这艘小船的体积小得多。况且，他还可以自由自在地走上舱面和水手们聊天儿。据我所知，即使只有一个人倾听他讲解人类灵魂的问题，他也会乐此不疲。

历史学中有两个问题，我通常是要回避的。并不是因为我不喜欢这两个问题，而是因为我太喜欢它们了。一个人可以写一本关于阿西西的弗朗西斯[1]或者是关于德雷顿的乔治的有趣的书，那么还有什么必要去描述有关中世纪教皇权力的扩张，或者是有关17世纪清教徒的新英格兰发展的那些令人伤感的故事呢？弗朗西斯和乔治是顶天立地的人物。他们是生活的强者、令人崇敬的人；他们是狂妄自傲、无法无天、不可救药的人。随便你怎么去说他们。然而，他们惊人的自信和永不衰退的激情所激发出来的威力，却可以为人类的进步做出贡献，而且这些贡献要比90%有名望的圣徒和牧师所做的事情还要多（而且所花的时间也少）。而这些圣徒和牧师的雕像，却被塑造在被公谊会教友乔治非常不尊敬地称之为“尖顶屋”、经常对无权无势的教友紧闭大门的建筑物上，他们紧锁着双眉，满脸的不高兴，让人望而生畏。

关于阿西西的弗朗西斯，我并不打算多说什么。现在通称为“马里兰自由州”的天主教殖民地，在各个方面都比新英格兰沿岸的加尔文派殖民点优越。而帕塔普斯科河沿岸所显现出来的宽容精神，

[1] 阿西西的弗朗西斯（Francis of Assisi，1181 — 1226），又被称为方济各，是方济各修会的创始人。

好像和殖民地创建者乔治·卡尔弗特的高尚品格是分不开的。翁布里亚山区那位仁慈的哲学家对他到底产生了多大的影响，他所实行的政策到底效果如何，都难以说清楚。

但是乔治·福克斯就完全不同了。

所有希望严格保持这种精神实质而不蜕变为一种僵化的宗教教条体制的运动，都要面对一个大难题：人们难以确切地说出这些运动对当时的社会所产生的影响。

人们可以确切地说出宾夕法尼亚第一次出现有组织的反对奴隶制的时间。但这是否就意味着威廉·佩恩的追随者们发动了内战呢？我并不知道。

现在的人们都非常清楚，最早坚决要求进行监狱改革的人是那些公谊会的教友们。他们曾经在英国和新英格兰的监狱里度过了不少时光。这些监狱存在的问题非常多，对犯人来说也是非常有害的。但是究竟是乔治·福克斯教导我们要视犯人为病人而不要把他们当作恶棍看待呢，还是当时的人们都普遍这样认为的呢？我还是不知道。

佩恩为他的美洲殖民地提出的“特权”，与数年后托马斯·杰斐逊[1]在他的文稿和文集中提出的个人自由和民族自由的观念是相同的。凡是研究过佩恩的人，无不为此而感到惊讶。那么，我们说奥比马尔郡的这位著名的怀疑论者原本就是一位公谊会的教徒，是这样吗？

---

[1] 杰斐逊（Thomas Jefferson，1743 — 1826），美国的第三任总统。

历史上相似的事件发生的时候（不过很少会发生这样的事情），我们总是会自然而然地凭主观想象得出结论，而不是根据日后的发展得出结论。

然而根据各方面的情况分析，我得出了一个非常确切的结论：如果威廉·佩恩能够继续多活动几年的话，如果他的后继者们有他那样的能力，如果公谊会的教义能够代替清教的教义，成为美洲大陆的主流，那么我们国家历史上的暴力事件就会减少很多，而作为一个民族，我们就会比现在可爱得多、幸福得多。

佩恩的社会制度在美国并没有存在多久，最多也就是50年的时间。但是就在那短短的几十年时间里，公谊会的教徒们点燃了宗教正义的火炬，照亮了当地每一个黑暗、隐秘的角落。更为重要的是，他们这样做，并没有吹嘘自己的神圣，也没有提出比别人更高的要求，更没有强迫别人接受他们的偏好和遵循的思想原则。

这就是公谊会教徒们颇为引人注目的经历。他们被一个非常卑鄙的地方行政长官任意摆布了将近半个多世纪。他们中有的人被绞死了，有的被肢解成四大块，有的则是被鞭笞而死。他们所犯的罪行，其实只是坚持某种主张，而这种主张被认为对英国圣公会的主教们的野心和清教牧师们的尊严构成了威胁。他们是一群善男信女，他们一直都对自己所遭受的苦难有一种优越感，他们认为自己才是上帝的特选子民。

那些坚持虔诚信仰耶稣的异教徒，让人感到惊异，而且又让人产生兴趣。他们如果正巧碰上了一个非常有权势的保护者，那么就会被悄然拉下笞刑桩，送上绞刑架。这种事情差不多延续了将近

60 年。

公谊会的教徒们并不崇信英国的国教，也不崇信其他教派，他们习惯于自己单独举行礼拜会。他们的礼拜会充满了平和与安宁。他们不主张体罚，而且非常反对暴力。他们远离了一切政治生活。地方行政长官当然知道这些。但是在那个美好的旧时代，打官司是获取收入的手段之一。当生意不好的时候，带一个公谊会的教徒上法庭，由于他拒绝在法官面前脱帽致敬，所以就可以罚他几镑钱。又由于这奇怪的人不相信律师，所以也就没有被控告抓错人的危险。

世界上许多充满热情的改革家都出身于富裕的家庭。这是一件非常奇怪的事情。他们生活舒适、安逸，后来又有一个偶然的机会，他们接触到了非常严峻的现实生活，为此他们感到震惊、诧异，所以就下决心为改变现实生活而奋斗终生。

佛祖是这样的。圣弗朗西斯也是这样的。乔治·福克斯也是同样的。现在又出了一个名叫威廉·佩恩的年轻纨绔子弟。

在一个晴朗的日子里，科克镇的地方宪兵队决定进行一次小规模的查抄行动，把所有能够搜捕到的公谊会教徒全部关进附近的礼拜堂。按照常规，他们会被带到警察局进行关押，交由法庭来进行审讯。当法官在被关押的人群中发现有一位出身高贵的人时，你可以想象得出他是多么的诚惶诚恐。他一个劲儿地赔礼道歉。当然，这完全是一场误会。而年轻人对这种非常可悲的事件往往会不以为然、欣然回家吗？

没有，年轻人并没有回家。据我所知，威廉·佩恩加入了公谊会的运动，站在被压迫者的一边，宣传新的教义，吸收新的信徒。

威廉一直都对宗教非常感兴趣。在他读大学的时候，他就坚定地主张人们有权按照自己的意愿改变宗教信仰。后来由于他不到教堂做礼拜，所以被学校开除了。他是埃塞克斯郡万斯蒂德家族海军上将威廉·佩恩爵士的儿子，20 岁以前他都是在他那个社交圈子里度过的，他的言行都被人们视为异端，而他的表现也不能尽如人意，所以他也就没有勇气完全摆脱那个圈子。

然而只要他跨出了决定性的一步，就不会半途而废。他脱下了制服，宣布不再当兵服役，他开始撰写一些小册子，宣传他的那些奇怪的想法：要成为所有藐视宗教者的代言人。他成为一起著名诉讼案件的中心人物。在审理这个案件的时候，陪审员们拒绝按照审判长的指示执行，他们认为被告是无罪的。他们做出了合乎法律的判例。从那以后，英国和美国的诉讼案件都是遵循这个判例进行审判的。

但是这并不是他与执政当局唯一的一次冲突。佩恩不断地宣传自己的主张，不断地被关进监狱，又不断地被赦免，但是后来因为他触犯了基督教的教义，因此被再一次判处监禁，但是，他的追随者却在不断地增加。他想在美洲的荒原上建立一块公谊会的殖民地。这看起来似乎有点儿荒唐可笑，但是那些提心吊胆的亲属们却为他的想法感到欣慰。

公谊会的教徒们非常了解美洲。他们就像早期的圣方济各的会士一样，不断从事着各种类型的神奇的探险活动。他们中的大多数人都会不约而同地航行到土耳其、莫斯科公国或者阿尔及利亚。他们都是一群普通的、从未接受过教育的人，所以也就没有那些职业航海家的怪毛病，所以到处都会受到友好的接待，又由于他们见到非基督教国家的君主时总是规规矩矩的，所以也没有受到过任何伤害。

玛丽·菲斯克在约克郡的监狱度过漫长的服役期后获得了释放。当她走进设在阿德里安堡前的土耳其苏丹的帐篷时，他可能会感到惊讶。但是他会一直端坐在上面，严肃认真地倾听她的报告。他允许她在土耳其境内自由活动，并派遣一名私人卫士来保护她的安全。

而莫斯科人和摩尔人也是出人意料的谦和。这些难以管束的公谊会教徒拜访了他们，并且对他们说：如果所有的人都能够坦诚相待、停止争斗、不再盗窃邻居的财物，那么这个世界就会非常美好。这时，他们会非常严肃认真地说“是这样的”，并且邀请这些陌生的拜访者留下来共进晚餐。

美洲对于这些现代的布道使徒的接待就完全不同了。他们中的很多人都被送上了绞刑架；还有一些人到处挨打。而那些女使徒们则总是任由新英格兰的牧师们摆布。新英格兰的牧师们总爱将那些涉及年轻漂亮女子的事情，变成一起政治迫害事件，并且还会趁机大造舆论。

因此，几乎所有其他教派的成员都会远离美洲。而公谊会的教徒们则对这种与命运进行抗争的极端行为情有独钟。还有就是，他们非常热衷于为土著人谋取福祉，希望能够有机会向世人（特别是向新英格兰的人们）证明：如果要想解决土著的问题，还有比枪炮和威士忌酒更好的办法。

1670年，他们终于找到了一个机会。

威廉·佩恩爵士去世了，斯图亚特王族欠他的8万美元债务留给了他的儿子。斯图亚特王族是非常讲求信誉的借款人，但是当债务偿还日期就要临近的时候，斯图亚特王族的人却突然感到了祖先的灵性，就像最为刻薄的格拉斯哥的借款人一样变得非常吝啬。但是他们在财政领域内还是有办法的。他们通常都是用不属于自己的东西来偿还债务。这样，经过数年的协商之后，他们划给威廉一大片土地来抵债。用年轻人父亲的名字将这片土地命名为“宾夕法尼亚”。这片土地位于马里兰和特拉瓦之间的某个地方，向西、向北延伸，愿意延伸多远就延伸多远。

1682年12月1日，佩恩乘坐“欢迎”号航船离开了英国，前往他的新领地。

他的这次航行，是这个国家独立以前最引人注目的殖民活动之一。

这块新的殖民地并不是由一个不在当地的董事们组成的董事会所掌握、经营和开发的企业。根本不是！佩恩是一个非常善于提出口号进行舆论宣传的人。他把他的属地称作“各民族自由拓殖之地”，这个口号说得多么明白啊！

但是他实在是太天真、太激进了，也走得太远了。他甚至坚持认为这片土地的土著也是人。他提出的这种令人难以容忍的主张，其他殖民者就非常清楚他是什么样的人了：他是一个具有不现实的危险思想的愚蠢空想家。他们认为印第安人不是非常可怜的被人愚弄的对象（需要用酒和五颜六色的玻璃珠子来逗他们），就是恶魔的化身（他们被安置在美洲海岸，占据了上帝特选子民的合法遗产。因此，每个真正的基督徒都要拿起枪来对付他们）。

公谊会的教徒们遵从他们长老的“法规”，实践了“白人与印第安人和睦相处”的规定，从来都不欺诈印第安人，从不携带枪支、棍棒进入教堂，而且在去教堂做礼拜的时候也会将小孩交给邻近的印第安女人照顾。其他的殖民者则认为，魔鬼和佩恩这个人之间肯定有一个秘密的协定。因此，他们决定采取措施来保护自己的领地，抵制那种邪恶、愚蠢的仁慈和睦政策，并且匆忙储存了大量的火药。

除了上述这些大逆不道的言行之外，1696 年公谊会的教徒年会又宣告奴隶制违反了《新约全书》的教义。弗吉尼亚和马萨诸塞地区的正派公民们认识到，殖民地上这种荒唐的治理政策就快要结束了。然而，非常不幸的是，他们的认识没有错。

那些希望将耶稣基督的言论变成行为准则的努力，是注定要失败的。在最初的几年时间里，乔治·福克斯、阿西西的弗朗西斯和威廉·佩恩等人的成就是巨大的，我们完全可以说：“现在好了！人们听到了将要摆脱贫困的呼声。这个呼声是来自天堂的。孩子们还会出麻疹，老年人也还会由于种种原因而死亡，但是日常生活中那种无端的猜疑、仇恨和嫉妒，将会像多余的物品一样被抛弃。”

然而在最初的激情消退之后，当人们开始普遍认识到他们并不是真正的上帝，也没有什么方法能够让人们立即摆脱贫困和瘟疫的时候，人们就开始叫嚷了，骂他们是不要脸的骗子、伪君子，应该把他们送上绞刑架。可怜的佩恩花光了他那块殖民地上所有的财产，他为了追随者们的幸福，不时地还会进监狱坐牢，但是最后却落得一个非常悲惨的下场。他的孩子有的死了，有的终日酗酒，有一个还成了费城声名狼藉的家伙。他的好朋友们也欺骗他，他的私人秘书则妄图敲诈他6万美元，在遭到拒绝之后，那个人就千方百计地说他赖账，要把他送进监牢。与此同时，其他殖民地为了处置土著人，还不断地挑起边界争斗，使公谊会教徒们的处境更加艰难。

1712年，中风使佩恩丧失了记忆，也使他忘却了日常生活中的一切烦恼（大自然往往比人类要仁慈得多）。后来他能够在他乡间房舍周围的小路上散步了。几年之后，他就去世了，乔治·福克斯的美梦也就随之结束了。

但是这还没有结束。

伟大的人物就像埃及的大洪水一样，来了又走了，却给国家留下了幸福、富强和闪烁智慧光芒的思想。

公谊会作为一个教派，就如同所有社团组织所具有的兴衰规律一样，最终走向了衰落。公谊会的教徒们很快就失去了教派创始人所具有的最伟大的品格——革新精神，然而他们始终都保持着某种程度的博爱、仁慈、宽容之心。这使他们比生活在邻近的加尔文派教徒和圣公会教徒好许多。他们在自己的殖民地界内，坚持人人自由的原则。这使宾夕法尼亚在很长的一段时间里独树一帜。

我对于那些反对他们的论点非常了解。说他们非常小气，还非常虚伪。他们从来都不进剧院看戏。他们也不爱听音乐。他们的生活非常单调、枯燥、乏味。就算是这样吧！但是他们也有一个非常大的优点：他们通常都十分专注于自己的事业。

# ◆ 第 14 章　凭推测拓展殖民地 ◆

在 16、17 世纪的航海手册中都会有一章是专门教授航位推测法的。

在那时，只要船一离开港口，就算是真正的“下海”了。没有无线电通信，没有电话，没有潮汐记录，没有无线电罗盘，没有天气预报，没有流冰警报，更没有任何一种现代航海的仪器（各种现代航海的辅助装置使远洋客轮成为一种高级的渡船）。当然，船长一般都对星座非常熟悉，这一点比现在的水手们强多了。他们靠着这些星体和几件非常简单的仪器的帮助，往往就能够展示出极其高超的航海技艺。但是，如果遇到长时间的暴风雨、大雾和坏天气，使他们难以进行必要的观察时，他们就只能依靠测程索、罗盘和自己的运气来确定船的方位了。

或者用那个虔诚信仰上帝的时代的语言来说，就是他们只能“揣摩着”前进了。

如果他的运气好，那么就能够到达目的地。

如果命运与他作对，那么他就到不了目的地。

事情就是这样，没有什么好奇怪的。阿门。

我们的祖先仍然深受中世纪教会的影响，知道使用象征性的说法，爱说“邦之舟”这样的话。

我们这些人生活的时代是比较先进的，我们非常清楚如果船体内部突然发生了爆炸，那么极有可能造成船只的毁坏；我们也清楚，如果高级船员驾驶不当，那么船只很快就会出事。但是我们不喜欢这种有趣的比喻。而在17世纪的时候，有许多“邦之舟”傲然航行在国际海洋里，它们中几乎没有一艘是交由不称职的船长指挥的。飘扬着英国国旗的大帆船是听从斯图亚特船长指挥航行的。

这艘大帆船一直都没有沉没。原因是绝大多数船员都知道各尽其职；在紧要的关头，任何一个水手长都能够在被“那些可恶的礁石”撞碎之前尽快把稳船舵，保持船的正确航向。

我可以继续使用这种有趣的比喻说下去，但是我所掌握的航海术语是非常有限的，最好就此打住。我只想再说一点，那就是本章开头所说的：英国17、18世纪期间的殖民政策完全是一种“揣摩着”的政策。

只有清教徒是一个例外。他们至少知道他们想要的是什么。而其他的殖民地就是“随便建立”的了。

一些殖民地在一开始的时候，是完全由私人公司筹资组建的，并且还要审慎地进行地产投资。另外一些则是由一群诚实的男女建立的。他们由于忍受不了马萨诸塞湾地区人的宗教、经济压迫，逃了出来。

还有一些殖民地只是一种慈善事业，用来收容那些被祖国抛弃的人。

有两块殖民地原先是属于其他国家的，后来也被大英帝国用武力兼并了。

有一块殖民地是私人的财产，属于一位仁慈的天主教徒。这位绅士倡导“宗教宽容”，并且身体力行。他的言行招致了邻近地区新教教徒的强烈反对。

另外还有一大片土地，因为国王没有现金来还债，所以用这块土地给一位富裕的年轻公谊会教徒抵债了。

还有几处殖民地也是国王用来抵债的。拿别人的东西赏赐给宠臣是斯图亚特王朝的性格，拿美洲的土地抵债也是这种著名性格的体现。

斯图亚特王朝的末代国王是亨利九世。他是一位红衣主教，1807 年死于法国。

他是一个非常仁慈的好人，但是据说他并不是非常聪明的。他如果能够像他那位可爱而毫无建树的祖先查尔斯国王那样温厚、沉静的话，他完全应该认真审视一下美洲的新地图，并且会感到非常惊讶。在那个我们对此知之甚少的历史时期，人们都想干一番事业。像亨利九世那样对任何事情都全然不管不顾的是非常少有的，对于他的表现很少有人不感到惊讶。

## • 第 15 章　依据国王诏书建立的帝国 •

英吉利海峡并不宽阔。

欧洲大陆的旅游者乘坐快船从加来到多佛，只需要一个多小时的时间。但是他通过英国的海关之后，就进入了一个完全不同的世界，他在英国旅游的时候会不断地感到迷惑不解。

举一个小例子。

在欧洲，行李的处理一直都是一件非常麻烦的事情。要把行李拖到火车站的一个角落，在那里称重，然后再给旅客一张收据凭证，旅客凭这张收据再付款。一切都是照章办理，依令而行。而在英国，一名打着红领带的人从从容容地将旅客的行李用小车拉到行李车的旁边，随意丢在那里，得到一点儿小费，说一声“谢谢”，就会悄然离去。抵达目的地之后，又有一位打着红领带的人将客人指认的行李从行李车上挑出来，丢在他的小手推车上，然后送到一辆出租车的旁边。

外国人认为这种没有官方监督管理的状况简直就是一种罪过。他们问英国人：“你们这样做，难道不会丢失许多的行李吗？”

英国人答道：“不会的，什么也丢失不了。只是偶尔会有送错行李的事情发生。我们已经习惯了这种制度。我想，我们早在使用公共马车的时代就已经习惯了这样的做法。这种做法是行之有效的。为什么要改变呢？”

一句话，英国的制度（如果使用这一响亮的术语是合适的话）好像就是要让事态自然地发展，我行我素，给予个人最大限度的自由，政府方面的干预和限制要降到最低的程度（诸如警察、法官和亲切有礼貌而且手脚灵活的刽子手所必须做的事情）。而在欧洲大陆上，公众被认为是没有用的低能儿，如果没有政府的监督和管理那么就会无法生活。

这种关于“民族习俗”的哲理性论断，可能已经超出了本章叙述17世纪历史的范畴，但正是当局的这种不断的干预才使法国人失去了他们在美洲的控制区，才使其他欧洲国家的许多次殖民活动最终以失败告终。

如果诺贝尔[1]先生早200年前就发明了炸药，并且每年一次向在发明创造领域取得最大成就的人授奖的话，他的大部分奖金恐怕都会落入法王路易的一些臣民手中。

法国人徒步、骑马、乘船、划独木舟、穿雪鞋，穿越加拿大内陆，他们全然不顾个人的安危（更不会在乎死亡的威胁）。他们冒险活动的记录在今天看来就像是《三个火枪手》中那些令人崇敬、难忘的章节。

然而最后，他们却一无所获。

而他们的邻居英国人，却竭尽全力死守那些交通便利的河流和海湾，建立起最伟大的现代国家。

从法国人的观点来看，这一切都是非常令人痛心的，但是这一切却又都是难以避免的。

法国在17世纪很快就变成了一个高度中央集权的君主制国家。封建贵族统治制度消失了，国王陛下拥有绝对的权力。

而事实是，如果封建贵族不再进行“领导”、用温柔的语调说一些“效劳”的话语，那么他们在国家的发展中就不会再起到什么

[1] 诺贝尔（Alfred Bernard Nobel，1833 — 1896），瑞典化学家，发明了硝化甘油炸药，并在勃莱福斯建厂，成为富翁。去世后，遵照他的遗嘱，用他的遗产设立了诺贝尔奖。

非常重要的作用了。

17 世纪的时候，英国的贵族还是地方上公认的统治者，如果他们有自己的办法，那么就绝对不会去伦敦，而是一直生活在自己的地盘上。而法国的贵族如果被允许去侍候国王的女人们，或者被允许长期生活在他们伟大主人的周围，那么他们就会感到非常欣慰。

因此，英国的国王不得不十分小心谨慎，除非他们得到了乡绅们真心实意的支持，否则就不敢贸然发布敕令；而法国的君主则是非常随意的，或者根据某位女士和大臣的意愿对国家进行统治。

法国人不喜欢出国旅行，因此他们对于其他民族的风俗习惯、伦理道德都一无所知，他们总认为别人是非常可笑、野蛮的。法国的国王可能对从巴黎到凡尔赛沿途的一草一木都了如指掌，但是却对世界地理一无所知。

我并不是说斯图亚特王朝的各位君主每天晚上都会秉烛研读布劳先生著述的著名地图册。其实他们并不需要那样做。他们只是鼓励他们的臣民，让他们成群结队地横渡大西洋，从而使英国的利益得到很好的维护。但是就连这一点，法国的君主都做不到。

人们通常认为 1789 年法国大革命的原因仅仅是因为民众的贫困。“他们如果吃不上面包，那么就让他们啃草根树皮好了”，等等。现在，终于有了一种不带有感情色彩的，而且比较可信的历史观开始批驳这种说法了。欧洲其他许多国家的农民不仅被要求食用草根树皮，而且还被迫食用那些难以下咽的草根树皮，以求活命。他们实在是太虚弱了，没有足够的精力从事反抗活动。而那些举行暴动、大肆烧杀的外省长裤汉和其他刽子手们，看上去则是营养相当充足。否则，他们不可能精力那么旺盛，取得节节胜利。

法国农民的确是非常贫困的。但是气势非凡的凡尔赛宫却是整洁、舒适的，王公大臣们在那里悠然自得地生活着。其实普通的法国乡下人并不愿意离开自己的村庄，他们的状况并不像一些研究法国大革命的历史学家试图要我们相信的那样糟糕。

有一种很古老的说法，认为法国的北美殖民地发展缓慢的原因是缺少人手。

探险者们回到巴黎之后，向政府报告了他们的发现，并且说他们为新法兰西王国扩张了很大面积的领土。国王和他的近臣们认为应该有所行动了，但是到哪里去找那么多的殖民者呢？他们拥有700多名糕点师，但是却找不到殖民者。

数千名大胆、勇敢的人自愿迁徙到魁北克和蒙特利尔附近。然而，当一切就绪之后，法国人那种与生俱来的守法心态驱使他们犯下了一个错误：在新城镇实行完全的“中央集权制”，就好像这些新城镇是勃艮第和加斯科尼地区的村庄似的。因此，在遥远的加拿大，人们无论要做什么事情，都必须首先征求巴黎官员的意见。某个人如果想要获准狩猎，那么就必须向巴黎提出申请。总督如果想辞退一名愚蠢的官员，那么也必须先征得巴黎长官的同意。在这种情况下，所有的个人积极性很快就消失了。殖民地的迅速发展，得益于那些自行其是，在任何情况下都不请求中央政府帮助的人们（在那个时代尤其是这样）。

新法兰西的人们之所以远远落后于他们的邻居荷兰人和英国

人，还有另外一个原因。就是在新教教徒的殖民地上，民政当局与教会之间没有什么摩擦。加尔文教派与路德教派之间偶尔会发生争吵，但是占下风的教派往往会离开原来的地方，到另外一个地方建立自己的天堂。大面积的英国势力范围有利于人们自由的流动。

而在加拿大，政府和教会总是在进行相互争斗。从一开始，耶稣会士就来到了乡村，负责监管那些可怜的土著人。这些土著人无疑是一无所有的，所以需要仁慈的神父对他们进行教导。但是耶稣会士们都是一些道德崇高、学识渊博的人，他们是天主教会的急先锋。他们所在的耶稣会也是令人敬畏的，从来都不接受国家高于教会的理论。

在美洲的巴拉圭，耶稣会士甚至成功地建立了自己的政权，成为一个独立的国家，拥有一支军队，独立自主地存在了大约一个世纪。在加拿大，他们走得没有那么远，但是他们和其他传教士一起，总是抱怨国王的总督不适当地干预他们的工作。在加拿大隶属于法国的那个时期，他们是高官显贵的死敌。

法国政府当然希望能够从其美洲的殖民地获得财富。每年年终能够有所收益是殖民地官吏的职责，至于收集毛皮的方式，他们是从来都不过问的。对于他们来说，只要蒙特利尔的各个货栈堆满了熊皮和海狸皮就可以了，土著人是否因为饮酒过度而死光，他们是不会关心的。

而教会则注意到这种政策使土著人逐渐堕落，正直的神父们竭尽全力加以防范。在很长一段时间里，法国殖民地实际上是由魁北克的主教统治的，商业贸易活动则完全陷于停顿状态。还不止这些。

那些难于对付的野蛮人对这种仁慈非但不领情，反而还误以为这是一种软弱的表现，并且在易洛魁人的带领下，差一点儿把所有的法国人都赶下了大西洋。于是塞纳河两岸立即迸发出一片喊叫声。一位名叫路易·德·弗朗特纳克的勇敢者立即被派往圣劳伦斯河，迫使那些异教徒投降。但是在他屠杀了大批的印第安人之后，其余的土著也就不敢再与他交战了，于是又玩起了幕后操纵的老把戏。国王的女人们美丽而又善良，每次在国王面前谈到那些受她们保护的教士的命运时，就会痛哭不已。主教们一个接一个地回到了法国。不久，敢作敢为的总督也被召回巴黎“述职”，于是一切照旧。

17 世纪查理二世统治时代的某个时期，法国要占领整个大西洋沿岸的地区，这是世界上最容易的一件事情。当时英法战争刚刚爆发，法国在蒙特利尔驻扎着一支装备精良的部队，而英国实际上没有什么军队。

然而就在这个时期，就在新法兰西历史上这个关键的时刻，宗主国有一位非常愚蠢的国王，根据那些心怀不满的教士们的要求，执意要将加拿大总督召回。当这一谬误被纠正之后，入侵新英格兰的大好时机已经丧失了。

从外表上看，新法兰西帝国好像是非常辉煌壮丽的。它所控制的地域从北极圈一直延伸到墨西哥湾，幅员辽阔，气象万千。边界上都埋有沉重的铅板。国王陛下的官吏在那些铅板上刻着“埋有铅板的土地归卢多维库斯所有”的字样——还刻有相应的编号。

但是实际上，这块土地是一片贫瘠的、受教士支配的荒原，是当时不受重视的地域，受到很多过时法律、法规的管制，从来都不允许当地的居民按照自己的意愿开发资源，而是要他们根据妇人的意见或者国王的兴致来做事情。

就在17世纪下半叶，法国还有一次拯救美洲大好河山的机会。1685年，路易十四[1]废除了《南特敕令》（亨利四世曾经根据这一道敕令，使那些信奉新教的臣民们和信奉天主教的邻居们享有同等的政治权利）。在那之后的20年时间里，胡格诺派教徒受到了非常残暴和愚蠢的迫害。他们在国内的生活实在是太难受了，所以请求移民到其他的地方。那些勤勤恳恳的男男女女如果被允许到大西洋的彼岸，建立一个忠于国王的法兰西国家，那么他们将会抛弃一切，漂洋过海前往目的地。他们的请求被草率而粗野地拒绝了。当他们坚持自己的要求时，边界的大门被关闭了。

当然，人们如果执意要出境（或入境），那么肯定能够出得去（或进得来）。在那以后的5年时间里，有5万多户胡格诺派教徒的家庭设法逃离了法国。他们逃到了英国或者荷兰。他们什么东西都没有带，只带走了自己的勤俭、才能和信心。事实证明，这些“行囊”是足够的。他们很快就站稳了脚跟，重新开始了自己的事业和贸易活动。而那些原本可以在世界遥远的地方捍卫法国文化的人们，现在却成了那些一心等待时机从法国手里夺取最后一块美洲殖民地的人们的生力军。

[1] 路易十四（Louis XIV，1638－1715），法国国王，1648－1715年在位。

# ◆ 第 16 章　希望的地平线 ◆

命运的“突然性”会让人们感到非常惊讶。邻街的一栋房子“突然”之间倒塌了；一位老邻居“突然”去世了；欧洲的一个著名王朝“突然”被推翻了。

其实，所有的科学家和许多新闻记者以及一些历史学家都非常清楚，没有一件事情是“突然”发生的。房屋的倒塌、王朝的灭亡或者是人的去世，看起来似乎是在一瞬间发生的。在几分钟或者数秒钟内发生的倒塌或者死亡其实是一种衰落的趋势，而引起这种衰落趋势的力量，则是早在若干年以前就已经在不断地悄悄起作用了。

回顾一下历史的发展过程，你就会发现：一个国家的“突然”兴起、一个家庭“突然”之间获得了巨额的财富、一个一直默默无闻的小提琴手“突然”之间才华毕现，其实都是暗中谋划的结果，而这种谋划又是在很长一段时间里悄悄地、非常细心地拟定的。

下面我们将叙述那场巨大的政治动乱。那场巨大的政治动乱使 13 块不断争吵的小面积的殖民地，“突然”之间就变成了一个联合起来的政治强国。而这“突然”之间的变化又是怎样发生的呢？是一场艰苦的长期军事运动引起的呢？还是一种大规模的经济合作需要引起的呢？或者是某位政治家展现才能的结果呢？

当然都不是。

虽然革命是吵吵闹闹、大喊大叫，因为这样就可以吸引人们广泛的注意，但是这不过只是一个非常偶然的事件而已。新事业的基础早在几百年前就已经奠定了，一直在悄悄地发展着，而进行活动的又大多是那些非常普通的人，所以很少有人觉察到世界上正在酝酿着的某种非常事件。

关于 17、18 世纪移民情况的统计资料并不是完全可靠的。对于一些新的移民来说，我们了解得比较多，但是对于其他大多数的移民，我们实际上是一无所知的。

但是我们已经收集到的资料，足以使我们可以相当准确地了解到当年那些不辞辛劳横渡大西洋的人，都是一些什么样的人。

他们来自社会的各个阶层，移民的原因也是多种多样。

首先就是黑人。他们是被那些竞争激烈的英、荷猎奴公司带到美洲的。但是那些不幸的人们却不在统计之列。他们之所以来到美洲，是因为他们不能自立，所以他们注定要遭受从来都没有受过的罪。

然后就是那些所谓的“契约奴”。17 世纪的契约奴实际上是一些难以支付船钱的零工、小手艺人和破产的店主。他们为了换取一定数目的钱，而被迫同意“立约”，为某个殖民地的老板无偿工作 5 ～ 7 年。一般情况下，这些可怜的人们都会受到不公正的待遇。那时旅途的花费比现在要贵得多。仅仅是单程旅费就要 400 美元，这是当时的标准价格。而用 7 年的苦役偿还一个三等舱座位的船钱实在是太过分了。但是对于那些对未来充满期望的移民们来说，他们可能认为这是唯一能够摆脱贫困的好机会。7 年之后，他们就可以想干什么就干什么了，就有机会开创自己的事业了。

还有一些小资本家。他们有一点儿积蓄，赚了或者是继承了数百英镑的钱。他们读到了教友佩恩所描述的那些关于他那美丽田园的整版广告。于是，他们决定尽快行动，以获取一份属于他们自己的财宝和免费的土地。

还有属于这个或者那个教派的人们。他们不断遭到一些地方官吏的迫害，想到美洲的荒原上找一块安全隐蔽的地方，自由自在地做礼拜、布道。

还有一些生性好动，有“漫游癖好”的人们。他们来到美洲，是因为在家乡待烦了，所以想换个环境。

还有一些人，是因为地主管家一天到晚都盯着他们讨租要债，所以他们也想尽快换一个地方。

总之，这些移民是鱼龙混杂的一群。他们打起行囊，从世界的一个地方迁徙到另外一个地方。

而这些人中有宗教狂、契约奴、喜欢冒险的小伙子、破产的商人、失意的贵族、逃犯、私自离开船的水手、丧失了土地的农民，他们登陆以后马上就会认为：这个地方要比他们刚离开的那个地方好许多。这里并不比旧大陆舒服，只有那些最勤奋努力的殖民者才有可能生存下来。这是一个充满了机遇的世界、一个空间广阔的世界、一个人们可以伸开双臂高呼“啊，我自由了”的世界、一个人们可以背上行囊随意走动的世界、一个人们可以走上 10 年而仍然还在林间和原野上行走的世界。

在大西洋沿岸的人们想把相互敌对的殖民地连成一个整体之前，生活在查尔斯河与切萨皮克湾之间土地上的人们具有一种特性，而这种特性又使他们在日后的艰苦岁月里，具有了一种崇高的共同信念。我所说的这种信念就是：在新大陆上的每一个人，他们未来的幸福完全有赖于自身的努力，那些愿意居住在荒原上的人们才是自己命运的真正主人。

在领港员登上即将进港的船只前数小时，岩石重叠的海岸已经隐约显现出了模糊的轮廓。对于那些想到西番戈寻找黄金的发现者来说，这就意味着航期要延误、灾难要来临。而对于后来的千百万移民来说，这则意味着他们第一次看到了希望之地。

## ◆ 第 17 章　国王和帝国抢占土地的游戏 ◆

曾经流传着一个古老的故事（我已经记不清最初是从哪里听到的了），故事讲了一位鱼类学教授。有一天，他在教室里给学生们讲授一种叫作鲟的非常名贵的鱼，学生们对此很感兴趣。教授的左手里拿着一叠讲稿，这些讲稿都是他辛辛苦苦从所有的相关专著中摘抄下来的资料。他的右手拿着一根短棒，一边讲解，一边用小棒在图片上指指点点。时间一分一秒地过去了，他讲课的兴致却越来越高。

“先生们，”他说，“鲟……”

他讲到这里的时候，教室的门开了。一条闪闪发光的老鲟带着水草和岁月的痕迹悄悄地游进了教室。它虽然已经年迈体衰，但是依然聪慧机敏，在讲台上游动。

那位教授面对这突如其来的一切，显得有些不知所措了。他定了定神儿，极其庄重地问道：“各位先生，谁能够把这个家伙弄走吗？我还要继续讲课呀！”

我在阅读一些欧洲同行的学术著作时，往往会不由得想起这则故事。他们非常勤奋地工作着，工作态度也非常认真。他们会为了寻找一份丢掉的文件，而耗费毕生的精力。他们会为了解释清楚几年内的大移民运动，或者封建制度和王朝发展过程中的一些不十分明确的事情，而翻遍一捆又一捆的印刷资料和手抄笔记。

但是他们却都忽略了一个显而易见的事实：就是在大西洋的彼岸，那里仍然处在中世纪的鼎盛时期；而现代美洲是一个研究在哥伦布发现新大陆之前就已经在旧大陆长期发展着大量社会、宗教、思想和经济现象的理想的实验室。

我想举几个例子来说明我的思想。

在欧洲，早在一千两百年以前人们就已经不再东游西荡了。而在美洲，移民们却仍然在到处迁徙。在华盛顿，一群群当地的土著人吵嚷着要求人权，这一切发生在1927年；而在罗马，这种事情早在公元227年就已经发生了。

第一次世界大战最终扫除了欧洲封建主义的残余势力。但是在我们美洲的城市里，封建主义制度却依然如故。如果有谁对我的话表示怀疑，那么他最好是去研究一下坦马尼厅[1]，或者我们的任何一个伟大的政治组织。

而17、18世纪的时候，让欧洲陷入灾难的各王朝之间的争斗，在改头换面之后正以不同的形式在美洲继续存在着。暴力事件频繁发生，在我们的报纸上有整整1/3的版面是用来报道这些事件的。当然，1927年所采用的方法与1727年流行的方法是完全不同的；但是哈布斯堡王朝、波旁王朝、罗曼诺夫王朝、豪恩佐伦王朝和瓦萨王朝之间，为了抢夺欧洲大片的领土而进行的斗争，给了金融集团一个非常有价值的启示，那就是，他们为了争夺石油、粮食、煤炭和电力的垄断权，在今天清晨就会开始相互争斗。

过去发生的事情通常都是形象生动的。时间的魅力就在于那些君主们身上的污点可以随着时间的流逝而逐渐淡去。但是那发生在两百年前的王朝之间的争斗，和现在正在为霸占水力发电和橡胶的金融利益集团的争斗没有什么区别，是极其愚蠢和极其浪费的举动。

他们之间只有一点是不相同的：18世纪的战斗是骑在马背上指挥的。现在的战斗则是在摩天大楼的17层上指挥的。

对于路易王朝和乔治王朝时期的历史，人们已经了解得很清楚了，但是人们对此并不是非常感兴趣。

伴随着宗教改革而出现的神学上的狂热也逐渐消退了。人们感到为教派而战、血流成河，是有些愚蠢的做法。他们不愿意再为《圣经》上的一句含糊不清、难以理解的话而参与战斗了，但是他们现

---

[1] 坦马尼厅（Tammany Hall）1789年美国民主党在纽约市的总部，其组织就是坦马尼协会（Tammany Society）。

在却非常热切地希望为那些含糊不清而又十分崇高的“合法继承权”进行战斗。原本用来研读官方教义的时间，现在却都用来研究家谱和家族的分布图了。

人们喜欢的口号也发生了改变，但是人的本性却没有改变。现在的普通老百姓就像一百年前他们祖父“为了真正的上帝而战”那样，挺身而出为“维护乔治或路易的正当权利而战”。

欧洲的王朝实际上是封闭的职业君主集团。在数百年的时间里，他们之间相互通婚，想在一个王位的十余名竞争者中准确地判断出到底谁才是“合法”继承人将是非常困难的事情。“近似合法”的继承人通常都会有一个所谓的“司法顾问团”。这些顾问们是为了一时之需而被邀请来的，他们也都愿意为其临时的雇主出谋划策，争取王位的继承权。他们得到的回报将是一定数额的酬金。

发生在18世纪的这些冲突都是一些非常奇特的争斗，就像是一场大规模的国际纸牌比赛。参战的各国（一般都是在争斗结束之前，整个大陆全部都被卷了进去）都会挖空心思的玩弄手腕。问题一旦解决了，他们就又会相互提示：“我现在已经取得了你的4个省、9座大城池，在印度拥有1200平方英里殖民地，在美洲拥有1400平方英里土地，在非洲拥有数千平方英里的土地和382名商人，而你却得到了我的5个省、6个大城镇，在印度的1万平方英里土地，在美洲的2500万平方英里土地（就像你所说的那样，这实在是太糟糕了），在非洲什么也没有捞到（这还是比较好的），以及279名商人。现在是4000加上9000，再加上12000……”就像“买卖马匹”时相互争吵一样，絮絮叨叨，没完没了，最终将会达成令各方均感到公正满意的协议。

非洲人和亚洲人以及美洲的殖民者虽然对于这些争吵一点儿兴趣都没有，但是也都被迫卷了进去，也都被要求发表各自的意见，就如同统治着巴黎、伦敦、维也纳和阿姆斯特丹的列强，他们从来都不知道自己的意见。

但是我还要再次提醒你们，不要过分的苛求我们的那些愚昧的祖先。

就在几年以前，我们自己将非洲的心脏地带变成了一个战场，唆使当地的卡菲尔人为了德国人的或者协约国的利益而相互屠杀。我们在不属于自己却还是要强行霸占的中国城市里进行了大屠杀。我们驱使无数的印度人和非洲人参加与他们的生活毫无关系的战斗。在这一切都结束之后，一小群旧的贵族瓜分了领土和油田，而且还大言不惭地声称：他们相互争夺殖民地是为了“确保世界的和平”。

为了自身利益而进行争斗的王朝已经消亡了。我们的祖先曾经在这些争斗中从事冒险的活动，后来因为投资没有获得收益又将其抛弃或转让的美洲土地，现在都有了非常响亮的名字，像“加拿大自治领”“美利坚合众国”，等等。

发生在英、法之间的一系列战争（结果是美洲大陆的北部成了英国的领土，法国的势力被彻底摧毁了），已经有过许多的叙述了，我在这里就不再赘述了。为了便于叙述和确保历史的准确性，我们的教科书中提到了“威廉国王之战”“安妮女王之战”“乔治国王之战”“法国—印度之战”，并指出了这些战争的年代为 1689 —

1697年、1701－1713年、1744－1748年和1755－1763年，而且还详细地描述了这几次历史上非常著名的战斗，在表述战争的结果时，说我方在战斗中只赢得了“道义上的胜利”。书中还倍感荣耀地叙述了几次获得胜利的战斗。在这些战斗中，英国人是如何迫使法国人撤出了一些孤立无援的堡垒，如何迫使驻有37名士兵和38个印第安女人的要塞投降。

小股英、法军队之间发生的那些偶然冲突，根本就不值得一提了。那些冲突只不过是发生在那个年代美洲荒原边陲地区的一些无人知晓的不幸事件而已。

18世纪的政治家们只会根据外交议定书、盟约以及官方的备忘录来进行思考，从来都不会关注那些正在发生的事情。但是当他们还在美洲的地图上画着那些漂亮的虚线，并且相互说明谁占有那块地方的时候，其他势力也正在活动。他们全然不顾官方已经有的决定，很快就破坏了这些偏狭的绅士们辛辛苦苦干出来的业绩。当然，我所指的是急速增加的欧洲移民的数量。

一般说来，那些离开旧大陆早已经人口过剩的城市和村庄的人们、那些定居在宾夕法尼亚丛林中小块空地上的人们、那些竭尽全力要在布满石头的马萨诸塞田野上种出粮食的人们，其实都是一些非常普通的人。除了《旧约全书》之外，他们没有读过其他的书籍。他们只对自己所生活地区的政治感兴趣。从我们的观点来看，他们的生活实在是很单调的，吃的是自己栽种的粮食，喝的是自己酿出来的酒，穿的是妇女们纺的布。但是就像所有的原始生物一样，他们知道自己需要什么。他们所需要的东西就是“土地”。

当伦敦的官员听说有上百万罗得岛人向西迁徙的时候，他们大为惊慌，高声喊道："天哪，这些人不能去那里啊！那一部分美洲的土地是属于法国的。"

正在往牛车上装东西的人们回应说："我们怎么不能去！"

但他们还是上路了。

不错，他们有时会遇上麻烦。因为法军的小分队想把他们赶回去，或者当场把他们杀死。

那些法国的堡垒，看上去是坚不可摧的，它们保卫着从圣劳伦斯湾到莫比尔湾的边界线。那些堡垒相去甚远，所以移民们可以穿越空当儿，从而进入西部富庶的森林和田野。

同样的事情已经在大西洋沿岸小规模地发生过了。当荷兰人想占有超出他们力所能及的领土时，新英格兰过剩的人口立即就抢占了康涅狄克谷地，英国的农民在荷兰人的堡垒旁边种上了庄稼。什么事情也没有发生，因为他们相互之间都有需求，不能被对祖国的那种虚假的忠诚所左右。

18世纪时，法国人已经开始认识到：违反自然法则是行不通的。巴黎政府最终明白了其美洲属地的重要性。它向魁北克、蒙特利尔、新奥尔良、温森斯堡和底特律堡派遣了大批的军队。这些军队的任务不仅仅是驻防，还要和英国人进行战斗。但是在那些正在全力寻求无人耕种的西部土地的一无所有的东部群众面前，他们的英勇和作战能力却一点儿也施展不出来。1759年，英国人最终交了好运，他们一举征服魁北克城，彻底砸碎了法国用来保卫大湖地区和密西西比谷地的堡垒群。

现在各地的法国旧地名，使我们不禁回想起我们祖先生活的那个时代，在那遥远的地方所发生的不幸事件，仅此而已。

## ◆ 第18章　1769年1月5日，现代史的开端 ◆

本章所要讲述的，只是我的一些想法。这些想法可能会帮助我们更好地理解两百年来的历史。

为了叙述上的方便，有一位文艺复兴时期的历史学家在他学术成就的鼎盛时期，将人类的历史划分为三个时期：古代、中世纪和现代。当然，这里所说的现代就是指他自己的那个时代。他将古代的下限定义在罗马衰亡的时期，并且将土耳其人占领君士坦丁堡的时间确定为中世纪的终结和现代的开始。

这种历史分期的方法早就应该全面修改了。罗马从来就没有消亡。“罗马已经消亡了”的说法会给人造成一种错误的印象。在土耳其人占领君士坦丁堡后，中世纪可能就已经终结了，也可能还没有终结。但是与伟大的苏莱曼入侵欧洲所赢得的胜利相比，其他的一些事件对中世纪生活所产生的影响可能还要大得多。

我在这部著作中主要阐述的是美国的历史。

我认为：在这个大陆，中世纪终结应该是1769年1月5日。

那天，一个叫詹姆斯·瓦特的人刚刚为他发明的“蒸汽机”申请到了专利证。

# ◆ 第 19 章　“效率专家”乔治·格伦维尔 ◆

那些已经没落的帝国历史上散落着已经被废止的制度的残余。的确，在严格遵循某种刻板的法令或规则时，公共生活或者私人生活中似乎并没有什么东西会必然导致失败。然而通常的情况却是：制度越是严厉，最后的衰亡也就会越惨。

大英帝国在它的“鼎盛时期”，可以说是一帆风顺的。那些被派往世界各地为教会的思想控制和西班牙的经济垄断而战的人们，没有受到太多来自宗主国政府的限制。他们被允许独自行动；在那时他们会怎么实用、怎么有利就怎么干。他们有时太性急了，所以难免会做得有些过分；如果被发现了，他们就要当国王的替罪羊，不是上绞刑架，就是上断头台。但是这些小事都是无关紧要的，影响不了人们的情绪。

但是到了 18 世纪中叶，帝国已经粗具规模，是到了加强中央集权、巩固组织、加强管理和（必然要）征收税款的时候了。罗利家族的人跃跃欲试。但是当大幕开启的时候，人们看到的却是身穿海军大臣制服的乔治·格伦维尔在扮演着“道德高尚的爱国者”的角色。

把“格伦维尔”的名字放在现在来讨论可能是不那么公平，但是美洲殖民地的丢失则完全是乔治一个人的责任。但格伦维尔是那个时期这种类型官方心态的典型代表，他比任何一个在历史上起了一些作用，并且在史书上有所提及的名人，在短时间里所造成的危害更大。然而，不要单纯地认为这不过是一幕喜剧。一种明显的悲剧倾向贯穿在整场演出当中——悲剧的意味就蕴涵在“徒劳”这两个字里。

乔治确实是国王手下一个非常认真负责、聪明能干的大臣。英伦三岛上还没有一个人能够比这位滥用职权的财政大臣起得早、睡得晚。他每天都要花费许多时间来关注工作的细节。

在伊丽莎白女王的时代，如果让他去做冒险家们组成的公司里的一名账房先生，可能是很有用的。

而他生活的乔治三世时代，他被作为一个可以确定美洲殖民者纳税的时间、地点和方式的人，却是非常危险的。

他和查尔斯·汤森德一样，他们认为殖民者都是“从英国移民过来的孩子，他们接受了祖国的恩惠，所以才能够茁壮成长”。但是当老巴尔上校回答说:“孩子们是我们移植的？不是，根本不是！是我们的压迫使他们移民到了美洲；是我们的漠不关心使他们茁壮成长。”当美洲人站起来为这些煽动性的言论欢呼喝彩的时候，这位大臣会有一种什么样的表情呢？

新英格兰人，弗吉尼亚和卡罗来纳人对顺从国王的古老法律的规定实在是太留恋了，以致他们都不打算建立一个属于自己的国家。其实，他们对此深感痛心。他们之所以离开家乡，就是为了摆脱对他们个人自由的某种压制，是为了获得足够的食物来养育他们的孩子们。但是他们刚刚获得自由，宗主国政府就尾随而来了。最早到达美洲的人感到自己又坠入了那令人憎恶的政府罗网之中，而他们之所以从英国的布里斯托尔航行到马萨诸塞，就是希望能够永远摆脱这张罗网。

虽然荷兰商人或者西班牙商人在荷兰的市场上或者是西班牙的市场上，能够得到比英国人给的高得多的价钱，但是不管他们是否愿意，他们都必须通过英国的中间人在英国的市场上出售他们生产出来的一切物品。除了他们自己能够打制的工具和农具外，他们必须购买英国生产的货物，否则就要凑合着过。

他们运进、输出的一切商品都必须使用英国的船只、雇用英国的船员，并且要由英国的船长来指挥。

在英、法之间发生边境冲突的近半个世纪里，这些规定执行得并不那么严格。但是在恢复了和平之后，乔治·格伦维尔受命征收大量的捐税，以偿还英国为了维持其陆军、海军而筹借的千百万英镑债务。

像他那个阶层的大多数成员一样，格伦维尔在现实政治生活中生性鲁莽。他宁愿到三千英里之外的地方挑起争端，也不愿意在当地惹麻烦。他认为增加美洲殖民者（他们都是一些头脑简单的农民，而且都生活在世界的另一方）的捐税是很容易的事情。如果想让国人多交税，那么就会引起他们的不满，他们很快就会在议会里把他轰下台，并且不会再有人理睬他的妻子，让他的儿子们也找不到好的工作。他以祖国为了保护他在新英格兰和弗吉尼亚的心爱的孩子们为借口，并且说国家在抵御法国人和印第安人的残暴入侵中做出过巨大的牺牲，因此现在要采取若干的措施，以增加设在查尔斯顿和费城的财政代理银行的收入。实际上他是在帮助英国捞回已经失去的财富。

首先，他强制政府严格执行实际上在克伦威尔时代就已失效的旧“航海法”，并且由海军法庭来审讯走私的人，让由走私者的同伙们组成的陪审团靠边站。而陪审团的成员们则十分得意，他们认为被告所犯的罪行是一种崇高的爱国主义行为。

其次，停止向刚刚从法国人手里夺取的西部广阔地区移民。要等到宗主国的政府对这些新占领的地区进行丈量登记，并对保护新近征服的印第安子民采取哪些措施做出决定之后，再解除禁令。

再次，对大多数生活必需品（比如糖蜜、蔗糖，后来又加上了茶叶）要征收间接的税收。最后就是所有的官方文件、报纸、纸牌、契约书、合同书、抵押契据，全部都要贴上印花。印花是由国王的财政代理银行印制出售的，价值从 1 便士到数英镑不等。

与现在美国即使是最贫困的公民也必须向华盛顿的联邦政府缴纳的大量税金相比，强迫早期殖民者从自己的口袋里掏出那些奇形怪状的镍币和银币根本就算不了什么。但是问题并不在于金钱，而在于原则。殖民地的职业演说家们一提起这些暴虐的措施，就会火冒三丈。他们提出“如果没有自由宁愿去死”；他们指出，这些征税的措施是在没有美洲殖民者的代表参与下制定出来的，实在是太可怕了。他们忘记了：即使是他们留在家乡，议会里也不会有他们的“代表”，就像他们迁徙到佐治亚和新泽西之后的情况一样。在那个神圣的年代里，只有不到百分之十的英国人可以参加选举投票。

而剩下的百分之九十的人是没有选举权的。他们只管纳税，却没有发言权。美洲殖民地的反对派首领们非常明白这一点。他们之所以那样说的原因是，他们根本就不愿意在威逼下缴纳捐税。他们提出了“没有代表就不纳税”的口号。这一口号生动、形象，意思是说：“逃税的人实际上是在为一项崇高而无私的正当政治原则进行斗争。”

随后，在很长的一段时间里没有什么事情发生。

他们宗主国的政府一直在不断地制定和通过新的法律和规章制度。

殖民者们则一直在违反这些在议会获得通过的新法律和规章制度。

乔治·格伦维尔经常是通宵达旦地“研究着这些问题”；然后，他向乔治三世做了一个口头的报告。他的报告很深刻、很庄重，也很单调。最后乔治三世把他轰走了，没有其他的原因，只是厌倦了他的啰里啰唆和没完没了。

## 第20章　荷兰茶叶和法国糖蜜

英属美洲殖民地居民所需的许多物品都来自海外，所以为了购买这些物品，他们就必须有钱。为了能够弄到钱，他们必须输出一些商品，到海外销售。这一切似乎是很简单的事情，事实上，的确也很简单。当然，如果你能够得到制作物品的原材料，然后再将物品输送出去，并能够按照你的希望卖到一个比成本高的好价钱，那简直就是太好了。而如果你被强制规定必须在指定的市场上购买原料，而又不得不支付这个市场所规定的价钱，那么就要冒破产的风险了。

18 世纪的美国人实际上和 18 世纪其他地区的人一样，要消费大量我们祖先通常称之为“烈性酒”的东西。新英格兰人喜欢喝朗姆酒，纽约人喜欢喝杜松子酒，而加拿大人则钟情于法国科涅克地区出产的白兰地酒。也就是说，不管是哪里的人都爱喝酒。人们喝得很多，所以朗姆酒就成了一些地区最主要的出口商品。为了酿造朗姆酒，清教徒的酒坊就需要大量的蔗糖和糖蜜。而这些必需的原料可以用很低廉的价格从邻近的西印度群岛进口。而这些岛屿中的大部分是属于法国和荷兰的。因此，根据当时英国的法律，他们是“不准进入的”，所以新英格兰人即必须到宗主国去购买蔗糖和糖蜜。在他们的宗主国，商人们充分利用仁慈的政府交给他们随意支配的垄断权。

问题：作为忠诚于乔治国王陛下的臣民，新英格兰人难道真的会漂洋过海到伦敦或布里斯托尔，购买 100 块钱一吨的蔗糖吗？

回答：没有。作为忠诚于乔治国王陛下的聪明的臣民，他们直接把船开到瓜达卢佩或圣尤斯特歇斯，购买 30 块钱一吨的蔗糖了。

问题：乔治国王陛下的政府喜欢他们这样做吗？

回答：当然不喜欢。

问题：那么，这会影响哪些新英格兰的船长们继续从事这种非法的买卖吗？

回答：一点儿都不会影响。

这是一个需要进行长期辩论的问题。

又一个奇怪的事实是，人们追根溯源，发现古代巴比伦人在政府不干预他们的吃喝玩乐时，就会胡作非为。我有时甚至会认为：由于酒而引起的流血冲突是否不比由神学引起的流血冲突多。我的这种看法已经提出过很多次了。当英国政府与某个特定的反对集团展开争斗的时候，总是有那么一些持不同见解的人和国王保持相同的立场，当他们的敌人遭受厄运时就会幸灾乐祸。但是当议会决定对酒、茶和咖啡征税的时候，它就会处于非常危险的境地。因为它涉及了公谊会教徒的利益，同时也涉及了浸礼会执事的利益，甚至还会涉及最强硬的不可知论者的利益。其实税收是很轻的，每磅才收取三个便士，但这是一件非常令人讨厌的事情，是一种伤害，因为当普通老百姓调制一杯自己喜爱的饮料时，就会想到他们是在支持、维护一条他们认为并不正当的法律。

最后，就因为这小小的茶杯还引起了一场飓风（就像许多次暴风雨所引发的那种景象一样），铺天盖地，淹没了一切。这场变故的起因只不过是为了每年那 20 万英镑的财政收入。

但是谁又能够料到会是这样的一个结果呢？

老实说，谁也不会预料到。

起初，美洲殖民者们勇敢地决定抵制茶叶。但是他们已经养成了喝茶的习惯，而且已经上了瘾。他们是一定要喝茶的。

楠塔基特和普利茅斯的船长们说：“好吧，我们可以走私茶叶，就像走私蔗糖那么容易。”他们于是又把船开到了库拉索，运回了大量优质的茶叶，由于是直接从荷兰东印度公司购进的，所以价钱非常便宜。这样一来人们在喝茶的时候，就再也不会有违背原则的感觉了。几个月的时间，新英格兰沿海地区的货栈里堆满了来自荷兰的茶叶。这对于英国的茶商来说，就意味着将会遭受巨大的损失。他们为此非常生气。愤怒的英国商人将会是非常危险的。议会决定必须采取行动。于是，大量英国东印度公司生产的茶叶被运送到美洲的海岸，在政府补贴的支持下，以比荷兰茶叶价格更低的价格出售给民众。

诚实的走私者属于社会中最有影响的阶级。他们认为廉价出售茶叶的行为是公然违反贸易常规的行为。于是他们开动了宣传机器。报纸报道，散发传单，将所有饮用英国茶叶的人指责为“叛徒”。

煽动起信仰清教主义的人们的情绪，通常是很容易的。他们已经养成了控制自己真实情感的习惯，但即使是一个小小的“正当煽动”随时都会激起他们的情绪。装载着英国茶叶的船只被情绪激昂的人群放火焚烧了。在波士顿，一群年轻人装扮成野蛮的印第安人，登上了来自英属印度的三艘大船；他们不顾船上正在流行的天花，勇敢地冲进船舱，扛起茶叶包，一个接一个地走上舱面，将茶叶全部扔进了海里。在马萨诸塞，他们成了人民眼中的英雄。但是在英国，他们则被说成是卑鄙下流的强盗，应该被移交给当地的司法当局判处绞刑。

但是没有采取任何行动。以爱国主义的名义进行暴力活动是不会受到惩罚的。当人们认识到这一点时，突然就冒出了许许多多职业的爱国者。

那些出售印花的官员是非常不幸的。他们不断受到流氓的袭击，他们的家也不时地受到洗劫，他们卖的那些印花也常常被付之一炬。那些遵守土地法的人（他们也许赞成这一法律，也许不赞成）和那些积极购买印花并贴在法律证书上的人，往往会被浑身上下涂满柏油并粘上羽毛，以示惩罚，而法院却难以保护他们。

当然，宗主国的政府是难以容忍这种状态的。一个政府不再“施政”，颁布法令后又允许民众抗拒这些法令，那么它就没有存在下去的希望了。政府必须采取最激烈的措施强制人们服从自己的意志，要不就干脆下台。

但是如何才能够在那么遥远的地方强制执行这些法令呢？

美洲的殖民地是有法院的。不但有法院，而且还很多。但是那些法院和宗主国的法院是一样的，陪审团负责决定被告有罪还是无罪。陪审团是由与被告关系亲密的朋友组成的，是由完全同情被告所犯罪行的人组成的，他们通常都会裁定被告无罪。即使是国王的法律代理人已经收集到了很有说服力的证据，被告一律都会被无罪释放。

接下来该做些什么呢？

通过一项紧急法案，宣布：将来如果再有类似的案件发生，是否可以拿到英国进行审判？可以那么做，但是那将会引起普遍的不满。英国的法律有一条古老的原则，明确规定：任何人都不得在他的居住地之外接受审判。

那么，如果政府采取了另外一项措施：取消自由民由其邻居来参与陪审的权利呢？也可以这么做，但是这将会是非常危险的。这就等于是以暴制暴，是一个非常危险的先例，是一项完全无视可能引发革命的措施。

到了必须采取某种行动的时候了。殖民者们一致认为事态已经非常严重了。他们抛开了相互之间的小冲突，派代表参加了在纽约市召开的会议，抗议宗主国政府的非法政策。很明显，事情在迅速地转变成危机，在这种形势下，最好是忘记过去，从头再来。只有这样，议会才可能很有体面地抽身而退，而且还可以在坚持有权为英国及其殖民地立法的同时，表明不想做非法的事情，愿意服从理智。

但是议会已经不再愿意服从理智了，而且还不断地发出令人不知所云的威胁，想用其所能使用的权力去恢复秩序。今天，政府的“权力”是指两样东西：警察和军队。这把我们带进了独立战争发展的第二个阶段。

大批的军队被派到发生动乱的地区，奉命在税务官员受到暴力袭击的城镇和村庄巡逻。巡逻是一件很无聊的事情。身处敌对的民众之中，再加上纪律不严明，所以就连那些最守纪律的士兵也会失去耐心要发脾气的。况且他们手里还有枪。他们是可以开枪的。在波士顿，当一群淘气的小孩子用雪球扔向他们的时候，他们发怒了，向孩子们开枪射击，他们屠杀了手无寸铁的平民百姓，全城陷入了一片恐慌。

这是一个很早以前就发生过的事件了。

这也恰好证明了许多史学家的观点：历史对人们没有一点儿教

育意义，每一代人都要从自己所犯的错误中重新吸取教训。

你可能会说：“这是悲观主义的论调。”

朋友，真的很抱歉，我并没有创造这个世界。

## ◆ 第 21 章　边远地区朴素的智慧 ◆

这时，我们时常可以听到枪声；看到三五成群疲惫不堪的农民冒雨在难以通行的乡间小路上行进；我们还经常看到满腹牢骚的英国士兵在尘土飞扬、充满危险的乡间小道上行进着。我们总会听到有人问：这是谁的过错？为什么英国人要打英国人呢？为什么亲朋好友之间也会争斗不息呢？

我的回答仍是“不知道”。在人类的历史上有一些事情似乎是永远不可避免的，美国的革命就是其中之一。

即使 1776 年不爆发革命，那么 1777 年也会爆发。如果某位政治天才能够使革命不在 1777 年爆发，那么 1778 年也会爆发的。

因为这不仅仅是一个利益冲突的问题。这是一种思想的冲突。在这种情况下，只有一个答案：战争！

要坐在伟大宙斯的宝座上诉说祖先的是是非非，真的有点儿令人感到为难。

我大胆地设想，英国政府在对形势的判断上犯了一个非常严重的错误。国王、他的议会和他的大臣们一直认为殖民者都是英国人。

无论是从法律上还是政治上，他们无疑都还是英国人，但他们是对往事难以忘怀的英国人。他们清清楚楚记得他们诞生的那座贫民的院落，记得埋葬着他们母亲尸体的穷人的墓地。他们永远都忘不了因为饥饿而引起的疼痛，永远也忘不了他们的父亲被债主扣押期间所受到的毒打。他们当然记得这些事情，对于那些使他们遭受痛苦的人，他们满怀怨恨之情。后来就是出逃，随着危险的移民船一起航行，最后抵达新大陆，成为某个贫穷的宾夕法尼亚农民的奴隶，或者是某个凶狠的清教徒家庭主妇的用人。开始干活儿，干上五年，或者六年，或者七年，或者八年，然后才能够获得人身自由、两套衣服和一桶面粉。

然后又会开始在荒野中的艰苦旅程：孤孤单单的一座小木屋；由于年复一年、日复一日地砍伐那一排排的树木而留下了腰疼病；由于为了栽种谷物需要捡拾地里的石块而留下的臂痛病；由于缺医少药而死去的妻子；没有人照顾的孩子们需要吃、穿；庄稼遭受了虫灾；老鼠咬死了小鸡；蚊虫肆虐，所有这一切比贪得无厌的乔纳森·爱德华兹有过之而无不及，人就像是生活在地狱里一样。

接着，终于有了一点儿积蓄，又娶了一个老婆，娶了第三个老婆或者第四个老婆；孩子们渐渐长大了，可以扶犁了，可以放猪了；建起一座有几个房间的屋子；修一段可以通行的道路；有了几户邻居；生病、生孩子的时候可以请别人帮忙了；成了树林中一小块空地的主人，心中充满了喜悦，再也不用向任何人点头哈腰、低声下气地说“是，先生”了。

接下来，在一个晴朗的早晨，收到一封信，在大信封上盖着官印——一份不知所云的文件上说：国王陛下根据议会某年某月某日颁布的法令，“特命令并指示国王陛下最忠诚的子民……否则，将会受到……”

所有这一切是完全正确的、是合理又合法的，但是使殖民者们想到了一件事——过去。

靠自己的双手劳动、勤俭过日子的人，是极易对当局产生不满的。对他们说来，“当局”始终是“压迫”的同义词。他们只有一个办法能够使自己的愿望得到满足，那就是公开的反抗。

在那些邻近海岸的城市里，要想控制住民众是相当容易的。商人们持有百分之九十居民的借条，所以能够迫使他们不采取行动。传教士在布道的时候向民众宣讲政府官员的是不可侵犯的，私有财产同样是神圣不可侵犯的，这样一来就又可以控制住另外百分之十的居民。

但是在俄亥俄河与密西西比河之间一望无垠大地上，汇票很容易丢失，而那些向民众宣讲不受欢迎的教义的传教士们往往也会被请回到“文明的世界”去。在那里，农民们既是商人和传教士又是士兵和国王，他们可以随心所欲地统治着自己的王国。其他所有的人也都以他们作为榜样。

那些不了解（占总人口数的百分之九十七）这种精神的英国人，却站在议会里滔滔不绝地议论着那些生活在偏僻的田纳西地区的贫穷的庄稼汉。他们的议论等于是在告诉乔治三世国王陛下：沃托加的人们已经不再承认他至高无上的权威了。

但是想抓住那些顽强的反叛者并达到杀一儆百的目的，并不是一件简单的事情。实际上，用不了多久就会明白，想抓住他们是根本不可能的。反叛者们也更明白这一点，所以会利用各种机会进行活动。

那些整天劳动的人们实在是太累了，通常也就没有心思再把自己的想法诉诸笔墨了。他们没有读过什么书，更没有著书立说。

但是他们有时会把自己的想法说出来。我们对他们的想法相当了解。

他们对政府的说法没有什么兴趣。他们知道自己需要什么，他们也知道什么东西才最适合自己在帝国的领土之外建立一个小社区。

他们的生活圈子很小，所以彼此之间的关系很密切。他们随身都会带着手枪，崇尚武力、勇敢好斗。

荒原给他们提供了机会——这是他们一生中绝无仅有的机会。所以他们拒绝放弃这个机会。

他们并不像一百年前的清教徒那样，把自己视为上帝的特选子民。他们对自己没有过多的想法。他们清醒地认识到自己有许多缺点，有亵渎上帝的习惯，在经过多年难以忍受的苦役生活之后养成了酗酒的习惯，并且多愁善感、爱哭爱闹，偶尔还会表现出凶残、爱发脾气，蔑视任何一种形式的成文法律。

但是他们并没有要求别人喜欢他们，也没有要求人们把他们视为模范公民。他们唯一的要求是不要打扰他们。

但是当外界无法满足他们这小小的要求时，他们就会说：“那好吧……”于是子弹上膛，等着挑衅的人到来。

他们在长期与大自然斗争的过程中，养成了忍耐的精神。在发生这种情况的时候，最好是让对方先行动。

## ◆ 第 22 章　亚当斯和塞缪尔转向实践政治 ◆

在 1775 年的时候，如果英国政府能够对美洲殖民地的情况多少有所了解的话，那么也就可以为自己减少一些麻烦。它可以利用发放贷款的城镇和借贷的农村之间所产生的憎恶感，让鹬蚌相争，这样一来就可以赢得商人和农民双方的好感，从而确保自己能够拥有一批得力的同盟者。

对于美洲的自由事业来说，非常幸运的是，英国的官员们犯了一个非常大的错误。正是这一系列的大错误致使沿海地区和山区的人们有了一个共同的奋斗目标，从而（至少是暂时的）使他们忘记了经济上的差距；正是这种差距使新英格兰的银行家和国王陛下正式任命的“敲竹杠者”和“印花税征收者”一样，在进行农业生产的地区不受欢迎。

于是，革命（我想我曾经在我的另外一部著作中提到过）如同往常一样，按照下面的形式开始了：

有 10% 的人愿意为原则而献身。

有 10% 的人愿意为原则而献身，但是对于局势却并不十分满意。他们提出：是不是可以用尽可能少的暴力手段来达到奋斗目标？

有 40% 的人（他们把自己称作“注重实际的人”）抱着骑墙的态度等待斗争的结果，而后去参加获胜一方的军队。

这三部分人加起来可以占到 60%。那么剩下的 40% 是坚决“遵纪守法”的了。如果他们的邻居失败了，那么就将他们置于死地；如果事实证明是他们自己站错了队，那么他们就会自杀。

在这几页文字中我的形象可能显得有点儿太残忍好斗了吧？真的很抱歉。但是只要是阅读过（在大西洋两岸印刷出版的）那个时期的文献的人都会知道：绞刑架不仅存在于那些参加暴动的人们的心中，也同样存在于那些忠于英国国王的人们的心中。

这对于那些害怕“革命”这个字眼儿的人来说，对于那些喜欢高谈阔论的人，可能会感到震惊。但是，说实话，他们应该为此感到特别欣慰，就这场革命而言，它就如同过去的许多次革命一样，是非常温文尔雅和相当体面的。它没有法国攻打巴士底监狱那么激烈，也没有像俄国攻打冬宫时那样出现那么多的抢劫，没有大规模屠杀已经放下武器投降的俘虏，也没有组织秘密法庭以制造恐怖的气氛。

起义者都是一些非常有教养的人。在战斗中，当一方的将军不得不向对方的将军投降时，他们相互之间都会以礼相待，并且还会互相表达善意。所有这一切让兴登堡和福煦都赞叹不已，并且还会禁不住热泪盈眶。

这也许是因为在 18 世纪，战争是绅士们的职业，是按照一定的规则进行的。因为没有人能够预测下一次战斗中谁会获得胜利。所以，获胜的一方应该谨慎从事，好好地款待对手。这样一来，如果下一次自己失败了，那么对方也就会以相同的礼遇来对待自己。

况且，他们之间并没有什么个人恩怨，所以很多的欧洲战争并不要打个你死我活。一些英国委派的总督和他们的下属都是极其令人厌恶的政府官员，他们极其愚蠢，并且诡计多端，官僚气十足，他们把殖民地上所有的人都视为劣等人，对美洲人总是呼来喝去、趾高气扬，即使是我们中间最温顺的人也会被激怒，起来进行反抗的。他们往往会让美洲人在阴冷、昏暗的接待室里站上几个小时，让他们一直等到阁下喝完第三杯酒。

这些人可能会在惊慌失措的时候变得非常残暴，但是他们在平时则不是那样的。在美洲大陆上犯下的种种残暴罪行，多半是由于殖民者自己的宗教狂热，这不能完全怪罪于英国的官员。

因此，美洲人之所以起来反对自己的祖国，并不是因为英国过去干了什么，而是他们担心英国将来可能会干什么。美洲人为的是捍卫殖民者的权力和特权，不让国王和政府再侵犯他们的权益。

起义的领导者完全明白这一点。因此，他们暂时放松了对民众的控制（不打破几个鸡蛋就不可能学会做鸡蛋饼），但是民众就像一盘散沙，他们的人员构成非常复杂，所以必须对他们进行严加管束，才能够让一切有序地、公正地进行，才能够根据自由、独立的自耕农社区那古老而崇高的法律进行。

在本章的标题中提到了约翰·亚当斯[1]和他的堂兄塞缪尔，但是请不要认为只有这两个人才是美洲独立的宣传鼓动者。约翰和塞

[1] 约翰·亚当斯（John Adams，1735 — 1826），美国的第二任总统。

缪尔虽然有很多不同点，但他们都是不同类型爱国者的代表人物。他们站出来担任领导，就像我现在可以想出来的其他人一样，都是为了独立而战。

亚当斯家族是英国的一个古老家族，他们的祖先在17世纪30年代末从德文郡迁徙到了马萨诸塞地区。他们成了农民，努力地工作，不断奋斗。哈佛学院刚一成立，他们就把孩子们送到那里学习所有的课程、钻研一门专业。约翰（1755年毕业于哈佛）钻研的是法律，他在毕业后成了一名律师。他并不是那种能够让人感到愉快的人。我们认为，他是一个“有坚定信念的人”，是一个能够在动荡时代发挥作用的人。他就像是一块产自佛蒙特的大理石，融合了坚毅、冷峻，毫无幽默情趣，对于国王的不满和民众的支持，他全都不在乎。

他的堂兄塞缪尔则完全不同。塞缪尔比他早15年毕业，认识城里的每一个人。他一听说要发生暴动，就欣然关闭了自家的酒厂。他是一位机敏的领导人，在马萨诸塞地区各城市的正式会议上，他就像是在家乡波士顿的茶话会上一样活跃。

他们两位当时参加的反对派并没有什么可怕的。殖民地的人民虽然阅读到了许多东西，但他们仍然是英国人，并且他们非常愿意做一个英国人，他们相信人类理智的力量。他们想让自己的同胞漂洋过海来了解一下美洲正在发生的事情。他们以为，这样一来一切都会正常了。

与此同时，为了开导他们远在英国的亲朋好友和子侄辈们，他们打算撰写传单、草拟决议、召开一次有各殖民地代表参加的“大陆会议”（1774年9月5日在费城正式召开）、成立“警戒会”（即所谓的“通信委员会”，目的是使所有的爱国者能够及时得到政府准备采取暴力行动的最新消息）、进行合理合法的宣传、逐渐说服最顽固的英国托利党人让他们相信美洲人的要求是正义的。

这是1775年4月。

第二幕的准备工作已经做好了。帷幕即将开启。

## ◆ 第23章　殖民军司令报告的坏消息 ◆

大约在40年前，在爱尔兰梅奥郡经营着自家庄园的查尔斯·博伊科特上尉和农民们之间发生了纠纷。农民们说他“越界”了。所以没有人再和他说话，也没有人再卖东西给他，同样地也没有人再买他的东西，没有人给他供应食品，没有人替他投递信件，没有人帮他挤牛奶。总而言之，对于他的爱尔兰邻居来说，他已经不存在了。

这种对某个人或某个集团施加压力的特别做法，从那以后就被称为“联合抵制”而闻名于世。不管是哪里，只要出现了纠纷，就会使用这种方法。

首先，这种做法会使相关的人受到极大的羞辱，过不了多久他就会心烦意乱；其次，这会让被抵制者感到恼怒，因为他没有什么好的解决办法来摆脱困境。

譬如，如果广州的中国人拒绝吃美国的菜豆或者是拒绝使用英国的棉花，简而言之，就是如果他们决定集体抵制美国或英国的产品，那么美国或者英国的商人就只好干瞪眼。他们连一点儿办法都没有。如果中国人或者爱斯基摩人不愿意吃美国的菜豆，也不想使用英国的棉花，那么谁也别想让他们去做他们不愿意做的事情。而英国和美国的商人则会由于所面临的困境而一筹莫展，并且他们也十分清楚谁也帮不了他们的忙，所以他们非常容易失去耐性，进而干出一些愚蠢的事情来，他们会叫嚷着要动用军舰进行武力干涉，并且会给报界写信要求立即开战。

美洲反对派集团的领袖们非常清楚这一点。他们在费城大陆会议上通过了所谓的“权利宣言”，郑重地列出了殖民地人民的各种不满。这是朝着正确方向迈出的第一步。但是人民群众却很少研读正式的文件。这些文件在一些官员中引起了不安，他们说：“看哪！这是在煽动叛乱。我们必须采取行动了！”这是最好的反应。而糟糕的是，人们对这些文件根本就没有任何反应。

但是，在那次会议即将结束的时候，会议通过了一项决议，决定采取进一步的措施。代表们宣称，从此以后，没有一个真正热爱自由的朋友还会进口或输出英国制造的商品。如果官方向他供应英国制造的商品，让他出售的话，那么也不会有人去购买，他本人更不会使用这些商品。

我不得不遗憾地说：这种方法为各殖民地带来了巨大的灾难。因为仍然有许多商人是忠于祖国的，他们只是认为自己有权决定自己做生意的方式、地点和对象。但是现在却全部都交由“私刑法来处置”了。人们肆意地闯入他们的货栈，他们的货物被任意毁坏。他们本人也常常被浑身上下涂满柏油并粘上羽毛，被一群爱国者和无赖赶出他们的出生地。

而在英国也同样感受到了风暴即将来临的气氛。英国的商人和工厂主们大声疾呼，要求立即采取措施，制伏那些反叛的殖民者。

英国的报纸上充斥着宗主国人民对殖民地的反对情绪。当这些报纸运送到美洲的时候，波士顿、费城和诺福克的反对派领袖们，清醒地认识到形势的严峻性。他们已经预料到：宗主国政府就要实施报复政策了，会派遣军队到马萨诸塞来，要宣布封锁整个美洲海岸。在这种情况下，必须要有所准备。活跃在各地的“通讯委员会”（负责指导革命运动的非正式组织）开始成桶成桶地购买火药、清点可以使用的明火枪、寻找合适的地窖埋藏武器弹药，防止被英国军官发现。据说，这些英国军官常常会乔装打扮，在四处进行巡视。人们对这类传闻信以为真，成为骚乱不断发生的根源。

尽管这一切还都只是传闻，但却是确有其事。托马斯·盖奇中将在波士顿驻防，他领导的情报局在积极地进行活动。他不仅了解到殖民地已经在康科德村埋藏了大批的武器弹药，而且还了解到反对派中两位最机敏的领导人塞缪尔·亚当斯和约翰·汉考克当时正在米德尔塞克斯郡进行宣传鼓动工作。于是他决定派遣一些军队去袭击反对派埋藏武器弹药的地方，顺便逮捕那些被剥夺了公民权的爱国者，将他们押解到伦敦送交英国的法庭进行审讯。

但是在那群情激奋的年代，情况错综复杂：密探们在暗中相互监视，所以就很难保守秘密。

在史密斯上校率领军队北上的前12个小时，三名美洲青年，威廉·道斯、保罗·里维尔和塞缪尔·普雷斯科特被波士顿“安全委员会”派去向米德尔塞克斯人送去情报。他们快速地赶到莱克星顿，在那里的汉考克和亚当斯会设法帮助他们继续前行。

因此，在第二天清晨，当第十步兵团的一小队人马途经莱克星顿的公共土地时，一批坚毅、愤怒的农民挡住了他们的去路。

到底是谁打响了第一枪，这始终是一个谜。

但是第一枪还是打响了。

接着，枪声大作，打破了绿色田野上的宁静。八名美洲人倒在了血泊之中。

全体村民似乎都在等待着这一声枪响。

英国的军队成功地到达了康科德，顺利地完成了这次任务。但是在他们返回波士顿的途中，却不断地遭到伏击，遭受了重创，盖奇不得不派伯奇勋爵带着两门野战炮去保护溃败的部队，将掉队和受伤的官兵带回了营地。

殖民者所拥有的武器是只有他们父辈才使用过的那些打不准的鸟枪，如果他们能够拥有更精良的武器，那么一个英国士兵也别想活着回去。就这样，英国军队在抵达查尔斯顿渡口、退守波士顿要塞之前，已经伤亡、失踪了273人，这个数字占到全队人马的三分之一。

战斗的消息就像野火一样迅速地传到了各地。“通信委员会”的通信员骑着快马四处传递着胜利的消息，发动那些还在犹豫不决的人尽快起来为殖民地的事业战斗。西部广大地区和最南端的陷于贫困和饥饿中的人们组成了先锋队，向马萨诸塞挺进。他们要参加下一场战役，为康科德的死难者报仇。

盖奇突然发现自己和外界的一切联系都被切断了。他试图从起义军手里夺回邦克山制高点的战斗，使他损失了1500多人，而试图通过友好谈判来解决问题的努力也终告失败。

而这些还并不是最坏的。

1775年5月10日，第二届大陆会议在费城召开。参加这次会议的是全部13个殖民地的代表。也就是说，全体美洲人有史以来第一次坐在同一个大厅里发表自己的意见和见解。日趋严峻的形势，使这些喜欢猜忌的小独立王国不再念及旧恶，团结一致，共同抗敌。

局势发展到这一步，大局已定。

殖民者们突然被卷入公开的反叛活动，就连他们自己都感到惊异。他们也许并不是非常喜欢那些长老会的教徒、公谊会的教徒以及荷兰的改革派分子，但是就像起义的领导人所说的那样：这是一个“要么团结一致，共同战斗”、要么被各个击破的问题。绞刑架往往会使战友们之间的关系发生非常奇妙的变化。

所以一旦有了热切合作的愿望，沿岸地区的银行家、当铺的老板和放债的人（他们通常被称之为“贵族派”，很不受人们的欢迎），也乐意和不修边幅的苦工（他们来自穷乡僻壤，通常被称作“民主派”，他们对大城市中那些注重仪表、衣着入时的人颇为畏惧）携手同行了。虽然起义最早是由新英格兰的商人发起的，但是如果没有那些在波多马克河两岸种植烟草的人和那些在俄亥俄河谷围赶印

第安部落的人们的全力支持，他们是不可能取得成功的。

1775 年 6 月初，约翰·亚当斯提议由弗吉尼亚地区费尔法克斯郡的尊敬的乔治·华盛顿担任为捍卫美洲事业而招募的各路部队的总司令。

他的提议得到了支持。这个提议得到了执行。

华盛顿是美国的大庄园主之一，他的庄园很有气派。在接受任命的那天夜里，他修剪了一支崭新的鹅毛笔，给他的妻子写了一封信：

亲爱的珀西，我非常严肃认真地向你说明：我不但没有谋求担当这项任命，而且还尽力地推辞过。这样做的原因不仅是因为我不愿意与你和家人分开，而且是因为我深深地感到这副担子实在太重了，况且我的能力很有限。请你相信我，我所说的都是我的心里话。

于是他收拾好行装，急匆匆地骑上快马奔赴纽约。

全城万人空巷，人们拥上街头迎接华盛顿阁下。

当地的一队民兵充当了他的护卫队。

几天之后，全城的民众又以同样的热情拥上街头，迎接刚从英国伦敦抵达的新总督。还是当地的那队民兵充当了他的护卫队。

1775 年 7 月 2 日，华盛顿到达了剑桥。

他的口袋里装着正式的委任书。当时，只有这片小小的羊皮纸是美国大革命唯一能够看得见、摸得着的财产。

# ◆ 第 24 章　乔治·华盛顿将军整装待发 ◆

新的统帅刚一上任，人们就七嘴八舌地议论开了。这个弗吉尼亚人在讲话的时候总是慢吞吞的，显得十分威严。他住在克雷吉旅馆的底层。那里的秩序一片混乱：一些民兵身穿制服，但是却没有枪——只有那些来自边疆地区的人才有枪，但是他们却又没有制服——武器供应商们漫天要价——职业爱国者们心存奢望——外国的冒险家野心勃勃——委员会的成员疑虑重重——传教士们到处布道——亲英国的人还抱有一丝幻想——跟随军队谋生的人知道“你在什么地方可以弄到货真价实的东西”。华盛顿竭尽全力地进行整顿，试图改变这种混乱不堪的面貌。

确实，想用简单的几句话把他描绘清楚，是非常不容易的。

他当时 44 岁，不穿鞋时的身高是 6 英尺 3 英寸，体重 220 磅，而且还是一个优秀的骑手。他是弗吉尼亚人，出身于一个古老的家庭。他的家庭像当时的一些家庭一样很有地位。他出生于威斯特摩兰郡的布里奇斯克里克，后来居住在芒特弗农庄园（位于波多马克河边，以英国海军将领爱德华·弗农的名字命名）。这里曾属于他同父异母的兄弟劳伦斯（于 1752 年去世）。他们兄弟俩的感情很好。劳伦斯得了肺病之后（他们全家人的肺都有问题），乔治把他送到西印度群岛疗养。但是劳伦斯最后还是死了，而且乔治又染上了天花。他的脸上仍然留有明显的疤痕。可能正是由于这个原因，他很少笑。要么，他可能是一个不爱开玩笑的人，或者是一个经常去教堂做礼拜的人。

还有就是，你如果能够圆满地完成了他分派给你的工作，那么你肯定会得到他的夸奖和感谢。如果某位喜欢搬弄是非的市镇行政管理委员会成员的鸡场遭到一些饥肠辘辘的士兵抢劫而找你麻烦的话，他肯定会站出来帮你说话。但是如果你在岗位上打瞌睡的话，如果你在上厕所的时候发现英国兵已经接近你，那么你就惨了。他会痛骂你一顿。他骂人的时候，就像水手那样大吼。这些都是正常的，当然也是正确的。这是战争时期，而不是午后的休闲茶会。有谁听说过在战争中没有叫骂的吗？

如果他认为有必要掏钱给你付饭费的话，那么你就能够好好地饱餐一顿。对，这也是正常的。他为公众服务是不收取一分钱的。有一种说法：他很富有。所以他只是在尽义务，而不要任何报酬。再有就是，他也不需要干什么工作。因为他在弗吉尼亚的生活已经很好了。他在那里拥有广阔的土地和很多的奴隶。

乔治敦的人们说：他们知道他是一个百万富翁。然而，事实可能并不是那样。但是他的确是富有的。并且他还娶了一个富有的女人为妻，因此他的财产又增加了数十万美元。他的妻子曾经是一个寡妇，长得很漂亮，名字叫玛莎·丹德里奇。她有两个儿子。但是上校还是接受了他们，并尽心地教育培养他们，就像对待自己的孩子一样。总而言之，他是一个好人。他不是那种被人指着脊梁骂的人，不是那种人，绝对不是那种人。但是如果他决定了要去哪里，那么你无论说什么都是没有用的，一定要和他一起去。人们把这称作“领导力”。不错，他具有这种“领导力”。而在那个时代，他也需要这样的“领导力”。

他参加过驱逐印第安人的战争。他也曾经被法国的军队俘虏过。他竭尽全力资助过布拉多克领导的一支训练有素的军队，但是在数年之后他就不再资助它了。他从老路易的手中接管了杜克斯内堡，并将其更名为皮特堡。人们把他推选为弗吉尼亚地区各路军队的司令。当时他才只有23岁。他不是长老会的教徒。他是圣公会的会员。但是他一点儿都不狂热。“自己生存也要让别人生存”是他的格言。因此，只要你恪尽职守，那么他就不会为难你，而如果你有什么重要的事情要对他讲的话，那么一定要简洁，不要啰里啰唆，他实在是太忙了，所以他不喜欢咬文嚼字。

关于他这个人的情况，我们就先说到这里吧！

“局势”如何呢？

实在是太糟糕了，简直就像是在开玩笑。

首先，连一门大炮都没有。

莱克星顿的撤退表明：无论民兵有多么英勇，都难以抵挡炮火的攻击。而只要盖奇还掌握着野战炮，他就是波士顿的主宰。

在这危急的关头，起义者交了好运。

纽约北部有两座堡垒，分别叫作提康德罗加和克朗波因特。这两座堡垒原来都是用来防御法国人和他们的印第安盟友从加拿大入侵英国殖民地的。而现在加拿大已经不是法国的殖民地了，所以这两座堡垒也就没有什么战略意义了，所以就成了武器库，只有一些老兵在那里看守。

5 月 10 日，一个名叫埃森·埃伦的佛蒙特人率领一支由佛蒙特人组成的军队攻占了这两座堡垒。与此同时，一个名叫本尼迪克特·阿诺德的人将一艘旧的帆船改造成了一艘应急用的军舰，沿着尚普兰湖向南行驶，夺取了圣约翰堡。起义军因此得到了 40 门大炮。这年秋天，厚厚的积雪覆盖着伯克舍山脉，一位聪明的波士顿书商想方设法将这些有用的战利品从纽约中部地区一直拖到了马萨诸塞的多切斯特高地，装上从英国军需船“南希”号上缴获的炮弹，这样一来，大西洋沿岸的大部分地区就都被美国人控制了。

1776 年 3 月 17 日，英国人和那些坚决效忠英王乔治的美洲人登上船驶往了新斯科舍的哈利法克斯。

在城市被攻陷以后，大批的军队开进了城。这支军队完全变了模样，再也不是一年前阿特马斯·沃德将军在剑桥公共牧场上交给总司令的那群乌合之众了。一些群众在一旁观看这支训练有素、纪律严明的军队在剑桥公共牧场上准备开饭的情景，他们也变了样。

英国国王陛下的士兵在街上巡逻的时候，这些善良的人们被迫说自己是英国人。而现在，他们可以自由地做出选择了。

美国的军队暂时获得了胜利。他们在进一步采取行动之前，还要等一等、看一看，观察一下情况。

“费城究竟发生了什么事情？”

# ◆ 第 25 章　托马斯·杰斐逊证明了教育的优越性 ◆

大约五六十年以前，人们在回顾历史的时候，总是习惯于把中世纪看作一个已经延续了将近 10 个世纪的华而不实的情节剧，那是一个绚丽多彩的时代：盛大的集会和处于危难之中的公主，圣徒和酷刑架。

在这堆表面上看起来五光十色、实际上却毫无魅力可言而且还充满危险的废墟中，现代的历史学家对他们进行了十分细致的清理工作。我们现在知道了，生活在 8 世纪、12 世纪或者 14 世纪的人们，实际上和我们是十分相似的，那些原来使我们感到非常吃惊的重大差别实际上只是人为的差别，有的人身披铠甲或者有的人身上穿着天鹅绒的外套，我们的祖先怀着与我们同样的雄心壮志，那就是支配一切的强烈欲望。

我们需要改变自己看法的领域之一就是建筑领域。

我们的祖先在看到中世纪的城镇时曾经说过："这些高大的城墙和城楼真是非常有趣。那时的人们建筑这些东西肯定是为了保护城市中的居民，并且为了抵御敌人，抵御那些如同强盗的贵族和国王。"

现在我们知道了，这才只是说出了一部分真理。中世纪的防御体系有两个目的：一方面是为了把敌人挡在城市的外面，另一方面则是把城市里的居民关在城市之中。

从普通人的角度来看，我们在过去饶有兴致地阅读司各特[1]小说中描写贵族争夺城池的战争，现在看来实在是非常乏味的。

生活在中世纪的普通人并没有爱国的思想。他们只忠诚于自己的家乡，他们很少考虑到民族和国家。他们接受皇帝和国王，就像我们接受许多我们其实并不喜欢的制度一样，只不过这些东西让我们碰上了，并且还非常根深蒂固，我们对它们却毫无办法。

我们可以想象一下，当法国国王和西班牙国王交战的时候，法国国王的军队一定会围困西班牙国王的城堡，而西班牙国王的军队也一定会围困法国国王的城堡，法国国王的守城军队也一定会顽强地进行抵抗，坚守他们的城堡和阵地，不让法国的雇佣军染指他们的阵地。

而在这个时候，那些可怜的、惊慌失措的城市居民只能默默地忍受着饥饿和痛苦，直到战争分出胜负。那时，他们要么被那些取得胜利的敌军肆意掠夺，要么被迫把自己的生活用品捐献给据说可以保卫他们安全的同胞。不管是哪一种情况，他们最终的结果都一贫如洗。

即使我不说，你们也会明白，他们并不喜欢这一切。当他们以吃老鼠充饥来表现一种体面的忠诚时，他们就会打开城市的大门，对交战的双方说："你们愿意做什么就做什么吧，但是看在上帝的

[1] 司各特（Sir Walter Scott，1771 — 1832），苏格兰法学家和作家。

面子上，还是结束这种愚蠢的砍杀和射击吧！让我们回去忙我们生意上的事情吧！”

当然，防止这种叛变发生是卫戍部队的职责。我在前面曾经说过，中世纪的城堡都有双重的作用。这些建筑使卫戍部队能够随时掉转他们的弓箭和枪口，就像对付敌人一样来对付自己的朋友。

那些承担着美国革命重任的人们就像是中世纪的卫戍部队。因为他们不仅要把英国人赶出自己的土地，而且还必须防止那些亲英分子与英国狼狈为奸。

因为所有这一切都已经成为历史，所以我们很容易就会忘记当时有那么多的人效忠英国国王。这些可能制造麻烦的人几乎都是比较富裕的阶层，而这也正是他们最终失败的原因。自古以来他们的职业就是放高利贷。正是由于这个原因导致小农场主极端的仇视他们。现在这些小农场主都已经加入了独立军的队伍。他们获得了一个报仇的机会。他们用公开的宣言大声地警告那些“叛徒”，等待他们的将是什么下场。结果，效忠英王的人不管是否愿意都只能默不作声。如果美国人在这场战争中失败了，那么就很难说他们会做出什么样的举动。但是，造反者从一开始就站稳了脚跟，效忠国王的人一直都不敢出声。

英国人的问题解决得不是那么容易。来自伦敦的最新消息说，为了让美洲的移民屈服，英国政府开始在欧洲大陆广泛招募雇佣兵。但是，英国大举入侵的危险并没有使华盛顿和他的战友们感到恐惧。他们早就领教过英国职业军官的能力了，所以并不十分惧怕他们。再有就是，他们非常熟悉自己的家园，懂得什么样的战术才最适合在荒野中作战，而且他们距离自己的补给基地也很近。所以，对付那支由笨拙的德国农民组成的国王雇佣军，不会使他们感到不安。

使他们深感焦虑的事情是：现在全国人民被激发起来的高尚情感能够坚持多久？他们是否能够使自己的同伴和普通居民团结一致，直至打败共同的敌人？

这些都是迫切需要解决的问题，这不仅是究竟由英国人还是美国人来统治大西洋沿岸这片富饶土地的问题，而且还是究竟由两大竞争派别中的哪一派来支配新的美利坚民族的问题。这两大派别中的一方是城市的贵族派、商人和放贷者；而另一方则是民主派、农民和小企业主。

现在敌人就在大门外，所以只有团结才能够取得胜利。所以为了团结，就必须制定出一个能够把两派力量联合起来的纲领。哪怕这种联合只能够维持很短的时间，即使是只有一两个月或者一两年。

华盛顿忙着训练他新招募的军队，所以不能承担这项工作。约翰·亚当斯既缺乏个人魅力，也缺乏深刻的说服力。当意见不统一的代表第二次聚集到费城的时候，没有这些能力就别想做成任何事情。这时，一个弗吉尼亚人再次站了出来力挽狂澜。

托马斯·杰斐逊与华盛顿一样都是南方人。他也出身于最富有的地主家族，因为他的父亲娶了兰道尔夫家族的一个女儿。但是他和华盛顿的相似之处到此为止。因为从出身和社会环境来看，华盛顿是一个“贵族”，是少数大种植园主中的一员。这些种植园主在殖民地建立之初就占据了大片肥沃的土地。而杰斐逊则是一个地地道道在边远地区长大的孩子。在遥远的蓝岭山区他度过了他的童年，直到进入大学以前他对东部的人为的文明几乎一无所知。他就读的学院是荷兰人威廉和他的英国妻子于1693年在威廉斯堡创办的。

早在16世纪早期，伟大的人文主义者伊拉斯谟[1]喜欢教皇的生活方式和路德派的思维方式。我们也可以说，杰斐逊喜欢贵族的思维方式和民主的生活方式。

而在与英国国王的军队作战的华盛顿则喜欢被人称作“阁下”，喜欢盛大的场面。在许多敌人的眼里，这些行为都有僭越君主礼仪的嫌疑。而所有高尚的爱国者则公开对此表示厌恶。

杰斐逊就完全不同了。从他的孩提时代开始，他在阿拉巴马郡邻居的眼中一直就是一个平凡的人。他非常鄙视那些对生活极其讲究的人，因为生活在那些地区的勤劳的开拓者们把这些讲究都视为既不必要又十分有害的东西。但是当他逐渐成为一个思想独立的人时——通常可以在那些衣食无忧的人中间看到这种人——杰斐逊成了贵族中的贵族。

似乎有这样一种普遍的认识，革命一定是由那些受苦受难、饥寒交迫的人们挑起的。但是，实际上，这些饥寒交迫、沉默寡言的贫苦大众只是革命的配角而已。当需要他们的时候，他们就会被召唤来充当炮灰。真正打破旧秩序建立新秩序的是具有另外一种背景的人。在这些能够为了理想而敢于牺牲生命和舒适生活的人中间，站在最前面的是激进的贵族。杰斐逊就是他们中间非常卓越的代表。

与华盛顿一样，杰斐逊深切感受到了被人误解的痛苦。与华盛

---

[1] 伊拉斯谟（Desiderius Erasmus，1466 — 1536），荷兰学者、道德家、讽刺作家，曾经编辑希腊文的《新约全书》。

顿一样，他也受到别人难以置信的妒忌、辱骂、诽谤和恶意中伤。与华盛顿（以及所有真正的伟大人物）一样，对于他来说，被那些曾经受他恩惠的人背叛，已经是家常便饭了。他充分认识到他为这个国家所提供的服务所具有的真正价值。而且他也清楚（就像我们今天清楚），正是他的聪明才智，让13个经常争吵的殖民地有了一个共同的信仰宣言，正是这个宣言确立并提高了美国人在世界上的地位，使美国人从单纯的“起义者”行列中脱颖而出，居于千百年来为争取政治自决权利而战斗的人的前列。

首届大陆会议的成员一直在大谈“忠诚”问题。只有少数的激进分子预见到了与祖国的决裂是无法避免的，但是他们还不能说服自己的保守派邻居。在之后的岁月中，斯库尔基尔河上风云变幻、波涛汹涌。英国人在与北美独立派的第一场战斗中就遭遇了惨败。但是，“城市”和“乡村”之间的裂痕也比以前扩大了。在一些地方几乎就要发生内战，这样下去甚至会导致无政府状态的出现。

在这种情况下，人们渐渐认识到只有采取十分激烈的措施，比如推翻旧的政体和宣布成立一个独立的国家，才能够把每一个纷争的派别团结起来。这样一个大胆的行动，将会与宗主国进行彻底的决裂，并且没有挽回的余地，从而使那些犹豫不决的人们重新鼓起勇气，只能在下面的两种情况中做出一个选择：不是在战场上光荣战死，就是在绞刑台上英勇就义。

1776年6月7日，理查德·亨利·李（与华盛顿一样出生在弗吉尼亚），在与殖民地的政治领袖进行长时间的磋商之后，提出了一些决议：

首先，所有这些联合的殖民地都是而且也应该是自由独立的邦国，他们不再效忠于英国王室，他们和大不列颠王国的一切政治联系，也应该完全解除；其次，有必要采取最有效的措施来组成一个政治联盟；最后，拟定一个建立邦联的方案，并且很快就会送交各个殖民地，请他们审议和批准。

来自马萨诸塞的约翰·亚当斯赞同这项动议。于是，成立了一个委员会来起草一个正式的文件，向国内和全世界的人民进行说明，英国国王是以什么态度和采取了哪些令人愤慨的手段迫使原本忠诚于他的臣民不得不采取这种激烈的手段，斩断与宗主国的一切联系。

这个著名的委员会由本杰明·富兰克林[1]、罗杰·舍曼、罗伯特·R. 李文斯顿、约翰·亚当斯和托马斯·杰斐逊组成。

舍曼和李文斯顿也被挑选进入委员会，这些做法是为了赢得纽约的支持（纽约这个殖民地具有强烈的效忠英王的倾向）。他们没有在初稿的讨论中起到太大的作用。富兰克林和亚当斯只是提出了几个建议，对其中五六个句子的结构进行了修改。因此，流传至今的《独立宣言》其实是托马斯·杰斐逊的作品，这不仅体现了他的政治信念，同时也体现了他的一般生活哲学。

与华盛顿截然不同的是，杰斐逊阅读过大量的书籍。几乎没有哪个人的作品能够像约翰·洛克[2]的作品那样给杰斐逊留下如此深刻的印象。洛克是与斯宾诺莎同时代的人，是英国最早提出“人因

[1] 本杰明·富兰克林（Benjamin Franklin，1706 — 1790），美国科学家、作家、政治家。

[2] 约翰·洛克（John Locke，1632 — 1704），英国哲学家。

为有自己的信念而受到尊重”这一惊人原则的人之一。我们并不知道洛克最初是从什么地方获得这种观念的。但是在17世纪后期，他曾经流亡荷兰，此时距离这个国家的人民在一份文件中宣布从西班牙的统治下独立已有100年的时间了。那份文件中说：“所有的君主都是由上帝任命的，所以他们应该像牧人看管羊群那样统治自己的臣民，臣民不是为了国王的利益而被创造出来的，相反的，国王是为了维护臣民的利益而被创造出来的。”

杰斐逊在《独立宣言》中沿用了那些荷兰先驱者所使用的方法。他首先解释了关于生命理论和政府理论的一般思想。然后，他又列举了英国国王乔治三世（代替腓力二世）给长期遭受痛苦的臣民，即美利坚合众国的人民（代替荷兰联合省的人民）所造成的种种伤害。最后，他写下这样的结论：上述臣民没有其他的补救办法，所以只有宣布独立。

大陆会议对宣言进行了充分的讨论，有人对一些细微之处提出了修改的意见，这一切都花费了许多时间。直到7月4日的晚上，委员会还在忙着修改最后的草案。7月5日，打印出了几份复件，将它们送给了革命军队的指挥官们。7月8日，最终可以向聚集在市政厅广场的费城居民宣读这个宣言。直到7月19日（由于纽约代表团工作进展缓慢），才最终决定把宣言写在一张大的羊皮纸上。

8月2日，抄写员完成了这项任务，签名的工作终于可以开始了。在这份非同寻常的文件末尾出现的名字中，有8个人是在殖民地以外的地方出生的，有18个人具有外国血统。其余的一半人可以称作英国人的后裔。

由此可见，美国这个国家从诞生那天起，就真正体现了四海之内皆兄弟的理想。艰苦的拓荒生活把这种理想强加给了这些来自旧世界的被剥夺了权利的人们。

## ◆ 第26章　乔治三世国王在他的国家成为一名英雄 ◆

与此同时，宗主国的民众又是如何看待这些有辱国威的事情呢？

他们最初是一言不发。因为他们当时正在忙于从长期的战争中恢复过来。他们几乎没有时间，也不愿意倾听“少数殖民者”的抱怨。

但是他们开始逐渐意识到，这件事情要比森林中的居民吵架严重得多。

他们一旦明白了这场冲突背后的根本原因，立刻就愤怒了。

那么究竟是谁从法国人在加拿大的失败中得到的好处最多？

是美洲人。

谁应该为那些赢得这场胜利的军队支付维持的费用？

英国人。

这公平吗？

当诚实的英国人看到这些情况，他们中多数人当然会摇头。而且他们也非常明确地表示，新英格兰人和弗吉尼亚人应该分摊为战争所耗费的数百万英镑，哪怕只是几便士或者几英镑也可以。

他们对于殖民地的口号是十分熟悉的："没有代表权就不纳税。"但是他们在议会里几乎没有自己的代表，而他们却照样在纳税。对于伦敦的民众来说这都是理所当然的事情，而对于波士顿的民众来说也同样是理所当然的。

但是这里还是有一些区别。

不管他们在议会里是否有自己的代表，他们都会认为议会是英国全部自由的保障，也应该被视为大英帝国所有政府机构管辖权的根源。

他们的先辈们为了确立议会高于王权的地位，经历了漫长的流血战争。现在有一位叫杰斐逊的先生，一个来自弗吉尼亚的某个地方的没有什么名气的农夫居然敢跳出来，公开宣称议会的权力仅仅局限于不列颠群岛。也就是说，在很大的程度上，议会并不比他的那个愚蠢的市民议会更重要，而殖民地也应该在尝到甜头或者知道理由后开始自己管理自己。

这简直就是大逆不道。如果这种言论是可以容忍的，那么那些奉公守法、尊崇理想的人应该怎么办呢？怎么能够对得起曾经在纳斯比和马斯顿荒原为了这些理想而浴血奋战的克伦威尔和他率领的铁甲军？

因此，应该让殖民地的人民尽早地明白，他们和所有的英国人一样都要服从议会的意志。

尽管乔治三世国王陛下是一个非常迟钝的人，但是他并不是一个傻瓜。他与他那大名鼎鼎的堂兄，普鲁士国王腓特烈，有着非常相似的政治能力。他对待美洲属地的想法与他的臣民的偏见恰巧是完全一致的。这对于他来说是一个难得的机会。当时，他本人正在与讨厌的辉格党[1]发生争执。他不仅可以借此机会使王室的权力凌驾于议会之上，同时还可以赢得下议院对他本人的同情和支持。在大多数君主的政治生涯中，这种机会往往只有一次。乔治三世充分利用了这个机会。在以后的7年时间里，国王与他的臣民始终保持着最亲密和谐的关系。所有涉及美洲叛乱的事务，人民和他们的君主的想法和措施都保持一致。

的确，只有少数的大臣，特别是威廉·皮特，对于强加给殖民地人民的某些法律的条款提出了疑问。还有一位名叫爱德蒙·伯克的议员，发表了一系列辞藻华丽的演讲，为美洲激进派提出的有争议的权利进行辩护。但是，皮特在关系到原则的问题上是始终与大家保持一致，即议会理所当然的是，而且必须是有关帝国政府管理的一切事务的最高裁决机构。至于伯克，他出生于都柏林，因此他当然是“反政府的”。

当时有一些怪事发生。英国民众对于他们迫使起义者就范的方法并不是特别在意。当时，英国军队的生活状况是非常艰苦的，因此也就很难找到愿意到军队服役的英国人。被抓获的小偷和强盗在要么进监狱服刑，要么到国王的军队服役，他们在二者之间选择了后者。但是他们的数量还是比较少的，因此也就需要向北美输送一定数量的雇佣兵。

[1] 辉格党（The Whigs）一词，起源于英国。该党成立于1688年，即自由党的前身。美国的“辉格党”由反对“联邦党”的政治领袖组成，1854年以后，联合其他政党组成共和党。

最初，英国曾经试探着向俄国的叶卡捷琳娜女王借用两万哥萨克（当然有一笔相当不错的报酬）。在最初的通信商谈之后，女王拒绝了这一请求。我们应该感激并铭记她的决定，因为在几年之后，她甚至走得更远了，向新生的国家提供了一笔数量不大却很受欢迎的金卢布借款。

只有从德意志北部少数的几个小君主身上打主意了。这些富有的君主，尤其是黑森－卡塞尔、不伦瑞克和安哈尔特－策尔普斯特的大公，正在为一种毫无希望的工作忙碌着，就是把自己简陋的住所变成凡尔赛宫的仿制品，因此他们需要大量的现金。所以这样一个能够填满他们空虚国库的天赐良机，使他们欣喜若狂。在以后的7年时间里，他们把将近3万的臣民卖给外国军队做奴隶。这些尊贵的殿下还能够从英国获得为死伤者补偿的费用，所以他们当然希望这场冲突能够长期而血腥地进行下去。

这就是英国同盟者的情况。

至于那些印第安人朋友，对于他们来说是没有太大价值的。法国人早就已经发现了，这些可怜的野蛮人在战场上是没有什么用处的。在战争进展顺利的时候，他们会像狮子一样嗜血成性，但是只要出现一点儿慌乱的迹象，他们就会四处逃散，躲到森林里无影无踪。英国人在美国革命期间也利用过他们，但是几乎从来不把他们当作正规军队使用。但是用金钱和美酒来悬赏殖民地人的带毛发的头皮，的确能够唤起许多红种人的热情，并且导致了几次血腥的屠杀。其中最著名的一次是发生在1778年纽约州怀俄明谷地的大屠杀，有300名居民被塞内加人杀死了。殖民地人一想起这些就义愤填膺。在有些地区，人们对这些屠杀至今还记忆犹新。

让起义者感到庆幸的是，1778 年以后法国、西班牙和荷兰加入了这场战争。英国无法用全部的精力来对付美洲的问题。然而，一般来说，宗主国的大多数人能够清醒地认识到这场战争的重要性。在最初遭受一系列失败的消息传到伦敦以前，他们就敦促政府竭尽全力迫使革命者就范。

不过，英国的失败是由多种原因造成的。首先，英国人是在远离自己的供给基地三千英里的地方进行作战；其次，他们的士兵从来就没有学会最适合那个国家的散兵作战方式；最后，他们使用的是雇佣军，而美国的军队则是由志愿者组成的。

人们经常这样说，上帝总是站在拥有最大火炮的一边。（这话多少是有些道理的。）但是就这场战争而言，双方的火炮配备都不错，因此胜利是属于敢于牺牲的那一方。佛蒙特人和罗德艾兰人跟随着华盛顿在特拉瓦的雨雪和泥泞中艰难的跋涉。他们知道，如果失败了，那么他们的农场就会被敌人烧毁，他们的牲畜也会被抢劫，他们的妻子儿女就可能被发配到遥远的加拿大或者新斯科舍。

而那些可怜的黑森士兵是为了 7 英镑 4 先令 4 分半便士来参加这场战争的（这些钱还都进了他们贪婪主人的口袋）。除了维持生命所需的食品和偶尔会有的一罐啤酒之外，他们得不到任何东西。

他们不禁会问自己：“我们为什么要卖命呢？”所以当战斗打响的时候，他们一只眼看着敌人，而另一只眼睛则盯着距离最近的逃跑之路。

对于这些在枪林弹雨中度日如年的人来说，这场战争与他们是毫无关系的，所以也就无法刺激他们扔出第一颗手榴弹。

在我看来，这些黑森人是非常聪明的。

## ◆ 第 27 章　诺思勋爵不得不保持清醒 ◆

弗里德里希·诺思勋爵出身于英国的一个名门望族。这个家族为英国贡献了一大批杰出的政治家和一个埃普瑟姆盐业公司。诺思勋爵本人就是一位和蔼可亲的政治家。他把自己的赌注全部压在了帝国的命运上，但是他输了。他从不喜欢挑衅，也不会耍手腕。即使是面对异常激烈的辩论，他也能讲出一些笑话。当国王陛下最忠实的反对派大声责骂他时，他能够用头上的假发盖在眼睛上，安静地入睡。

不过，在 1775 年至 1783 年这段时间里，这位尊贵的爵士几乎没有机会发挥他的聪明才智，所以不得不经常被迫在睡眠之外的时间里保持头脑清醒。因为在遥远的殖民地，那里的情况十分不妙，所以这个可怜的人就不得不承受来自各方的责难。

更为重要的是，试图从北方重新征服北美的计划失败了。按照计划波士顿城应该成为占领军的补给供应基地，但是最终却被迫放弃了。整个新英格兰都落到了起义者的手中。

在经过一段时间的思考之后（这段平静的时间是华盛顿求之不得的，使他有机会来整顿自己还没来得及训练的军队），第二个作战方案也被拟定出来了。就这场战争咄咄逼人的气势而言，颇有拿破仑的风格，但是在实际的执行过程中却与拿破仑的风格相去甚远，最终以失败告终。这个方案的目的是想沿着蒙特利尔到纽约布下一条几乎垂直的军事封锁线，把美国的北部地区分成两个部分。同时部署两支军队。一支军队从加拿大出发，向哈得孙河口挺进；另一支军队从哈得孙河口出发，向加拿大挺进。

这个设想听起来实在是太棒了。

纽约是亲英派的温床，所以他们不需要费什么力气就可以夺取。但是华盛顿和他的大部分军队却设法逃遁了。这就使得英国军队的西翼成为革命者随时可以进攻的薄弱之处。英国的军队很快就在特伦顿和普林斯顿的战役中明白了自己的不足之处。

与此同时，另一支很有战斗力的军队正沿着尚普兰湖岸边的旧边境线前进，夺回了泰孔德罗加要塞。但是指挥这支军队的是生性乐观的著名剧作家约翰·伯戈因。随后他就在纽约北部的荒原上遭到了惨败。在萨拉托加附近，他本人和他的军队以及所有辎重物品都被北美军队俘获了。他的辎重比他的军队更受北美人的欢迎。萨拉托加是早期十分著名也十分时髦的疗养胜地。

这次战斗实际上标志着第二次战役的结束。因为尽管英国人在北美的其他地方取得了一些胜利，甚至是占领了革命的首都费城，但是这些胜利并没有能够粉碎殖民地人民的反抗，相反，却使得大陆会议中那些一直犹豫不决的成员产生了拼死抗争的勇气，使得大陆会议（在英国的红衫军逼近费城时就已经向宾夕法尼亚的兰开斯特撤退了）通过了一系列关于邦联和永久联合的法案，从而使“美利坚合众国”的名称不再只是一个空洞的头衔。到了第二年战争结束的时候，英国人迅速取得胜利的希望变得越来越渺茫了。事实上，华盛顿和他的部下在距离费城24英里的福各山谷中度过了一个非常残酷的冬天。但是不管怎样他们还是经受住了这一可怕的考验。由于大陆会议极低的工作效率和对军队处境的漠不关心，使他们经受了很多苦难。在宾夕法尼亚却有少数麻木不仁的农民，把他们全部的农产品都直接出售给了英国人（英国人的口袋里装满了金币），而他们的同胞则是饥寒交迫（因为起义者不能付现金）。但是只要战斗重新打响，这种不愉快的经历马上就会被遗忘。

就拿指挥这场殊死战斗的总司令华盛顿来说，他在面对这些考验时的表现是无比卓越的。新英格兰的民主派非常厌恶和不信任这位弗吉尼亚的贵族，对他进行冷嘲热讽，并且还酝酿了一些令人不齿的小阴谋。比如，为查尔斯·李（布雷多克远征军[1]的幸存者，表面上是站在革命者一边，其实他暗中却想将革命出卖给他原来的同胞）或者其他总是吹嘘自己在旧大陆的战功的冒险家谋取总司令的职位。面对这种连续不断的诽谤和中伤，多数人都会愤然辞职。

但是华盛顿却从来不会让这类小事把自己搞得心烦意乱。他知道自己应该对费城的失守负责。他知道新英格兰人把他们自己的将军盖茨、萨拉托加的英雄，视为能力更强的战略家。他知道这一切，但是他依然沉着而镇静，有条不紊地做着自己的工作。当士兵有鞋穿，能够走到户外时，他就开始进行军事训练，当他们没鞋穿，只

[1] 布雷多克是英国派往北美的指挥官，1754年率兵远征法国人的据点，最后受到突袭而失败。

能待在室内的时候，他就给他们讲授军事理论方面的知识。他始终坚信，一定会有出现转机的一天。

第二年的年初，出现了转机。转机是以一封信的形式到来的。从这封信里福各谷的这位孤独者得知，在去年12月22日，他的好友，宾夕法尼亚费城的本杰明·富兰克林抵达了巴黎，在风景宜人而又费用不高的帕西郊区租了一个房间。

## 第28章 印刷工富兰克林拜访圣路易的后代

今天，在我们的社会中，往往会有某些阶层的人非常怀念早期的那段美好时光。那时，上帝在俯视着人间；劳动者埋头工作，一天工作十多个小时，就可以挣一个大银圆；所有俭朴生活的美德在各地盛行；在查尔斯河和波多马克河的沿岸呈现出一派世外桃源的美好景象。

但是这些喜欢怀旧的人似乎都忽视了一个小细节，其实正是这个小细节，才使那个时期成为北美文明的黄金时代（但是如果把这个小细节说出来，将会激怒他们），这就是在人们中间普遍存在的高度独立性。

在我们今天单一和标准化的神圣文明中，哪里还会有150年前聚集在伟大革命时代舞台上的那样卓越的人物？

那是多么了不起的人物，他们具有多么令人振奋的创造力！

他们并不是我们今天在故事书中津津乐道的那种道貌岸然的英雄。他们喜欢光顾酒吧，在那里寻求温暖、舒适和亲切的社交氛围。他们喜欢做各种事情，即使有时他们得做法并不明智。他们对每一笔商业交易都锱铢必较。他们经常会把一大笔金钱押在某一匹马上。他们能够用漂亮的花体字书写英文，而且可以不借助字典就阅读拉丁文，并且也会毫不脸红的承认对古希腊作家语录的某种偏爱。

他们疾恶如仇，同时他们也会掏出自己的最后一分钱，来帮助朋友摆脱贫困或者是破产的诉讼。

他们的身上有时也会暴露出小气、恶毒和粗暴的习气，但是他们不论做什么，都是坦坦荡荡的。你可能并不喜欢他们的表现，但是你知道自己应该怎么做。

不可否认，他们并不是严格的现代意义上的好公民。他们的穿戴随心所欲，根本不会顾及什么是流行趋势。他们在吃喝上也只遵循自己的口味，不管身边的人是否与自己相同。甚至在宗教和政治这样重大的问题上，他们也只是按照自己的想法行事，而完全不在乎那些不那么开化的人的在背后议论什么，也不怕被指责为异端。

我们也许会说，这是多么危险的态度啊，它可能会导致普通公民的事业最终走向毁灭，可能会使他们无法与别人进行交往。

在最近 70 年的时间里，我们时常可以听到人们在大谈“事实上的成功”。但是，那些缔造了我们国家的人似乎从来不愿意对这些问题发表意见。

他们会争辩说：“珠宝、房屋、股票、债券、良马和马车当然是越多越好，但是它们是永远没有止境的。这个世界就像是一条由眼泪汇成的山谷，一切物质财富最终都会腐烂。今天我们是富有的。但是明天我们也许就会变成穷人。然而，有一些东西是上帝和人都无法剥夺的。那就是我们的尊严。这是先天特征和后天特征的奇妙组合，它被称为‘人格’。如果我们都来培养这种超越其他一切的珍贵美德，那么这个世界就会美好和谐了。”

有朝一日我们将会认识到（我们好像已经开始认识到了）这些严肃认真的开国元勋给我们留下了让人惊奇而向往的遗产（如果他们听到“开国元勋”这个称号可能会暴跳如雷的！）。但是它们现在却被埋葬在无数煽情的废话下面，我们只能用那些躲过了充满爱国主义的教授们的热情而残存下来的只言片语来重新建构这份遗产。如果说我们恰好比本杰明·富兰克林同时代的大多数人更了解他，那么是因为这个乐观的天才慷慨地泄露了他的灵魂的秘密。60多部官方的“传记”，都不能消除他那部坦率而平易的《自传》给人们留下的第一印象。

富兰克林不是一位贵族。从各个角度来看他都不是贵族。但是和大西洋西岸的任何人相比，没有人比他见过更多的君主，比他与更多的公爵一起进餐，也没有人比他给更多的伯爵夫人讲过趣闻轶事，但是他的出身却是非常平凡的。

他是一个贫穷的英国移民家庭的第十个孩子。他的父亲在17世纪后期从英国北安普敦郡来到马萨诸塞的米德尔塞克斯郡。

在他才刚会说话的时候，他就开始学习阅读和写字了。还不到11岁，他就开始在他父亲在波士顿开办的肥皂厂里工作了。

三年以后，他又在同父异母兄弟开办的印刷所里得到一份更让他开心的工作。他的那个哥哥是著名的《新英格兰报》的编辑和发行人。

从那时候开始直到他漫长而充满激情的一生结束（他在84岁高龄时去世），他从来没有完全脱离过排字盘。众所周知，一旦对排字间的热爱之情融入了你的血液，那么如果你不生活在这样一种氛围中，即不时地听到全身油污的儿童喊叫着寻找某一个字母，你就会感到不快乐。

然而即使是波士顿也没有能够把这个年轻人留住。当时他被视为一个过于激进、过于直率的“思想自由者”，所以他很难取悦当地的主顾。因此，在他17岁的时候，他打起自己简单的行囊，来到了纽约，开始过着一种流浪的学徒生活。他从纽约到伦敦，最后他来到了费城，这里成了他的家园。从那时起，如果列举他没有干过什么行业，那么肯定比列举他曾经干过的行业要更容易。这种情况一直持续到革命发生。革命需要他全身心地投入，把他变成了一个政治家。

他曾经发明了一种新的字体。他还曾经研制出一种油墨，用来印刷他的《宾夕法尼亚报》。他还自学了拉丁文、西班牙文、法文和意大利文。他协助建立了北美哲学学会。他担任过殖民地的邮政总监，从而加快了信件的邮寄速度，最终使纽约每周能够收到三次来自费城的邮件。他是第一个成功地反对清教安息者规定的革命者，他在星期天也会埋头读书，而不是去听别人间接的学问。他研究了发生地震的原因，改进了著名的富兰克林壁式取暖炉，在他的家乡费城建设了比较完备的街道照明系统。他所发明的“富兰克林棒”

使他获得了伦敦皇家学会的利普利奖章，从此世界上有了避雷针。他还用理查德·桑德斯的笔名出版了一本《穷人理查德年鉴》。在18世纪后期，这本书出现在美国每一个家庭的圣诞节祭桌上。他创立并管理着第一个为公众提供图书借阅的图书馆。他担任宾夕法尼亚议会议员长达13年之久。他还是自己所在的州、乔治亚、新泽西和马萨诸塞等州驻伦敦的代表。当他在国内的时候，他往往会亲自用车把印刷他自己出版物的纸张，从仓库运送到印刷所，因此他的邻居们都觉得，他并不认为自己的做法是大材小用，他只希望自己依然是一个平凡的印刷工本杰明·富兰克林。

当宗主国和殖民地因为税收问题而陷入争吵的时候，他在一开始就使出浑身解数，想让双方达成某种妥协。但是，当他看到，英国政府不能也不愿意考虑北美移民的立场时，他又变成了一个公开主张有限暴力的提倡者。他把自己的和借来的全部资金都用于宣传自己的观点。那些革命领袖们都心照不宣地把他当作革命的元老。当人们意识到，如果没有其他某个国家的支持，13个联邦州就没有赢得这场战争的希望时，他们请求富兰克林到国外去寻求援助。

当时这个新生的国家的财政正处于极端困难的窘境之中，但是这里出产某些欧洲非常需要的原料。本杰明·富兰克林曾经在清教徒和贵格派开办的学校接受过教育，所以他懂得如何与他们中的优秀者进行谈判。他虽然已经过了古稀之年。但是他似乎拥有永不衰竭的生命，而且他还是自由的象征，他在国外也享有很高的声誉，他仅凭借个人的威望就不至于被法国、西班牙和荷兰的大臣和银行家们拒之门外。

他在两个孙子的陪同下，乘坐一艘不是很大的木船“列普里萨尔”号，克服了晕船的痛苦，经过艰难的航行，跨过了大洋，于1776年12月抵达了法国的海岸。

他所接受的指示是非常含糊的。大陆会议甚至连一份信用状都没有给他。但是，幸运的是，“列普里萨尔”号在途中捕获了两名英国商人，并且出售了他们的货物——木材和白兰地酒，从而为这位北美代表提供了足够一两个月使用的零用钱。

那时的法国就像15个世纪以前的罗马帝国一样。法国人（即上层阶级，因为下层阶级是不在考虑之列的）的文明程度已经达到了顶峰，而这对于民族的特性来说往往是有害的。多少个世纪以来，他们就居住在建筑师别出心裁设计出来的非常华丽的房屋里。这种房屋矗立由最优秀的园林设计师设计出来的美丽花园的中心。他们的厨师也是世界上最著名的。他们的文学作品被欧洲大陆的所有作家奉为典范。他们的宫廷是西欧、北欧和中欧所有优秀青年学习礼仪的学校。他们的谈话总是那么标准和规范，即使是在最偏僻村庄也是如此，使得外国的来客目瞪口呆，羡慕不已。他们的乐曲在各地的音乐厅被演奏家们演奏。总之，他们在很长的时间里都享受着一切最美好的东西，以至于他们的生活已经变得索然无味了，每一种往日的激情都像寄宿学校里的马铃薯泥一样淡然无味。因此他们愿意不顾一切地投入到一种全新的快感中，一种全新的刺激之中。

就在这个时候，富兰克林出现在他们的中间。这位老印刷工从来都没有研究过心理学，但是他了解男人和女人。如果他希望能够赢得这个富有而强大的民族的好感，那么他就必须迎合他们那种爱好戏剧性事件的情感。因此，他变成了一名演员，以无与伦比的演技成功地塑造了他的角色，以至于在两年后法国与革命者建立了一个联盟，并且向英国宣战。

他是如何设法实现这一目标的呢？

最简单的办法，就是绝对保持自己的本色。

法国国王路易拥有一帮极其无聊的大臣，他们习惯于在乏味的充满繁文缛节的凡尔赛宫的小天地中生活，他们面前突然出现一位令人愉快的老人。他的头上戴着海狸帽，身上穿着1730年的外衣。他和他们说话的时候就好像是在对自己的儿孙讲话，如果他们表现得好，那么他就给他们一个"在自己果园里生长的"核桃或者苹果。

自然淳朴在这里竟然成为一件新鲜的事情。

法国人对这位来自穷乡僻壤的哲学家非常着迷。

还不到一个月的时间，举国上下就都知道了这位老人。从比利牛斯山脉到默兹山，小商贩们都在叫卖着他的版画肖像和半身塑像。所有的鼻烟盒和剃须器皿为了赶时髦，也都印上了这位"自由使徒"的和蔼形象。美丽动人的女士们也都戴着"富兰克林"手镯和耳环。举国上下都为富兰克林而发狂。只有这位拥有老印刷工强壮体格的人，能够在为他这位最杰出的客人安排的没完没了的大餐小宴中，按照自己的方式吃饭。

与此同时，这位可怜的老使者也遇到一些麻烦。除非是那些在政治上最坚定的人，否则这些麻烦就足以把人彻底搞垮。

当他抵达法国的时候，他发现在他之前已经来了两个北美的代表。其中一个名叫赛拉斯·迪恩。他是一个正派的康涅狄克人。

他已经在殖民地和欧洲大陆之间建立了一些极其有利可图的商业关系。他发现，路易十六的宫廷音乐钟表匠、《费加罗的婚礼》和《塞维尔的理发师》的作曲者博马舍，是一个热烈支持北美的人，他愿意竭尽全力地帮助殖民地的人民。当然，无论做什么事情，都必须对法国当局保密。因此迪恩和博马舍就制订了一个别出心裁的计划。

在巴黎，“罗德里格斯·奥塔莱斯和切”商业事务所开张了。它与马德里的“迭戈·加尔多奇”商业机构密切合作。不久，大宗的枪支弹药和军服就开始陆续运抵法国在西印度群岛的港口。十分幸运的是，这些装载着贵重货物的船只经常和来自纳汉特与普罗维登斯的快速帆船停泊在一起。两个星期以后，没有人能够搞清楚这些本来是发给瓜德罗普或海地的某个正派商人的火药桶，是如何会被华盛顿将军的军需部的人搬运走的。那些枪支本来是给法属巴斯特尔岛的居民打野鸭子用的，结果却落到了宾夕法尼亚民兵的手里。

不管英国驻巴黎的大使多么激烈地抗议这种违反中立立场的无耻行径，法国外交大臣却无法向他解释这到底是怎么一回事。

当然，这些不合法的交易，如果想取得成功，那么就必须严格保密。不要保留任何账目或者账簿。甚至连能够显示法国和西班牙政府对此积极支持的任何文字都不要留下。走私者只能凭借彼此之间的口头承诺，相信彼此的人格。

当迪恩处理这件事的时候，一切都非常顺利。但是当他被迫与大陆会议的秘密通信委员会派来的另一位代表阿瑟·李合作时，他的麻烦就来了。这位阿瑟·李是理查德·亨利·李的一个兄弟。亨利·李是弗吉尼亚的一名代表，他曾经提出过一个非常著名的决议，从而导致了《独立宣言》的发表。阿瑟·李的职业是医生和律师。但是想要成为一名能够长期立于不败之地的医生和律师，需要沉着、冷静。他却完全没有这种品质。他总是在疑神疑鬼。所有和他接触过的人都被他看成骗子和贼。在他看来，博马舍并不是真心地想帮助北美的殖民地，因为他对于人民自由的问题几乎一无所知！他只不过是想从中赚钱而已。人们说，迪恩是一个无私的爱国者，他把自己的每一分钱都投入到革命事业中。而李却说，不要相信这些！迪恩是一个贪污分子。你看，当他的爱国同胞在福各谷的洞穴中忍饥挨饿的时候，他却在巴黎花天酒地。只有李才是最正派的。

大陆会议总是期待着丑闻的出现，期待着某种官方的“调查报告”，只有这样才能够使其成员有机会出风头。因此他们对李提出的指控十分认真，并要求迪恩提交一份账目。迪恩在这几年时间里同时操办着无数的事情，他怎么可能讲清楚在 10 个月或者 14 个月之前他所经手的钱数？

但是这种回答是不能让这些法官们满意的。于是他被召回了。尽管很快就证明他是清白的（富兰克林对此从来没有怀疑过），但是他还是自愿流亡，去了英国。当他去世的时候，李还活着，成为一名反对美国宪法最激烈的分子，成为一切想把国家变得更好的人的绊脚石。

当富兰克林抵达巴黎的时候，他就注意到了这个不愉快的事件，以及因为李的自以为是和毫无城府所引起的一些小矛盾。在此之前，他已经身经百战了，因此他懂得不能够落下把柄。具有堂吉诃德精神的慷慨侠义的博马舍，已经听到自己被骂作流氓和强盗的传言，而骂自己的竟然是自己为之做出许多牺牲的那个民族。因此他不愿意再给富兰克林提供任何帮助。但是仍然有其他人在帮助富兰克林。法国的民众非常推崇这位北美使者的人格，坚定地站在他的一边。生活在宫廷中的人们因为上一代人对英国的战争失败而变得聪明，所以想要一个理由。这个理由被一个年轻的波士顿人带来了。他匆匆从大洋彼岸带来了一个消息：在伯戈因的英军全部被北美人俘虏了，北部地区已经完全被革命者控制。

当这个令人鼓舞的消息传到巴黎 4 天以后，法国的外交大臣就向富兰克林传话说：愿意在他方便的时候会见他。两个月以后，法国承认了美利坚合众国的独立。英国对此的回答则是宣战。

然而富兰克林在欧洲的工作还并没有结束。在漫长而充满焦虑的 7 年时间里，他一直留在欧洲大陆，为美国军队购买军火，和欧洲的各国商谈借款的事宜，装备那些准备投入战斗的民船，调解下属之间的矛盾，说服其他国家加入商业或政治的联盟，凭借他的个人形象给迫切需要获得承认的革命事业增添一种光彩。

至于他本人，他已步入风烛残年，几乎一无所求。伟大的伏尔泰[1]曾经当着所有法国名流的面拥抱过他。

对于一个真正的哲学家来说，有这种奖赏已经足够了。

[1] 伏尔泰（Francois Marie Arouet Voltaire，1694 — 1778），法国作家、思想家，著有 1500 万字的著作。

# ◆ 第 29 章　卢梭的著作，拉法耶特的研究 ◆

玛丽·约瑟夫·保罗·伊夫·罗克·吉尔贝·迪·莫蒂埃·德·拉法耶特，他拥有法国一个最古老、最高贵的名字，他在 13 岁的时候成了孤儿。他非常富有，甚至不知道该如何处置自己的财产。

本章的另一位主人公是让·雅克·卢梭[1]。他的家庭背景则完全不同。他也是未成年的时候就失去了父母。但是他做过雕刻匠的学徒、男仆、流浪者，所有这些经历让他在很小的时候就能够洞察生活真谛。直到他长到 15 岁以后很长的一段时间，他都是吃了上顿没有下顿。

但是尽管他们两个人的人生经历由于各自的出身、教养以及所处社会阶层的巨大差异而被分隔开了，但是他们却为了一个他们都从未见过的国家的利益，而奇妙地交织在了一起。

卢梭后来成了一个著名的作家、预言家和哲学家，他提倡一种非常新奇的理论：所有的现代形式的文明都是邪恶的；真正有价值的东西，只能在那些从未受到白种人破坏和影响的土著人那里找到；人类拯救自己的唯一希望就是回归自然。

[1] 卢梭（Jean Jacques Rousseau，1712 — 1778），法国哲学家、革命预言家。

这样一种理论一定会吸引法国人，因为（正如我在前面讲过的）法国人长久以来都沉浸在享乐的蜜罐之中，所以早已失去了生活的热情，他们不必为生活而奔忙，所以他们愿意拿出自己纯收入的四分之三来换取一种新的情感经历。

尽管人们阅读卢梭的著作仅仅是出于好奇的缘故，但是也会产生一种乘坐新式气球在空中飞翔的刺激感受。

因此，人们看到整个法国社会都在向古老祖先的简朴生活回归。王后亲自到牛棚给自己的小乳牛挤奶。国王自己到铁匠铺打铁。公爵夫人亲自来管理乳牛场。著名的画家们描绘着那脖子上系着粉红色带子、抱着一只“咩咩”叫的小绵羊的小女孩儿。

人们狂热地追求善良和美德——轻松愉快的乐趣，这位法国最大的地产继承人（指拉法耶特）自愿成为一个牺牲品，难道不是再自然不过的事情吗？

后来，关于北美争取自由的战争的报道让巴黎的市民激动不已。对于那时（直到今天）的法国老百姓来说，任何发生在法国境外的事情都是非常遥远的。斯德哥尔摩位于有人居住的世界的边缘。那里是黑夜和爱斯基摩人的领地。至于费城，那是通往火星途中的最后一站。

然而现在竟然发生了让人意想不到的、令人难以置信的，甚至可以说是不可能的事情。一群居住在遥远地平线尽头的一块神秘莫测的大陆上的乡巴佬们，竟然与无比强大的英国军队进行对抗，并且还确实打败了那些穿着华丽衣服的武士。

这些高尚的英雄如果不是在很小的时候就拒绝奢侈和享乐的生

活——这就是欧洲腐化堕落的根源——那么是绝对不可能有这样的事情发生的。

在感到震惊之后，法国人惊奇地发现，这位新哲学家（指卢梭）热情宣扬的天堂，其实早就已经存在了。它就位于萨斯奎汉纳河和詹姆士河的岸边，它的名字叫“亚美利加”。之后，法国人要做的事情就是穿“亚美利加服”、吃“亚美利加菜”，甚至要把自己打扮成“宾夕法尼亚森林中的乡巴佬”的样子。

年轻的拉法耶特早就已经厌倦了龙骑兵团队中枯燥乏味的生活，因此他比其他军官更加狂热地迷恋这种时髦的生活。他的这种欲望变得越来越强烈了。他竟然公然蔑视国王的命令（要求他在国内多待几年时间），跑到了西班牙，然后又从那里去了美国的南卡罗来纳。

当时他的英语水平并不怎么样。所以他在前往费城的路上，许多看到他的人都感到奇怪，这样一位文雅英俊的法国小伙子为什么会突然来到他们这里呢？就连大陆会议对此也感到迷惑不解。塞拉斯·迪恩写了一封信，详细地介绍了他的情况：拉法耶特的家族可以一直追溯到恺撒时代，他是一位友好而可爱的年轻绅士，他的名字如果出现在华盛顿将军的参谋名册上，那么对公众所造成的影响将不仅会波及法国，甚至会波及整个欧洲大陆。

这种解释听起来是很不错的。但是在那时候，几乎每一艘抵达北美港口的船只都满载着饥饿的欧洲军官。他们向别人讲述自己光荣而传奇的战斗历史，向人们炫耀各国君主授予他们的勋章，而且他们想凭借他们昔日的荣耀，谋取担任符合他们身份的陆军将军或海军将军，并且获得与其军衔相应的薪水。

起初，大陆会议确实从这些吹牛大王中雇用了几个人。但是他们却是一个个草包。因此，在当时，凡是那些来到这个国家的首都，向别人炫耀某个国王奖赐的宝剑或者金质的鼻烟盒，吹嘘自己为某个国王立过大功的人，都会受到人们的怀疑。

但是年轻的拉法耶特却使他周围的人相信，他的动机是最纯粹的。他不要一分钱，他是一个纯粹的志愿者。大陆会议开始注意到他。1777 年 3 月 31 日，“鉴于他的热忱、荣耀的家族和社会关系”，拉法耶特侯爵被任命为合众国军队的陆军少将。

一天之后，他向华盛顿报到。

一开始，总司令都不知应该如何安排这位只有 19 岁的少将。他不可能严肃地要求那些粗鲁的手下尊重这个孩子。但是，这位年轻的法国贵族的优秀品质很快就得到了他的赏识，并且他逐渐明白，这个为了理想而离开自己的妻子、孩子、祖国和并且拥有百万家产的人，并非一个等闲之辈。

如果指望一位在欧洲的小兵营中训练出来的龙骑兵少尉，能够在一夜之间变成一位能够指挥荒原大战的伟大战略家，那将是极其荒唐的想法，也是没有必要的。拉法耶特最大的价值就在于鼓舞士气。他的出现使得北美的事业受到欧洲上流社会的欢迎。贵族的存在在当时是旧大陆各个国家显示尊贵的要素。在欧洲贵族的眼里，革命已经“来临”了。

从那时起，另外一些杰出的外国人，一些具有长期军事经验的真正的军人，开始认真地看待这场发生在世界另一端的奇特的力量悬殊的战争。腓特烈大帝时代的一位将军，普鲁士的男爵冯·施托依本成了北美军队的训练教官，他通过训练军人的步伐，使他们从一群乌合之众，变成一支真正意义上的军队。

另外一个德国人约翰·卡尔布（即让·德·卡尔布男爵）是与拉法耶特同时来到美洲的，他也被任命为少将。他在组织工作方面做出了巨大的贡献。并且他为自己的热情付出了宝贵的生命。他所率领的没有经过正规训练的部队遭遇惨败后各自逃命，使他最终落入了康瓦利率领的正规军手中。

而科苏兹科和普拉斯基伯爵在纽约周围和萨凡纳河前的几次战役中的表现，使波兰人勇敢无畏的精神为战争增添了光彩。

其他宝贵的盟友也都赶来支持北美人民光荣的事业。狄德罗[1]与他的朋友合作编写的著名《百科全书》中对自由平等理论的介绍，使卢梭的新奇思想传遍了欧洲的每一角落。而在荷兰，受这些思想的影响诞生一个新的政党，他们提出要把这个国家的寡头政府变成民主的政府。当英国国王乔治向这个国家请求租借从反对西班牙的革命时期就在荷兰服役的两个苏格兰团队时，这个反对党激烈地反对这个请求方案，结果荷兰国会被迫拒绝了英国国王的请求。

没过多久，一本名为《常识》的小册子被翻译成荷兰文出版。这本书是一个毫无名气的英国人汤姆·潘恩[2]写的，目的是为北美

[1] 狄德罗（Denis Diderot，1713 — 1784），法国作家、批评家、《百科全书》的编辑。

[2] 潘恩（Thomas Paine，1737 — 1809），出生于英国，后来移居到美洲殖民地，参加了美国独立战争，态度积极；著有《常识》（*The Common Sense*），对革命思想进行详尽阐述。

的革命原则进行辩护。英国驻荷兰海牙的公使对荷兰出现这样公开的支持并推崇美国的行为感到痛心和惊讶。

就在这个时候，大陆会议的代表与阿姆斯特丹的商人建立了联系，并且说服他们提供了一笔贷款，建立了商业联盟。商人们非常愿意讨论这种合作的可行性，但是因为他们的国家是保持中立的，所以他们要求一切谈判都必须在国外进行，而且必须是保密的。北美代表满口答应。不久，一项初步的协议就草拟出来了，被送到费城等候批准。不幸的是，这份双方做出很大让步的文件落到了英国人的手里。亨利·劳伦斯是在前往阿姆斯特丹途中（谋求一千万美元贷款）被他们抓住的。他没有采取任何防范的措施来预制敌人缴获他随身携带的外交文件。

这些不幸的事情让伦敦非常气愤。更糟糕的是，在美国革命爆发前不久英国的约翰·保罗·琼斯船长曾经大胆地将船驶进荷兰的一个港口，他现在则是一位十分成功的美国海军上尉，带着他的战利品“塞拉皮斯”号驶进了荷兰的泰瑟尔港。荷兰人民不但没有遵照英国驻海牙公使的要求逮捕这个“海盗”，而且还把琼斯当作民族英雄来崇拜。无论他和他所率领的船员在哪里出现（他所率领的227名水手中，只有70人是美国人），他们都会受到当地民众的热烈欢迎。

在荷兰政府拒绝把“塞拉皮斯”号归还给它的合法主人之后不久，英国政府就发现了荷兰给北美的秘密贷款一事。最终导致了英国对荷兰宣战。

在北美的这场战争中，荷兰没有派一兵一卒跨过大洋与北美人和法国人并肩作战，但是荷兰的海军在北海成功的牵制了英国的海军舰队。这对北美革命的胜利起到了非常关键的作用，当合众国的财政陷入窘境的时候，这个古老国家将自己巨额的财富提供给她年轻的妹妹，供她随意支配。当时的北美缺少一个强有力的中央政府，所以也就缺少一种能够维持其革命的体制。在这 13 个州中，大多数州的财政都破产了。美元也大大贬值。由于缺乏最基本的生活用品，军队常常处于发生哗变的边缘。法国曾经答应提供帮助，但是它自己的国库已经空空荡荡了。法国国王路易手下的大臣们想尽办法，但是也不过只是拆东墙补西墙，却仍然无法实现收支平衡。因此，富兰克林和他之后的亚当斯设法获得的贷款，基本上拿到的都是汇票，再用汇票在法国的领地内购买给养，所以根本就无法兑换成现金。所以在荷兰筹集到的价值七百万美元的硬币就成了上帝赐予的礼物。

促成这笔交易的银行家们实际上并不是出于对北美革命事业的无私热爱。毕竟他们是商人，因此他们相信人是有感情的，而不相信人会有高尚的道德情操。他们期待着有朝一日恢复和平以后，他们的国家能够从这种慷慨中获得一些好处，美国政府将会用给予荷兰优惠的商业协定，以表达他们的赞赏和感激。如果是从这个角度来看，那么他们将会非常失望，但是那是谁也无法预料将来会怎样。这些来自荷兰的黄金跨过大洋被直接送到了乔治·华盛顿将军那里（而不是给大陆会议的），正是这些资金防止了几次叛乱的发生。在最后的 4 年时间里，由于大陆会议的玩忽职守和对革命事业的漠不关心，叛乱是经常发生的，使得华盛顿也不得不担心他有可能会成为光杆司令，如果真是那样，那他就只能单枪匹马地为独立而战了。

## ◆ 第30章 宗主国与边远地区人民的博弈 ◆

战争好像是陷入了僵局。实际上也就是这样。英国与法国、荷兰和西班牙之间的战争（西班牙加入联盟是希望能够重新回直布罗陀海峡以及曾经占领过的地中海的岛屿）在欧洲全面展开。英国忙得不可开交，它对中立国在公海上的权利视而不见，这也就迫使它的几个更强大的竞争对手组成了一个保护性的同盟，这就是所谓的“武装中立”，它们因此也就成了国际法模糊道德标准的捍卫者。

经过3年的战争之后，世界开始明白，北美人正在获得一个朋友的帮助。当这个朋友加入这场冲突之后，灾难就一直在蔓延。他就是“距离”将军。

似乎只有古罗马人才能够和这个打不垮的对手抗衡。

在中世纪的时候，当这位可怕的武士率领两位冷酷无情的副手——著名的“英里”和“公里”上尉——出现的时候，那些军事领袖们就总是惨遭失败。现在，这位“距离”老人来到了乔治·华盛顿的司令部里。因此，无论英国人多么竭尽全力，无论他们多么勇敢善战，在每一个战场上他们却总是被敌人超过，被远远地甩在后面，疲于奔命。他们在所有的战争中，都能够依靠强大的海军。

但是，军舰在北美的阿勒格尼山脉毫无用武之地。没有哪个战士能指望乘船跨越伊利诺斯这片“沉没的地带”。步行前进成为决定这场战争胜负的一个关键因素。两三年战争之后，步行开始变得越来越单调了，几乎能够破坏一支训练有素的军队的纪律。

就连一向乐观的诺思勋爵也开始谈论妥协，他建议他的祖国和它的这些犯了错误的孩子们摒弃前嫌，在一个新的更合理的基础上建立一种新的关系。

不得不承认（我们努力讲真话），这个信息没有被当作耳旁风。北美的人民普遍认识到商业活动三年停滞不前所带来的后果。他们的经济状况已经是非常糟糕了。大陆会议已经无法把这个国家的各种力量团结起来。而如果做不到这一点，那么要想取得胜利就是一个问题了。

亲英派（他们在居民中占有很高的比例）一如既往地愿意听到来自英国的和平与善意的甜美声音。总之，一种确切无疑的“失败主义”浪潮席卷了全国。

有一位北美的将军甚至试图发动一次“突然行动”，借此来理所当然地结束这次革命，他希望能够为国王乔治拯救北美。他本人（作为对他的奖赏）也将会因此而成为英雄。但是，非常幸运的是，负责谈判的英国军官落到一伙随军杂役的手中。他们隐隐约约地感到这个年轻军官藏在靴子里的秘密文件有问题，因此把这名俘虏交给了正规军队的一名军官。

因此，这个涉及很多方面的阴谋败露了。就像经常发生的这类事情的结果一样，这位可怜的安德烈少校最终被处以绞刑，而那位试图把自己的祖国出卖给敌人的西点要塞指挥官阿诺德少将则成功地逃跑了，后来他成了英国军队的准将，平静地（如果不是幸福地）死去了。

这个令人感到震惊和恐惧的事件，是美国历史上的一个重要转折点。此后不久，“距离”将军就开始显露出了自己的威力。在整个大西洋沿岸的战线上，英国军队步履艰难地缓慢移动着。

然而他们的行动还被尾随其后成群结队的难民所拖累。亲英分子已经明白，游戏就要结束了。他们下错了赌注。或者说，在这场雄鹰与狮子的较量中，他们支持了四条腿的动物，而这只可怜的野兽现在却夹着尾巴仓皇逃走了。他们把凡是能够带走的财产全部都装在了大车上，把它们运往新斯科舍或者新不伦瑞克。但是，他们的房屋、花园、农场以及他们祖传的设施都是带不走的，所以被他们抛弃了，这些东西最终全都落到了那些取得胜利的西部偏僻地区的小伙子手中。从 1775 到 1787 年这段时间里，有几个州，将近一半的不动产最终迎来了新的主人。他们中（不管你如何称呼用这种方式获得财产的人）的大多数都是来自边疆地区的穷苦农民。他们一夜之间的暴富大大增强了民主派的力量，而亲英派被迫离开家乡则大大削弱了贵族的力量。

就在这时，民主派也通过其他的方式来加强他们对这个国家的控制。他们现在获得了一个解决问题的机会，那就是应该让谁来拥有西部边疆大片的荒原。现在，法国人已经离去，但是他们当年修筑的防御工事现在却落到了英国人的手里。这是一件非常糟糕的事情。因为那些参加革命的新英格兰人、纽约人、弗吉尼亚人和宾夕法尼亚人当时好像对那些居住在边疆地区的农民漠不关心，他们被号召直接与当地的英国驻军交涉。他们对这些生活在遥远地区的同胞的感情，与我们今天对爱达荷人或怀俄明人的感情是一样的。当我们在报纸上看到他们遭受水灾或者地震的时候，我们感到心情非常沉重："我们应该为他们做点儿什么。"有的时候我们甚至会给他们寄去一张支票。但是，他们生活的地方离我们实在是太远了。除了对他们的处境表示同情和关注并发去一封慰问信外，对于他们所遭受的痛苦我们很难有更多的表示。

拓荒者们非常清楚这些。

很多年以来，他们一直被法国官员、耶稣会的牧师或者英国的军官所控制。法国的官员和耶稣会的牧师走了。乔治国王的军队却仍然盘踞在这里。当战争即将结束的时候，边远地区的哨所被逐渐收复。边疆地区的人民终于摆脱了束缚。

对于这些居住在荒蛮地区的土著居民来说，这又是一个悲惨的时刻。因为过去他们出于某种模糊的自我保护的本能，站到了英国人的一边。而且在他们喝饱了英国的朗姆酒之后，他们对手无寸铁的北美农民进行了血腥的屠杀。

现在他们要为自己的行为付出代价了。

印第安人的部落陆续遭到了攻击，他们不是统统被杀死，就是被迫向西迁徙。生活在纽约北部的印第安人具有较高的文明程度，而且他们已经建立了一个联盟政府。富兰克林曾经在大陆会议上把它誉为合众国的榜样。他们曾经试图进行某种抵抗。但是，他们却被来自新罕布什尔州的约翰•沙利文指挥的美国军队打败了。为了取得彻底的胜利，沙利文甚至摧毁了他们的果树和农田，所以那些侥幸躲过劫难的人也一定会被饿死。很多人对这种暴行非常痛恨，但是大陆会议却把沙利文当作英雄，欢迎他凯旋，并且还通过了一项决议对他表示感谢。

印第安人的威胁被消除了。从此就再也没有来自后方的威胁了。在东部地区，美国人也获得了成功。法国的士兵、德国的军事教官、波兰的志愿者和荷兰的资金，还有我们的老朋友“距离”将军，他们通力合作，逐渐拖垮了英王乔治的富有作战经验的军队。

1781 年，英国人使出了最后的一招儿。他们在北方的战斗以失败告终，他们被迫撤离波士顿。他们试图占领哈得孙河流域来把东部和西部进行分割，但是最后因为伯戈因在萨拉托加的失败而结束。

现在他们打算把南部的军队集中起来，然后再向北挺进。

这次远征的结局是灾难性的：1781 年 10 月 19 日，康华利勋爵和他所统率的军队在约克镇投降。

当失败的消息传到伦敦的时候，乔治国王说：“没关系。”还说，英国没人会因为这些失败而对他以往的指导原则有任何的怀疑。但是诺思勋爵在沉默了一段时间以后，不无伤感地低声说：“一切都结束了。”然后，他请求辞职下台，把进行停战谈判的事情留给他的继任者罗金汉侯爵以及几年前被他赶下台的辉格党人。

1782 年的春天和谈在巴黎拉开了序幕，这场谈判持续了将近两年的时间。它变成了关于地理学和经济问题的争执。本杰明·富兰克林和约翰·亚当斯的表现证明他们的手法要比对手高明得多。

1783年9月3日，大不列颠和美利坚合众国在履行了必要的手续之后最终签订了和平条约。

两年之后，亚当斯被任命为美国驻英国的大使。

他在面见英国国王的时候，这位新诞生的国家的代表在言行上的表现是非常粗鲁无礼的，但是这种粗鲁无礼的表现在他的祖国却被视为诚实的表现，并且还会受到人们的尊敬。

但是国王却发表了一篇令人难忘的简短而优雅的讲话。

“先生，”他说，“我希望你能够相信（而且我也希望我所讲的话能被转达给你的美国同胞），在那场已经成为历史的冲突中，我所做的一切都是在履行我对我的人民所应该承担的责任。我要坦白地告诉你，我是最后一个同意你们与我们分离的。但是，分离既然已经产生了，而且是不可避免的，那么我应该说，就像我现在所说的，我将成为第一个接受合众国作为一个独立国家的友谊的人。”

宗主国最终接受了不可避免的事情。

## ◆ 第31章　妥协拯救了一个民族并且建立了一个帝国 ◆

美国终于自由了。但是一个每周只有十五美元薪水的职员、杰出的哲学家、天才的鲁布·戈德堡却说：“美利坚合众国的人民已经获得了自由，那么他们打算用它来做些什么呢？”

我认为，这个问题对于亚当斯和华盛顿来说可不是一句玩笑话。

亚当斯预料这个国家可能马上就会陷入一种无政府的状态。而华盛顿也发现自己必须承担起警察的职责，而且只有他的那些追随者们才能够把这个国家从暴乱的边缘拉回来。

不用我说你也会明白，革命带有某种消极的东西。但这些却是必需的，甚至可能是令人向往的。但是，就其终极目标的本质来说，它肯定是消极的，就像是做一次外科手术或者是拆毁一幢废弃的老建筑。

这些参加美国革命的人们原本是为了一个共同的理想而聚集在一起的。在这个理想中也包括许多他们原本并不愿意做的事情。例如，他们不愿意向英国政府缴纳税款。他们不愿意接受英国官方教会为北美制定的主教。他们不愿意接受英国国王的命令：不准他们进入西部的一些地区，因为那些地方是留给印第安人的。他们也不愿意国会对他们生产的茶叶、玻璃和染料征税。他们不想做这，也不想做那。

但是现在“不想做这做那”的时代已经结束了。“开始做事情”的平淡时代到来了。胜利的革命者们很快就会发现，所有的一切与原来都是不一样的。

首先，他们已经不再是一个外国国王的臣民。他们已经变成自己国家的公民了。

但是应该怎样治理这个国家呢？它应该成为一个什么样的国家？他怎样才能获得足够的钱来维持一支独立的陆军和海军、外交部门、邮政部门以及卫生部门？还有数以千计的问题应该如何处理？

直到最近美国人才懂得“赤字”这个词是什么意思。过去，英国政府一直细致入微地处理着一切问题，例如战胜法国人、防止野蛮人骚扰白人的农场、维持法律和秩序、为军队提供给养，等等。但是那样的时代一去不复返了。于是美国人开始（但是没有任何热烈的场面）问自己，并且互相询问：“我们应该建立一个什么样的政府？”

很快的，城市和乡村、沿海和内陆边疆之间原本就存在的分歧立刻就暴露出来了。

从民主派观点来看，托马斯·潘恩鼓吹建立一个真正的“合众国”，使这个国家成为“全人类的避难所”，一个由独立自主的小州组成的邦联。

但是贵族派却不喜欢这种观点。一个由独立自主的小州所组成的松散邦联在理论上听起来还不错。但是在这个已经坏到极点的世界里，一个没有强大力量的民族又能够有什么作为呢？强大力量难道不是指一个强大的全国政府吗？到今天为止，处于分散状态的殖民地不是一直由于没有能力保护自己的正当权利——不受世界其他力量的侵扰——而遭受巨大的损失吗？

英国关税成了一个问题。在巴黎和约签订以后，宗主国开始按照对待世界其他国家的方式来对待它原来的臣民。现在它坚持所有的进入它港口美国货物都必须缴纳关税。美国人想进行报复。但是他们怎么可能做到这一点呢？难道要为十三个小州制定十三种关税法案？这种想法实在是太不可思议了。

还有一个棘手的问题就是，各个州的议会发行了数以百万计的纸币，致使这些纸币遍布全国，造成许多邻的州的信贷和生意无法正常进行。难道还要指望各个州议会收回那些已经严重贬值的纸币和恢复殖民地时期的金银本位制度吗？当然这是不可能的。要知道，有很多政客从中牟取了大量的好处。

另外还有大量的借据是在战争时军队为了解决对食品、服装和其他军需物资的需求，而由那些饥寒交迫的军官和士兵签下的。现在，那些可怜的农民和商人应该拿着这些借据去找谁呢？让他们去找宾夕法尼亚或者去找特拉瓦的政府？这些借条需要大量的资金才能够兑现。而这些政府早已经在几年就破产了。他们所发行的债券早就被人们当作废纸糊墙或者钉成写字本用了。

在州与州之间的商业活动中也出现了许多的困难。纽约能否对来自新泽西的商品征税呢？或者是反过来，新泽西难道能够对来自纽约的全部商品征税吗？

1777 年制定的邦联条例让几个邦联组成了一种联盟的形式。欧洲的各个国家能够（也有几个国家愿意）承认这个独立国家的联盟是一个正式的国家。但是，对美国的普遍热情也就自然而然地消退了。现在战争已经结束了。那些外国的债权人吵着闹着索要那些已经到期的欠债，他们说至少是要拿到利息。巴黎和约使美国人可以自由地支配西部广袤的土地，这些土地最终都会变成几个新的州（这也正是人们所希望的）。因为如果将这些土地出售，那么将会得到一笔相当可观的财政收入。

但是应该由谁来处置这笔钱呢？

此类问题接踵而来了。但是在这个时候，那些最激烈地拥护纯粹民主制的人们已经开始明白了，有些事情是必须做的，而且是越快越好。

为了调解马里兰和弗吉尼亚之间的关税争端，在安纳波利斯召开了首次会议，但是无果而终。只有五个州不嫌麻烦，派了代表参加。他们对于建立一个强大的中央政府的建议进行了初步的讨论，没有达成共识，代表们就各自返回家乡了。但是，华盛顿原来的助手汉密尔顿也出席了这次会议。他对于建立一个贵族政府的信念坚定不移。这位十分聪明的人非常清楚，这正是实现根本转变的时机，否则将会失去一切。

这样，一些言行谨慎的绅士在几个简陋的旅馆的密室里聚会，频繁地通过信件交换意见。最后宣布：第二年的五月将在费城召开一次正式的会议。

开始的时候只有七个州派出了代表，但是随后其他几个州的代表也陆续赶到了（除了罗德岛的代表以外）。会议终于在 6 月 1 日召开了。

在这个危急的关头（当时这个国家已经差不多将近十几年时间没有中央政府了），各个州都把过去的争执暂时放在了一边，派来了各自最优秀的公民，而且没有用太多的指示来束缚他们的手脚。

这次会议是秘密举行的。但是从 1827 年刊印的关于这次会议的辩论报告以及后来发表的许多私人回忆录中，我们可以清楚地看到当我们国家的命运生死攸关的时刻，在这四个月的时间里发生了哪些事情。极端民主派没有参加这次会议，极端的贵族派也没有参加这次会议。在参加会议的 55 名代表中大多数是中庸的温和派，他们是律师、商人和战士，他们认为在革命的艰难岁月中所做的一切是他们的职责。他们希望能够建立一个适合实际情况的国家，组成一个符合实际的政府，他们不想尝试进行任何新奇的治国试验。

与所有精明的商人一样，他们非常清楚，仅仅依靠一个委员会是无法做成任何事情的，除非这个委员会的成员只有三个人，而且恰巧还有一人生病了，还有一个有事无法出席。因此，起草所需文件的大部分工作，都是由来自弗吉尼亚乔治郡的詹姆斯·麦迪逊[1]来做的。他曾经写过一本名叫《合众国政治体制的弊病》的宣传册。这位麦迪逊先生在召集安纳波利斯会议的过程中起到了非常重要的作用。他是带着一份切合实际的宪法方案（所谓的“弗吉尼亚方案”）来到费城的。因此，那些来自小州的代表立刻就攻击他是民主的敌人。因为那些来自小州的代表把任何中央集权的想法都视作对小州权利的侵犯。

因此，他们也向会议提交了一份他们自己拟定的方案，也就是所谓的“新泽西方案”。但是这个方案被来自大州的代表否定了，因为他们认为这个方案使最重要的州屈从于小州的利益。

危机产生了。小州的代表想要退出这次会议。

但是令人尊敬的华盛顿将军主持了这次会议。只要是他主持的会议，那么就没有人会退场。没有！绝对没有。

出席这次会议的还有富兰克林博士。虽然他现在已经是一位年事已高的老人，但他仍然具有高超的智慧。当事情进展顺利的时候，

[1] 詹姆斯·麦迪逊（James Madison，约 1750 — 1836），美国政治家，美国的第四任总统。

他会开怀大笑。但是当争论过于激烈的时候，他又会讲一些有趣的故事。有的时候他还会邀请那些心怀不满的代表来到他的小休息室，直到笑容重新出现在他们的脸上，所以制宪工作才得以顺利进行。

不管怎样，最重要的是会议没有中断。康涅狄克代表团所提出的妥协方案被大会采纳了。1787 年 9 月，美利坚合众国宪法制定完毕，交给公众进行审查。

但是宪法在各个州的批准工作却进展缓慢，制宪会议勉强回避过去所有的不愉快。

“出身低微的人”认为一些东西是“出身高贵的人”强加给他们的；总统只不过是另外一个君主罢了；宪法中规定的国会也不过是另外一个英国议会而已，他们会强求一致，而无视小州的主权。而那些“出身高贵的人”则认为：所有这些反对意见只不过是暴民政治的廉价表现而已，新政府要在各方面之间巧妙的平衡他们的利益，行政部门、立法部门和法院都不能篡夺本来不属于它们的权力。他们发表了一系列的文章。这些文章后来被编成一部名叫《联邦党人文集》的书。这本书后来成为没有个人偏见出于研究的目的来解读美国宪法的可靠手册。

在那些民主派和贵族派的冲突总是很激烈的州里，在宪法的批准过程中原本就有的矛盾冲突又被重新挑起来了。有一些州，赞成的人只比反对的人多出很少的一部分。（在马萨诸塞州是 187 票对 168 票）。但是，最终宪法还是陆陆续续在各个州获得了赞同。甚至是罗德岛也对自己原来拒绝参加费城会议的做法感到后悔，他们同意继续作为合众国的一部分，而不是成为一个独立的国家。

自从那个值得纪念的日子以来，很多有学问的人都写了好多关于这个问题的著作，发表了很多言论。我感觉这些人就如同一个小孩儿想告诉弗里茨・克莱斯勒[1]如何演奏小提琴一样。而且一个人如果不在书中谈论这个问题，那么就不算是一本完整的关于美国的书。

在我看来，美国宪法属于那种读者很少却获得很高声誉的文献（就像歌德[2]的《浮士德》、但丁[3]的《神曲》和密尔顿[4]的《失乐园》一样）。

人们有时候会赞叹说："啊，宪法！"但是在这些发出赞美之声的人们中却很少有人去花时间认真研究。当然，那些学校里的学生是例外。他们被迫去读宪法，最后造成的结果是，他们中的大多数人都非常讨厌它，在这些学生的眼里，它成了最沉闷无聊的读物，仅仅这一篇就能击败所有令人望而生畏、浩如烟海的文献，因为它被大学和中学指定为"必读"读物。

而实际上它是过去二百年里最有趣的文件之一。由于它是折中妥协的结果，因此它几乎没有任何受到神的启示的迹象。它是一份论述政府规则的理论文件。它在过去的一百四十年中经历了科学、经济和政治带来的巨大变化。即使是到了 1927 年，它仍然还像在 1787 年那样充满了活力。这篇政治上的十诫有极其顽强的生命力，

---

[1] 弗里茨・克莱斯勒（1875 － 1962），奥地利小提琴家。

[2] 歌德（Johann Wolfgang Goethe，1749 － 1832），德国启蒙诗人、作家和戏剧家。

[3] 但丁（Alighieri Dante，1265 － 1321），意大利诗人，《神曲》作者。

[4] 密尔顿（John Milton，1608 － 1674），英国诗人。

所以肯定不是一份普通的常见的政府文件。

在当今的世界里，各种各样的宪法层出不穷，所以也就显得不那么重要了。除了英国以外，每个国都有一部甚至会有两部宪法，但是我们的国家可能是唯一一个受惠于宪法的国家。

能够有这样的结果首先是由于 1787 年聚集在费城的那些人高超的智慧和务实的态度。

在当时的情况下，这个国家就像一艘刚刚启程的帆船，好像一定会撞在党争的礁石上，会陷入无政府状态的漩涡中。就在这个时候，麦迪逊和他的朋友们挺身而出，展开救援的工作。他们首先校正了指南针，为那些船员提供了一套最好的航海图和航海指令，才使这艘小船避免了毁灭的结局，而且能够有百分之百成功的把握，向这漫无边际的大海继续航行。

1789 年 3 月 4 日，根据新规则选举出来的第一届国会代表相聚纽约。三周之后，在联邦大厦的台阶上，在举国欢腾的气氛中，宣布华盛顿将军阁下为美利坚合众国的总统。

又过了几个星期的时间，杰出的法国国王路易站在凡尔赛宫的宴会厅显得很不自在，面对着那些死气沉沉忠实于自己的臣民，他告诉这些法国国民的代表，他非常希望他们的国家能够免于灾祸。

这是一个非常奇特的世界。它调动各种各样的人和方法来推动历史的车轮。

亚当斯、拉法耶特、富兰克林、华盛顿、卢梭、汉密尔顿、杰斐逊、琼斯、波旁家族阿代马尔长着鹰钩鼻子的后代们，他们非常顺服，匆匆忙忙地冲上舞台，扮演着各自的小角色，啪！——历史女神克利奥把他们全都装进了她古老而严密的匣子里。

随后，这位颇有耐心的女神悄悄地将下一幕演出的舞台布置完毕，我们将会看到一幕喜剧，或者是一幕悲剧。我们观看着演出，或者被感动地流出了眼泪，或者开怀大笑。我们非常坚信，只有我们才看到过如此精彩的表演。

## ◆ 第32章　亚历山大·汉密尔顿商业立国 ◆

在希腊语中，aristos是“最好的”意思，而kratia意思则是“政府”。因此，aristocracy（精英统治）被认为是“最好的统治”。或者正如亚历山大·汉密尔顿[1]所说的那样：“精英统治也就意味着是一个由聪明的人、富有的人和高尚的人来治理的政府。”他的这种说法得到了他的政治同盟者的赞同。

精英统治一直以来就是一个崇高的理想。事实上，人们也很难再提出一种比“最好的统治”更好的方案。但是还是有一个难题，就是在任何一个社会里，人们往往很难确定究竟谁才是最聪明的或者最高尚的（那些最富有的人是很容易确定的）。但是，在艰难的时代，人们的情绪往往波动很大，而那些华丽的辞藻往往会让那些最明智的人丧失理性。那么，这种口号（或者相反的口号）就会让

[1] 汉密尔顿（Alexander Hamilton，1755 — 1804），美国政治家。

人们信以为真，成为那个时期伦理道德准则的一部分。

然而我们这些认为民主是各种政治妥协中最好的一种方案的人，在回顾美国历史上的这个时期的时候情绪已经不会那样激动，我们可以客观地研究在那个时期所发生的各种事件。这样就会很清楚，我们宪法的制定者们已经竭尽全力设计出了一种新的制度。而这种制度则非常近似于一种选举的君主制，他们还采取一切措施，来避免临时君主的位置落入任何一个不能完全胜任这个显要职位的人手中。

此外，他们在理论上是热爱民众的，但是实际上他们并不信任甚至是厌恶民众。他们极力避免民众对行政首长的选择产生任何直接的影响。他们从来都没有胆量公开将这种意图说出来，但是他们会把这种事情交由各州的立法机构来处理。立法机构设计出了非常多的方法，以此来确保它们的公民能够选出少数的选举团成员，从而避免让穷人们获得太多的权利。选举团是由一些有身份的公民组成的。他们聚集在一起，并且不受选民的任何约束。他们会说："我们认为，那个地方的某位受尊敬的先生是最适合当总统的人。因此，我们请求他在今后的四年里担任我们国家的元首。"

1789 年，对总统的选择当然没有任何异议。任何地方喊出的都是同一个名字："乔治·华盛顿。"

但是，任何人都无法独自管理将近四百万人的各种行政事务，所以他需要助手。

华盛顿在选择他的部长时是非常谨慎的也是十分聪明的。他并不以自己的好恶来作为评判的标准。约翰·亚当斯已经当选了副总统，所以就不能够再委派他其他的工作了。托马斯·杰斐逊在这个时候从法国离任回到了美国。但是，除了对祖国的忠诚以外，他与那位费尔法克斯郡的邻居几乎在一切事情上都有分歧，尽管如此他还是被任命为国务卿。而亚历山大·汉密尔顿则负责处理没有什么作用的大陆会议所留下的一个最让人感到头疼的烂摊子：一个彻底枯竭的国库。

汉密尔顿是非常称职的。在他还很小的时候，他与圣克罗伊岛的亲戚生活在一起。他在少年时代曾经到一个商号做雇工。当老板不在的时候，他就会代替老板来暂时管理繁忙的业务。他干得很出色，因此引起了几个并不熟悉的好心人的注意。他们给了他足够的钱，让他离开家乡到纽约的哥伦比亚大学去读书。如果没有这次好运（这么好的运气是靠他自己的能力获得的），很难说他将会成为一个什么样的人。他的母亲是法国人的后裔，最早是嫁给了圣克罗伊岛上的一个丹麦种植园主，后来她离开他，在没有举行任何仪式的情况下就成了一个苏格兰人的妻子。这个苏格兰人名叫詹姆士·汉密尔顿。她和他一起来到了尼维斯岛，亚历山大和他的弟弟詹姆士就是在那里出生的。

但是在1768年，他们的母亲去世了，父亲的事业也破产了。就像我们曾经说过的，这位少年不得不自谋生计了。

革命爆发的时候，他在哥伦比亚大学才待了很短的时间。他主动提出要加入军队，并且在很短的时间内他就显示出了在军事方面的才能，因此他被委派到华盛顿将军的参谋部工作并被授予中校军衔。在以后的四年时间里，他成了华盛顿的机要秘书和主要助手。

1780年，他通过联姻成为纽约州一个古老的荷兰家族中的一员，并且开始从事律师工作，过着安定的生活。他努力阻止那些极端民主派所拥护的有组织的无政府主义。这项工作对于他来说是非常适合的，因为他本人就是一个移民。因此他不会效忠于某一个邦国，而他的那些在本土出生的同胞中的大多数首先是效忠于田纳西或者罗德岛的，然后他们才会效忠于美国。那时的人们总是喜欢说，他“本能的忠诚”对象应该是西印度群岛中的一个小火山岛，但是在他才15岁的时候就离开了那里，并且有非常多的理由厌恶那里。所以，他没有那种狭隘的“地方爱国主义”，因此他很容易把美国当作一个国家来看待，而不是一个由一些自以为比邻国情况好的独立小公国组成的松散联盟。

而且在某种程度上，汉密尔顿也是见过世面的人。华盛顿之所以器重他，一个主要的原因是他能够讲一口流利的法语，而且他还具有多年从事国际贸易的经验，因此他非常熟悉所有商业关系的坚实基础就是相互间的信赖，也就是要建立一种信任的机制。

在一些州的立法机构里，有许多议员的身份是农民。他们习惯于简单的以物易物的贸易形式，所以也就对这种令人茫然的现象感到不可思议。他们从孩提时代所受的教育就使他们讨厌和不信任那些大城市里的放贷人，因为那些放贷的人很可能会在任何时刻取消赎回抵押品的权利，从而毁灭一个家庭。货币、汇票和支票的实际运作对于他们来说始终是一个难以解开的谜团，同时也是一个非常可疑的事情，是魔鬼耍的把戏。当然，他们也喜欢钱，而且是越多越好。钱能够使他们买到很多有用的东西。如果没有钱也就不能进行战争。但是，当法国法郎、荷兰弗罗林运到美国的时候，它们也就成了这个国家外债的一部分，当这些钱作为工资支付给陆军和海军之后，它们就不会再产生利润了。外国的银行家本来应该能够获得利息的。但是现在当他们想到自己的投资有可能会血本无归的时候，他们对这个巨大的“风险”问题越来越激愤，甚至会放声大哭。

应该公平地对待债权人，是他们烦恼和生气的理由。在汉密尔顿担任财政部长的时候，这个国家背负了七千七百万美元的债务。这在那个时候简直就是一个天文数字。这些债务中的大部分是美国公民手里的各种票据。还有一千二百万是欠外国银行和外国政府的债务。另外的两千万是政府欠各州的债务。

在这些债务中欠美国公民的债务问题是最大的。因为那些手里持有这些票据的民众非常需要现金，而他们往往是被迫以实际价值的十分之一或者二十分之一的价格把这些票据卖给了投机商。如果现在政府能够兑现这些票据（这是当时的计划），那些投机商们就会大发横财，而这些票据原本的所有人（他们原本都是怀着崇高而真诚的爱国主义激情把自己的积蓄交给大陆会议保管的）就会变得一贫如洗。

当时分成了两派。其中的一派拥护汉密尔顿提出的方案，他们认为政府应该完全承担一切债务。但是另外一派是以杰斐逊为首的，他们反对这种政策。最后的结果是，他们达成了一种妥协。杰斐逊同意支持汉密尔顿的偿还债务的方案，而汉密尔顿则对杰斐逊提出的建立新首都的方案表示支持。这个新的首都将会建在波多马克河的岸边，从而远离东部邪恶势力的污染。

但是，汉密尔顿对于最初的胜利并没有感到满足。除非合众国的财政能够建立一个坚实的基础，并且是合理的，除非这个新的国家变成一个能够保证收支平衡的经济机构，否则这个国家就无法实现真正的独立。汉密尔顿（在这类事情上他的想法是欧洲式的而不是美国式的）无法想象一个没有国家银行的国家将会是什么样子。威尼斯之所以能够繁华，凭借的就是丽都银行。当英国政府出现危机的时候则是依靠英格兰银行。瑞典早在17世纪中期就已经建立了瑞克斯银行。荷兰的各种商业活动通常都是通过阿姆斯特丹银行来进行的。但是，合众国竟然还没有一家属于自己的银行。这是因为那些农场主无法理解比杂货店更复杂的机制，他们也不相信“把所有的钱都放在同一个地方”的想法，因此他们反对建立银行。

这些想法很明显是十分愚蠢的。

此后，1792年，作为华盛顿内阁的智囊和推动力，汉密尔顿在费城创建了银行。这家银行的原始资本非常少，但是已经可以满足当时的各种需求了。

但是，只有一家银行是远远不够的。

还必须为联邦政府的财政收入提供一些固定的来源。这个时候联邦政府就需要承担起许多过去由英国议会来承担的职能，因此他们对现金的需要也就日益增大。

对来自国外的商品征收税款的观念并不是什么新的观念。“关税（tariff）”这个词来源于阿拉伯，也就表明这种制度可以一直追溯到中世纪早期。

在当时几乎所有的国家都有关税。

因此，汉密尔顿提出，合众国也应该征收关税。

但是南部和西部的农业地区对此又发出了强烈的反对声音。那些农场主和种植园主公开宣称，那种保护性的关税只对沿海的制造商有利，却给农场主增加了新的纳税负担。

但是汉密尔顿依然我行我素，他开始对威士忌征收酒税。在宾夕法尼亚的偏远地区，人们对于酒的口味刚刚从朗姆酒转向了威士忌，生活在那里的人们喜欢制造各种各样的美酒。结果，征税致使发生了很多次枪战和动乱，最后由华盛顿总统调集了一支一万五千人的民兵部队，才把动乱最终平息下去。

在所有“头脑清醒者”（华盛顿喜欢这样称呼他们）的眼中，合众国现在已经成了一个体面而又有尊严的国家。但是，有些人却并不在乎别人称自己是“头脑清醒者”或“头脑不清醒者”。当他们看到一个独立国的联盟转变为一个高度集权的准君主制的时候，他们对未来难免会感到忧心忡忡。

所以沿海和边疆、放贷人和借贷人、城市和农村、贵族派和民主派之间原本就存在的冲突，再一次被激化了。与过去有所不同的是，现在他们团结起来形成了两个派系，它们各自都有非常明确的纲领，而且还有了新的名称。那些站在华盛顿、亚当斯和汉密尔顿一边的人，他们希望能够建立一个由出身高贵的人、有良好教养的人和富有的人来操纵的强大的中央政府。他们被称作联邦党人。而另外一些人则把杰斐逊奉为他们的精神导师。他们反对各州把一部分原本属于自己的独立自主的权利转交给新成立的联邦政府。他们认为，那些出身低微的人才具有高贵的品质，人们叫他们反联邦党人。但是如果人们一般情况下认为联邦党人希望能够回到一种温和的君主制，那么反联邦党人则会更进一步，他们把自己称作共和党人，以显示出相反的立场。

在1795年杰斐逊退出内阁以后，两派之间的争吵便开始出现了。这让华盛顿政府在后来的日子里处境十分艰难。双方在争吵的过程中根本就不顾及文明社会的基本礼节。

纽约、费城、波士顿、哈特福德和查尔斯顿等大城市的人们，希望合众国能够成为在世界上处于领先地位的制造业大国，因此他们指责杰斐逊是一个危险的煽动家，是一个不负责任的思想家，还是一个崇尚自由性爱的人。人们说他在巴黎生活的时间实在是太久了，所以他对法国的思想过于迷恋，也就不是一个头脑清醒的美国爱国者。

那些生活在边疆地区的人们则不喜欢东部那些所谓的由上帝赏赐的东西。因为正是这些东西很容易使他们想起欧洲，他们费了好大的劲儿才摆脱了欧洲的束缚，所以他们对这些东西非常反感。他们给华盛顿和他的助手们起了很多绰号，而这些绰号都是非常粗野和下流的。

所有这一切都是很不幸的，但是这才刚刚开始。

早在几年前，有一些法国的年轻人曾经漂洋过海投入到美国的革命运动之中，而现在他们却要面对一场针对他们的革命了。他们的国王被斩首了，他们的君主制度也被摧毁了，他们的国家成了共和国。这些人如果侥幸逃脱了被处死的命运，那么他们就只能够流亡国外，为了生存而去教授法语，或者是做糕点厨师和教授礼仪的教师。

英国的君主制政府用勉强赞成的态度看待那些贫苦的、被忽视的人们对那些制造痛苦的人施以残忍的暴行。而美国殖民者的老朋友爱德蒙·伯克走得更远，他甚至号召展开一场彻底的运动打击那些胆敢反叛合法君主的人，讨伐那些具有新的思想、想清除世界上的一切中世纪和封建主义痕迹的人。

因此这两个国家之间的关系马上就紧张起来了，战争已经迫在眉睫。1793 年，法国和英国陷入了公开的冲突。

对于普通的法国人来说，美国人应该承担的义务是十分简单的。在十年以前，法国以高尚的姿态援助了处于困境之中的美国人民，他们慷慨地奉献出了金钱和鲜血，帮助殖民地的人民获得了独立。

现在，法国陷入四面受敌的处境，所以美国人应该马上给予回报。但是那些可怜的法国人彻底失望了，因为美国没有任何动静。纽约做出的唯一表示就是，华盛顿总统轻轻地抬起右手，签署了一份公告，命令美国人民在法国督政府和英国乔治国王之间发生的冲突中保持“严格和绝对的中立”，无论是在语言上还是行动上都要不偏不倚。

这样的决定似乎有悖于那个非常庄重的条约，在这个条约中不仅宣布美国是法国的盟友，而且还宣布美国负有保护法国在西印度群岛领地的职责，美国所有的港口都要向法国的海盗船以及他们的战利品开放，同时也不允许法国敌对国的船只入港。

普通的法国人认为，这种中立的公告似乎有悖于所有古代的高尚行为准则。没过多久，法国人就从他们新任命的外交官发回的报告中了解到，这种做法是那个国家的处世原则。

这位名叫爱德蒙·夏尔·爱德华·热内的年轻代表生性和蔼。当他到达美国的时候，他非常想成为第二个富兰克林，在哈得孙河畔再现那位著名印刷工在塞纳河畔所获得的巨大成功。富兰克林在法国的时候曾经获得了可以自由行动的权力。他获准可以借钱，向军用船只提供装备，直接向法国人做演讲，以便赢得他们对美国的同情。

当然，热内毕竟还是有些年轻，所以他也就不可能像那位和蔼可亲的费城人那样具有非凡的个人魅力。但毕竟美国政府还欠着法国数百万美元的债务。因此热内认为，现在这笔钱应该由法国的使者来支配，这样一来他就可以将这笔钱用以在私下里与英国和西班牙进行小型战争，因此美国也就会成为法国在西半球的一个补给基地，就像十年前法国变成了美国人在欧洲海域进行战争的补给基地。

在开始的一段时间，一切都进展顺利。

热内从查尔斯顿上岸。那个地区的人民在英国侵略者的手下遭受了巨大的痛苦，所以当他们见到法国的使者就用欢呼来表达对法国的支持和感激。热内的费城之行简直就是一次盛大的凯旋。但是，当他踏上合众国临时首都的土地，他的麻烦也就开始了。

美国中立的公告还没有撤销。当他询问他的国家与美国签订的那个神圣条约时，他得到的答复是，那个条约是由美国与法国国王签订的，既然法国人民已经将国王处死了，那么这个条约自然也就不再生效了。

当他提出要求美国偿还法国的部分欠款时，“使他能够把这些钱用在西印度群岛一次奴隶起义的受难者身上”（事实上他是想私下里组织对英国和西班牙的海外远征）时，汉密尔顿对他的要求断然拒绝。

当他的炮舰满载着战争的战利品进入美国的一个港口时，英国公使马上聘请律师请求法院发出禁令，阻止他们将这些战利品拍卖。就在他陷入绝望的时候，他直接向美国的参议院和众议院发出呼吁（他认为，这些议员是民意的代表），但是美国的国务卿却以一封草率而粗鲁的信来作为答复，并且给巴黎传递信息，要求政府将他们的这位使节召回。

但是这还没有完。第二年，美国政府不但没有按照条约规定的义务（按照这位法国人的解释）向英国开战，反而派最高法院的首席法官约翰·杰伊到伦敦，与英国政府商讨签订一个关于英、美两国友好、通商和航海的条约，从而把昔日的仇敌变成了亲密的朋友。

当欧洲报纸报道了这件事情以后，在巴黎的咖啡馆里充满了对这个见利忘义的卑鄙国家的辱骂声，在美国也出现了在革命最初的艰难阶段都不曾有过的轩然大波。

众议院甚至要求审查这份据说在几个月前就已经在伦敦起草的文件。但他们得到答复却是，签订条约的权力并不属于议会，等到讨论落实条约的条款时才需要议员讨论，所以这些议员在此之前是看不到条约的。

汉密尔顿（有一次他差一点儿就被愤怒的群众打死了）和总统的其他助手一起试图劝说公众，想让他们相信杰伊签订的条约是绝对必要的，否则欧洲大陆上的战争所带来的各种复杂因素就会导致英、美之间爆发冲突。最终他们的努力全白费了。共和党人完全不相信这些解释。反对的情绪不断高涨，一直持续到1796年新的大选来临。

有人请求华盛顿连任第三届总统，但是这个请求被他拒绝了。这并不是因为他认为一个公民连任三届总统是不合适的，而是因为他现在已经感到疲惫了。他现在非常希望能够回到自己的家里，躺在自己的床上睡一觉，坐在家里的餐桌旁吃饭，在有生之年能够与家人共享天伦之乐。

现在他已经64岁了。在过去20年里，他从来都没有休息过。在这20年的时间里充满了无休止的战争、辩论、会议，以及各种误解和谩骂。

就在他放弃那个著名的四轮大马车以及他担任的四个高级职务之前，他公开发表了一个告别演说。这是他献给他所钟爱的国家的政治遗嘱。他为这个国家做出了巨大的牺牲（在他力所能及的范围内）。

他敦促他的朋友们尽量少想一些自己州的利益，而是要多想一些国家的利益。

他恳请他们不要因为各自党派的利益影响了他们的各种决策。

他也告诫他们要对欧洲大陆的各国加强防范，他从来就不信任他们，他不相信他们能够给他的国家带来任何好处。

他在这份演说中写道："欧洲与我们之间有许多无关的或者是距离我们很遥远的重大利益。因此，它必然经常会陷入各种争端之中，而这些争端从根本上来说与我们的利益是没有任何关系的。因此如果根据人为的关系把我们卷入欧洲变化无常的政治或者欧洲的友谊和敌意中，是非常不明智的做法。因此，我们的政策应该是，避免与外部世界的任何一部分建立持久的联盟。”

1797 年 3 月 4 日，马萨诸塞州的约翰·亚当斯就任总统。华盛顿出席了他的就职典礼。典礼结束以后，他在新总统和副总统的目送下步出大厅，乘上一辆马车，赶回了芒特弗农山庄。

两年以后，他去世了，平静而安详，和他活着的时候一样从容。

## 第 33 章　亚当斯总统明白革命并不完全一样

《牛津简明词典》对“革命”这个词的解释是：“一场彻底的变革；翻转过来；形势的大转变；根本性的改造，尤其指一个新的统治者或者臣民强行取代旧的统治者或者政府。”

如果我们可以接受这个定义（它似乎是很全面和公正的），那么美国在 1775 － 1783 年和法国在 1789 － 1795 年就都经历了一场完整意义上的革命。这两个国家都发生了一场彻底的变革，一次剧烈的社会变动，一次根本性的改造，一次由人民使用暴力以一个新的政府取代旧的政府。

如果人们相信这两个姊妹共和国能够成为最亲密的战友，那不是非常合理的想法吗？

这两个国家分别处于世界的两端。

严格来说他们也不是生意上的对手。

而且在美国反对宗主国的革命中，法国为美国提供了十分重要的援助和支持。

但是最后的结果却完全出乎人们的意料。

身处大洋两岸的两国领导人应该十分清楚，一场革命可能是革命，但也可能是其他的。

当这样重大的事情发生的时候，当时的观察家很难知道实际的情况到底是怎么样的。他们就像战场上的战士一样，到处都是一片混乱，炮火连天，硝烟弥漫，喊杀声震耳欲聋。如果他们能够再活上五十年或者一百年时间，那么他们就有可能从某位称职的历史学家那里获得关于这场战争的真实情形。

这些都已经是将近一个半世纪以前的事情了。究竟是什么原因造成了法国和美国之间的不愉快，在那时就有很多真诚的法国人和美国人对这种结果的出现感到迷惑不解，但是我们今天看来这些都已经不再是一个谜团了。

对于美国来说，革命就意味着一种政权的更迭，也就是把新的国家政权交由那些有产阶级、贵族和上层阶级来掌管。

但是对于法国来说，革命的真正含义就是另外一种形式的政权交替，也就是说把新国家的政权交给那些没有财产的人民大众、民主派和贫民窟里生活的人们。

在美国，新成立的政府是由那些受人们尊敬的、非常有名望的公民组成的，如华盛顿、亚当斯和汉密尔顿。

在法国，执掌国家政权的是，一个出生在地中海上的蛮荒小岛上的身无分文的人，他的父亲是一个破产的公证员；另外一个是贫穷的工程师主管；还有出身没落贵族的冒险家，和一些没有任何政治经济特权背景的政治家，他们这些人几乎都没有什么可失去的。

即使是这两次革命所采取的方式也有着惊人的差异。

美国人有三千海里长的水域的作为屏障，使它们免遭敌人的进攻。

而法国人与他们的敌人则是邻居，而且是近在咫尺。

美国人在最开始的几场战斗取得胜利后就解除了后顾之忧。对于那些亲英分子来说，他们既没武器也没有军队，所以他们只能逃到边远的地区，逃到新斯科舍，或者是逃到英国，所有这些几乎都构不成什么威胁。

而法国的情况则完全不同了。王室、贵族、教士和农民的在不断地制造阴谋活动，从而使整个社会陷入了极大的恐慌之中。人们在难以名状的恐惧驱使下犯下可怕的暴行。

结果，当这两个国家都吹嘘已经把房屋清扫干净了的时候，它们彼此之间的距离却越拉越大，最终的结果是相互之间无法理解。

美国的将新的政府搬进了一个基本上保持着殖民地时期面貌的寓所的前厅。而法国的统治者这时已经疲惫不堪，他们从地下室和阁楼搬进了一座古老而残破的王宫办公。

约翰·亚当斯和他的尊贵妻子（她的娘家姓阿比盖尔·史密斯）在早晨一边品尝着咖啡，一边阅读着美国驻巴黎大使古弗尼尔·莫里斯先生的来信。莫里斯先生在信里说，他曾经设法帮助法国国王和王后逃出巴黎城郊那些流氓无赖的控制，但是最后以失败告终，国王和王后是如何被他们以前的臣民当作普通的囚犯来处置，这些臣民现在都穿着稀奇古怪的裤子（这种裤子一直长到脚踝），他们不戴假发，手里的长枪上装着闪闪发光的刺刀，现在他们正在践踏着整个欧洲的文明，向人们宣传极端荒谬的“平等”和“博爱”理论（不幸的杰斐逊先生一直都在空谈这种“平等”）。亚当斯和他的妻子在读到这些信之后只能摇摇他们高贵的头，昔日那个曾经备受推崇的民族如今竟然如此堕落，那里的人民几乎变成了一群卑鄙无耻的暴民，他们竟然会支持卑鄙的丹尼尔·谢斯上尉的革命，亚当斯夫妇对此感叹不已。

亚当斯在迁入总统官邸之后发现，他的数百万同胞事实上对那些让法国饱受苦难的统治法国的杀人犯和强盗是支持的；拥护共和政体的专栏作家在报纸上发表连篇累牍的文章，他们在文章中宣传法国宪法的优越性、法国的士兵英勇善战、法国的妇女无私奉献，他因此更加坚信，美国已经处于内战的边缘，（用报纸上的话来说）到了需要做点儿什么的时候了。

究竟要“做什么”呢，总统和他的顾问们什么也没有说，但是他们非常聪明地利用了一个难得的机会。

热内在美国傲慢自大的表现，莫里斯对法国波旁王朝的同情和帮助，使得这两个国家逐渐失去了外交沟通的渠道。但是，约翰·亚当斯总统清楚，美国在经历了漫长而艰苦的独立战争之后，现在最迫切的问题就是要休养生息。因此他坚决反对让他的国家再次卷入一场战争。所以，他以轻松的姿态说：“哦，那好吧，过去的事情就让它过去吧！”并且委派约翰·马歇尔、埃尔布里奇和查尔斯·平克尼到巴黎去完成一项和平友好的使命。但是，他对于他们能够圆满地完成任务并不抱太大希望，但是即使是一种表面上的真诚关系，对两国的关系来说也要比现在这种近似于敌对和私下的里的龉龃状态要好。

三位美国的使者抵达巴黎的时候，法国人正在为丧失了自己的海军而痛心不已，当他们听说好像美国港口的官员正准备对英国的军舰和他们所俘获的法国战利品开放的消息时，他们非常愤怒。更有甚者，正如法国人没有忘记给他们来自大西洋彼岸的客人所指出的那样，美国在对外交往的时候似乎是使用双重标准，一种适用于英国人，而另外一种则适用于法国人。因为只要法国人稍一触动那些开往英国或者英国殖民地的美国船只，就会收到来自华盛顿的抗议信。但是，英国人无论捕获了多少美国的商人，美国的政府却从来都不会发出抗议，美国驻伦敦的大使依然与英国的外交大臣保持着非常密切的关系，并且还时常可以看到他与那位傲慢的官员友好地喝茶。

美国使节本来可以对这些问题做出答复的。他们完全可以说，因为美国政府没有自己的海军，所以就要受到英国人的牵制，而法国人是帮不上什么忙的；尽管美国驻伦敦的大使经常会与英国的外交大臣共进午餐，但是他对于英国海军在公海上的非法行动还是会提出抗议。但是，他们毕竟是作为和平的使者而来的，因此他们非常巧妙地避开了可能会导致没有任何实际结果的争论，他们带着一些紧迫需要解决的问题的方案递交给督政府。

如果在这个不恰当的时刻，他们能够避开法国的那些“金融界的高层”的注意，他们原本是可以取得成功的。

但是这些“金融界的高层”与一般的银行界和典当业是不同的，他们的发达几乎完全来自战争。有的时候一个政府突然发现自己非常需要大量的金钱。那么这个时候，一大批国际骗子就会云集这个国家的首都，用各种荒谬的援助协议把那些大臣们团团包围，用各种阴谋诡计来迷惑那些可怜的官员，只有那些意志最坚定、头脑最清醒的人才可能避免丑闻缠身。

三位来自美国的代表在这个时候被四个“金融界的高层”顽固地纠缠。他们向三位使者保证他们能够弄到情报，能够给美国人带来巨大的好处。他们的这些说法当然是值得考虑的。这也完全符合18世纪后期外交活动的游戏规则。给外交大臣送一些礼物在当时是非常通行的做法。那个时候花边袖口和花边手绢非常流行，鼻烟盒几乎是所有人都会使用的东西。如果在一个鼻烟盒里恰巧装满了金币，那简直是太好了，接受礼物的人就可以为自己买上一些上等的“哥本哈根鼻烟”，甚至还能余下一点儿钱来乘坐马车。

美国的使节非常清楚这一点。似乎他们早就应该给巴拉斯先生送点儿钱。巴拉斯在当时的法国是一位非常有权势的人物，据说他花钱非常大手大脚。但是，督政府的官员们却暗示，除了这些私人的贿赂之外，美国还应该贷款七百万美元给他们。这个要求被美国的使节断然予以拒绝了。因为如果这种交易达成了，那么也就意味着中立的局面就要被打破了，这将会导致英国和美国之间爆发战争。而且，任何一个有尊严的政府都无法容忍这种讹诈行为。

迄今为止，人们仍然无法了解整个阴谋的具体细节。但是当美国使者与法国中间人之间的信函到达费城之后，联邦党的领导人认为这是法国督政府慷慨地送给他们的一件绝好的政治武器。他们向外界公开了这些信件的内容，但是省略了文中提及的法国官员的真实姓名，而是用“X、Y、Z”来代替。然后，他们又转过头来对共和党人说：“你们看看吧！这就是你们的远方朋友，他们就是这样的人！这就是你们所推崇的人。”

但是他们并没有到此为止。他们还利用群众的激昂情绪通过了一系列的法律，为的是防止共和党人发泄不满情绪。这些法律中的第一个就是《外国侨民法》，这个法律延长了那些希望申请加入美国籍的人在美国等候的时间，从五年延长到了十四年。同时这部法律还授予总统逮捕和驱逐任何不受欢迎的外国侨民的权利，并且允许联邦当局逮捕和驱逐那些与美国处于战争状态的国家的人。

通过的第二个法律是《煽动罪法》，这部法律严厉禁止任何攻击美国政府、总统或者国会的恶意的诽谤和宣传，禁止鼓吹反对国会或者总统的合法行为，禁止支持与美国敌对的国家所进行的宣传。这些活动都将会被定罪，并且将会受到囚禁或者罚款的处罚。

这些法律的制定在现实中都可以找到相关的依据。当时爱尔兰的流亡者在美国的报刊上进行了长达七年的反对英国政府的宣传，但是由于他们的言词过于激烈，所以让很多居民产生了恐慌。这些人的目的就是摧毁中央集权政府的专制，但是他们的努力似乎被联邦党人给一笔勾销了。新的星室法庭[1]的法令是由“约翰·亚当斯总统”签署的，并不是由“乔治国王”签署的，在其他方面并没有

[1] 星室法庭是英国中世纪发展起来的一种法院，在17世纪英国革命开始时被废除。

什么不同。与宪法中的规定相比，美国公民言论自由的权利被剥夺了，新闻界也将失去出版的自由。

爱管闲事的联邦法官开始对那些无辜的公民做出判决，而判决的根据仅仅是因为他们在某个似乎带有政治色彩的集会上对政府具有上帝般的智慧提出了怀疑。法官以社论批评了总统的法令为理由将编辑囚禁了起来。这个国家中具有民主思想的人们愤怒了，使国家感到了发生骚动的威胁。

反对派的核心人物是托马斯·杰斐逊。自从他退出了华盛顿的内阁以后，他在弗吉尼亚州夏洛茨维尔附近自己的庄园里过着平静的生活，他近似于基督徒似的苦行使他远离了他所喜爱的政治游戏。

然而这位精明的老先生又有写信的嗜好，这种嗜好就像18世纪哲学家和科学家那样，他几乎每天都要与共和党的所有重要人物通信。他对每一项行动都产生影响。他授意共和党的报刊发表社论。每当他的党的领袖不知道应该采取什么政策的时候，他们在周末就会不请自来地聚到蒙蒂塞罗，每个人的手里都端着一杯葡萄酒（弗农山出产的马德拉白葡萄酒），讨论如何才能迫使他们的贵族派对手就范。

因此，当弗吉尼亚和肯塔基的州议会通过正式决议，宣布《煽动罪法》因为违反宪而无效的时候，所有的人都会发现在这些语言流畅但却充满危险的“否决”文件中，杰斐逊起到了重要的作用。人们会说，这纯粹是共和党人为了使国家摆脱联邦党人所希望的日益加强的中央集权倾向所做的最后的努力。

很难说州议会围绕着这两项法律所进行的抵制和争论，究竟在多大程度上对即将来临的大选产生了影响。

政治领域也像自然界和时装界一样也会随着季节发生周期性的变化。在冬天过后春天就会来临，当短的裙子流行之后，长的裙子可能就会流行起来，一届富人政府之后就会是一届穷人的政府。无论那些农民、裁缝和政治家如何努力，他们都无法改变这种自然交替的过程。

在1800年的选举中，联邦党人被击败了，共和党人获得了胜利。

那些有产阶级预言一个混乱的无政府的时代即将到来。

边远地区的人们燃起了篝火，庆祝“富豪的恐怖统治”结束了。

亚当斯先生重新回到了波士顿，杰斐逊也开始收拾行李，并且给华盛顿市的一家著名旅馆的经理写了一封短笺，请他们在明年三月初给他预留一个房间。

## ◆ 第34章　杰斐逊总统和拿破仑皇帝的交易 ◆

就像一句俗话说的那样：“火上正在炖着的肉太烫，是不能马上吃的。”

没有一个激进的政党在掌握了政权之后，还会像在大选前的日子里那样慷慨激昂、那么激进。

杰斐逊下野以后，曾经反对政府对各州政府和个人的权利进行任何的干预。但是当他上台以后他立刻就认识到了，如果不实行真正的“管理”，任何政府都没有生存下去的希望。

一个人到国会去送一封信究竟是乘坐四轮马车呢，还是步行去呢？这都是微不足道的小事。一个人喜欢别人称呼他“阁下”还是比较喜欢比较不正式地称呼他“喂，汤姆”，很大程度上也是个人喜好的问题。

但是当美国的总统在讲台上讲话的时候，如果他是以总统的身份对人民发表讲话说：“我的同胞们，这是一项国家的法律，它是由你们选举出来的立法机构正式制定的，由我来庄严的签署的。”这个时候，他要么看着他的意志得以贯彻执行，要么他就必须辞职下台。

杰斐逊恰巧是我们国家的总统中受到过最好教育的一个，他精通历史、博览群书，他还是一位极富幽默感的哲学家。他非常了解美国普通劳动人民的情感，就像了解他自己家里的奴仆一样。就像自汉谟拉比[1]以来的所有政治家一样，他非常清楚，要制定几个明确的法律并且要坚决地将它们贯彻下去，这远胜于颁布一堆不切合实际的法令和规则，那些法令和规则从签署的那天起就已经名存实亡了，因此就会受到公众和法院的公开藐视。杰斐逊上任之初做的几件事情中，就包括尽可能地废除许多联邦党人制定的法律、消除联邦党人官员，同时又避免引起整个政治生活和商业活动的震动。

《煽动罪法》理所当然地在被撤销之列。海军的规模被压缩到接近于零的程度。大凡不是必不可少的公务员，政府鼓励他们去另谋出路。总之目标就是尽一切努力减轻国家的债务。

---

[1] 汉谟拉比（Hammurabi，约公元前 1792 —公元前 1750）巴比伦第一王朝的第六位国王，制定了《汉谟拉比法典》。

总统甚至到了连皮鞋都要节省的程度。他很少走出位于宾夕法尼亚大街尽头的总统官邸，所以当他需要与国会联系的时候，他就会派一名信差为他送信。

不过，所有这些措施与对萨缪尔·蔡斯[1]大法官的弹劾一样都是带有破坏性的。蔡斯是《独立宣言》的签署人之一。他患有高血压，而且性情暴躁。他利用《外国侨民法》和《煽动罪法》，把他所主持的法院变成了一个私人的新的星室法庭。

这些事情产生了毁坏性的结果，但是杰斐逊是一个具有建设性精神的人，所以他不会一蹶不振。

但是当他最终开始他的重建工作的时候，这位来自阿巴马县的不修边幅的彬彬有礼的农夫（一副故意做出的沉稳严肃的表情，让人们记住民主党人的高尚美德，显示出他们比联邦党人表面的浮华更能够打动民众），这位生活朴素的来自林区的人，已经开始认识一个事实。这个事实是那些试图统治整个世界的政治家所没有能够关注的。正是这个事实让他知道，如果经济的进步不能够相配合，那么政治的进步也就完全没有了意义，所以也就没有必要再去为之伤神。

就拿法国来说吧！

在大革命之前，只有贵族才有资格乘坐四轮的大马车，而农民则只能赤着脚步行。这两种人都没有任何的怨言。那些贵族在他们的童年时代就接受祖母和教会的教育：乘坐四轮大马车是他们生活

[1] 萨缪尔·蔡斯（Samuel Chase，1741 — 1811），美国独立战争的领导人，《独立宣言》的签名人之一。

的一个部分。而那些农民还在摇篮中的时候，他们的曾祖母（农民通常能够活得时间更长一些）和教会就教育他们：他们这种人从生到死只能赤着脚步行。

后来到了18世纪，人们对祖母们和乡村教士的智慧产生了疑问。

伏尔泰、狄德罗和卢梭都在质问："为什么在这个社会中一个阶级应该永远乘坐四轮大马车，而另外一个阶级就应该永远在泥泞中跋涉呢？"

贵族本来可以用妥协的办法避免后来发生的危机，其实只要他们不时地给予农民改变生活状态的机会的就可以了，让他们拥有足够的钱财乘坐自己的小马车。但是祖母和教士的教育使那些贵族中毒太深了，他们已经无法接受其他的新东西了。贵族阶层中很少的一部分精英对其他的贵族发出过警告，但是这些精英分子却被称作"令人讨厌的激进分子"，他们被揪着耳朵扫地出门了。所以革命的发生就在所难免了。根据立法机构制定出来的法令规定，农民与贵族的地位是平等的。

但是这样就使他们可以乘坐马车了吗？

没有。

法令中规定的是，如果他们愿意，那么他们可以乘坐马车。但是这个国家并没有任何法律规定谁可以乘坐马车，而谁却不能乘坐马车。但是，如果想乘坐马车，那么就必须能够付得起车费。而那些可怜的农民仅仅是在理论上拥有权利，其实他们没有足够的钱财来购买和保养一辆马车。

现在，赤着脚步行的阶级和乘坐马车的阶级都被消灭了，现在他们都行进在没有人维修的土路上。一个阶级失去了一切，但是另外一个阶级也是一无所获。

杰斐逊认识到了一个真理，并且他也是第一个将这个真理付诸实践的，那就是如果想让已经获得政治自由的人们享受新近得到的尊严所带来的真正好处，那么只有一个办法，就是提高产量，直到有足够的产品来满足人们的需要。

当然，产量的提高也就意味着需要努力地工作，同时也意味着普通人将会得到比以前多的生活必需品和奢侈品。

杰斐逊总统并不是一位爱好机器的人。他所担心的是，制造业的发展会出现一种反常的、危险的城市优势。他始终坚信，国家的未来都寄托在农民的身上。

他的想法可能是对的，也可能是错的，但是只要国家处于和平时期，也没有受到战争的威胁，那么他就不会像那些可耻的联邦党人那样非常迫切地希望建立强大的中央集权政府，他会严格遵守自己的理念，把共和党的全部力量都投入到发展农业的计划中。

在这个问题上，他面对的是对他十分有利的外部环境。但是，他一直以来也都是非常幸运的。如果他是一个固执己见的基督徒，那么他一定会赞成加尔文博士的观点。事实上他已经在悄悄地接受命运所带给他的一切好东西，并且从马可•奥勒利乌斯[1]和堂吉诃德那里寻求慰藉。

[1] 马可•奥勒利乌斯，公元2世纪罗马皇帝。

如果我们想找到最初的原因（人们说这是历史学家的必由之路），那么我们应该告诉你们，1100 年，当古老的波拿巴家族离开佛罗伦萨的时候，他们就开始了一次奇特的旅程，正是这次旅行使其中一个成员在经过意大利的萨尔扎纳和法国的阿雅克肖之后最终来到了塞纳河畔，继承了恺撒和查理曼[1]的衣钵。但是这段历史实在是太长了，我还是假定你们对法国的革命战争历史了如指掌，并且对 1803 年的欧洲政局非常清楚。

在三年以前，拿破仑[2]在与西班牙国王交涉后签署了一份秘密协定，从而重新控制了那块被称为“路易斯安那”的法国殖民地。18 世纪，帝国和皇家争夺土地的过程中钩心斗角，导致这块广袤的土地于 1762 年被西班牙占领了。虽然拿破仑所说的法语总是带有他原来的口音，他的视野始终未能超出他所认同的这个祖国的疆域，由此可以看出他是一个典型的法国人。

他在使用军事地图方面经受了长期的训练，所以他肯定十分清楚，新奥尔良具有十分重要的战略意义，因为只要控制了这里就能够控制密西西比河，也就可以切断从西部地区农产品的运输。但是，“路易斯安”那这个名字对于他来说却是没有任何意义的，就像“加拿大”这个名字对于路易十四的臣民来说也是没有任何意义的。就是这个人，他能够在早餐之前就推翻一个千年的帝国，而在午餐和

[1] 查理曼（Charlemagne，约 742 — 814），法兰克王国国王，768 — 814 年在位。

[2] 拿破仑（Napoleon，1769 — 1821），法国皇帝，1804 — 1814 年在位，生于科西嘉。

晚餐之间，三次彻底改变整个欧洲的版图，但是他却在经过18个月思考之后，才为占领他的新领土做好准备。

当然，与此同时，巴黎和马德里之间的这笔交易走漏了风声。鲁弗斯·金，这位曾经在英国王宫中非常受欢迎的人在伦敦听到了这个消息，于是他很快就把这个信息报告给了杰斐逊总统的国务卿麦迪逊。当麦迪逊将这个消息转告给杰斐逊之后，杰斐逊总统深感不安。阿勒格尼山脉以西的数百万英亩土地上生活着他深爱的拓荒者。他们全靠密西西比河向外输出他们生产的粮食和皮毛。如果是由西班牙这样的弱小国家来掌握新奥尔良这个咽喉要道，那么就问题不大。即使是出现最坏的情况，那些边远地区的人也能够长驱直入，攻占那些年久失修的堡垒，将西班牙的贵族军官消灭掉。但是，如果这个据点被那个可怕的拿破仑（他是战无不胜的）控制着，那么整个西部地区将会永远受到抑制。这确实是一个非常严重的问题。但是根本就不要奢望能够得到联邦党人的支持，因为他们根本就不在乎西部地区，他们真正感兴趣的是大洋的彼岸。只要他们的同僚在辩论这个问题的时候说“确实需要做出明确的决议：美国购买西部土地的行为是非常愚蠢的”，那么在进行表决的时候就会获得一片赞同的声音。

身为一个真正的民主派，一个质朴、单纯和严肃的人，杰斐逊并不赞成秘密外交。但是这个问题是非常棘手的，他认为最好还是谨慎处理。因此他请他的朋友詹姆士·门罗[1]（也是弗吉尼亚州威斯特

[1] 詹姆斯·门罗（James Monroe，1758 — 1831），美国的第五任总统。

摩兰郡人）去巴黎看看采取什么措施，看看是否能够说服法国把他们在美洲的利益卖给华盛顿的朋友，因为法国和其他喜欢战争的国家一样总是非常需要金钱。门罗在接受这一使命之后，乘船出发了。

但是在他还没有到达巴黎以前，这笔交易就已经成交了。

这一次，恰巧是有一个合适的人在合适的位置上。

美国驻法国大使罗伯特·李文斯顿天生就是一个优秀的经纪人。他早就已经开始鼓动法国把新奥尔良和周围的领土出售给美国，而当时社会上广为流传的风言风语，对于他取得成功也是非常有帮助的（这里的“风言风语”是指法国沙龙里那种轻率的交谈）。这些传言很可能会在法国和英国之间引发一场新的战争，一旦爆发战争，那将注定会使法国丧失其原有的殖民地。

因此，一份措辞非常巧妙的宣传这样问道：“还是赶快把那几平方英里的蛮荒之地卖出去吧！还可以换一些钱，难道不比以后失去它们而一无所获要好吗？”

人们非常清楚，因为美国人在新奥尔良地区建有很多的货栈，所以许多美国人都愿意为夺取这个城市而进行一场战争。而法国人的个性是非常高傲的，因此他们更愿意从商业角度来看待这个问题，而不愿意从军事角度看待这个问题。非常幸运的是，拿破仑的财政大臣的父亲曾经担任宾夕法尼亚的总督，因此他在美国生活了很长一段时间。这个大名鼎鼎的人叫马尔布瓦，当时他遇到了一个非常棘手的问题，就是要筹集来年所需要的经费。当他得知门罗乘坐的船即将到达法国，而这位美国的特使还带着一船的金币时，他立刻就把这个消息告诉了他的主人第一执政（拿破仑），他向拿破仑讲述了自己的计划。第二天，拿破仑就派外交大臣（他是我们老朋友塔列朗，也就是亚当斯总统曾经披露过的 X 先生）去请李文斯顿，开始就出售路易斯安那的事情进行谈判。

李文斯顿于是拜访了塔列朗，问他："新奥尔良需要多少钱才可以买到？"

塔列朗反问道："李文斯顿先生愿意出多少钱买下整个路易斯安那呢？"

这个提议让人感到非常惊讶，即使是像李文斯顿这样精明的商人也会感到非常意外。他请求塔列朗给他一点儿时间来仔细想想。与此同时门罗也到达了巴黎，并且还带来了华盛顿的最新信息。这两个美国人就下一步的计划整整讨论了一天，然后他们一起去吃了晚饭。当晚饭就要结束的时候，马尔布瓦正好走进来喝咖啡。他对能够认识这位著名的门罗先生感到非常高兴。他向这两个美国人做出暗示，如果这两个美国人晚上去他的办公室，他将会告诉他们一些对他们非常有利的消息。

他们如约而至。马尔布瓦告诉他们，就在前一天他与波拿巴将军在圣克劳德宫进行了整整一天的磋商，最终的结论是美国可以以一亿法郎的价格买到整个路易斯安那。李文斯顿认为要价太高了。于是他提出一个较低的报价。经过一番讨价还价之后，路易斯安那最终以六千万法郎也就是一千五百万美元的价格售出了！

幸运之神再次降临，杰斐逊总统以平均每英亩 4 美分的价格让自己国家的领土扩大了一倍。即使是对一个美国的北方佬来说，这也是一笔很划算的生意。但是那些北方佬，一帮坚定的联邦党人，却对这个交易横加指责。马萨诸塞州塞勒姆郡的蒂莫西·皮克林先生、美国参议员，甚至以退出联邦来威胁，并且提出要建立一个新英格兰邦联，从而摆脱南方民主派的腐败和影响。他还建议时任美国副总统的阿伦·伯尔担任新国家的行政首脑。

但是这种聒噪最后还是不了了之。共和党人早就从他们的联邦党人朋友那里学会了如何才能够使不得人心的法案在国会强行通过。与此同时，汉密尔顿对伯尔的人格提出的批评（伯尔简直就是一个十足的恶棍）导致了一场决斗。伯尔开枪击中了汉密尔顿的心脏，因此他的余生不得不在流亡中度过。

1803 年 12 月 20 日，在新奥尔良，法国的三色旗从旗杆上缓缓降下。

弗吉尼亚州夏洛茨维尔城的梅里韦瑟·路易斯和威廉·克拉克对荒原的传说耳熟能详。就在第二年的春天，他们起程对这片领土进行了一次考察，就像当年哥伦布被“未知的大陆”传说所诱惑那样。他们先后考察了密苏里河，翻越了洛基山脉，沿着哥伦比亚河顺流而下，最后抵达了太平洋，这次考察历时两年多。这实在是有史以来非常令人震惊的探险之一。而整个探险过程中的损失是非常小的（在将近三年危险重重的考察过程中，二十三位成员仅有一人死亡），这也就表明这些弗吉尼亚的普通小伙子对自己的工作是可以胜任的。国家对他们的工作是认可的，路易斯被任命为路易斯安那北部地区的州长。他现在必须坐在办公室里，像往常一样满怀工作激情地签署文件。他对于他的工作一直是忠于职守的，直到有一天他再也无法抗拒衰老的压力，最终离开了州长的职位，回到他的印第安人朋友身边，与他们一起狩猎，安度晚年。

当路易斯和克拉克徒步考察美国北部地区的时候，另外一名战士，新泽西人泽布伦·蒙哥马利·派克正在探查密西西比河的源头。他对这片广袤的土地进行了首次勘查，当时这片土地还属于西班牙。这片土地在当时被认为是一片毫无价值的土地。

在杰斐逊的时代，生活在边远地区的人们还没有听说过多少神奇的故事。他们也不需要听这种故事。因为他们的生活本身就充满了故事。

## ◆ 第 35 章　宗主国的最后一次拜访 ◆

波拿巴将军马上开始享用从北美获得的意外之财，这十足是一种意大利的做派。他走在一条通往荣誉的道路上，并且自认为是查理曼大帝的衣钵继承人。教皇庇护七世[1]勉强同意合作，在一个堆满了前所未有的金钱和彩带的教堂里，他把法国国王的王冠戴在了自己的头上。

当其他欧洲国家听到这个喜讯的时候，他们都不寒而栗。因为这位奇特的小个子的每一步晋升，都将会带来一次大规模的屠杀。北欧和西欧的皇帝和国王都决定做好准备。他们组成了一个联盟。

[1] 庇护七世（Pius Ⅶ，1740 — 1823），罗马教皇，1800 — 1823 年在位。

法国皇帝对他们的反应表示非常惊讶，随后战争又开始了。

美国政府非常明智地置身于这场战争之外。杰斐逊总统告诫他的国民要安分守己，不要惹火烧身。但是没过多久，这个新成立的国家很快就知道了，我们共同生活的这个地球只是一颗第五等的小星球，它的空间实在太小了，如果一个国家发生了什么事情那么一定会对另外一个国家产生影响。只有当发生冲突的地域局限于卡拉哈里沙漠的两个丛林中的部落时，才可能使用鸵鸟式的中立政策。但是，这样一场由法国、俄国、奥地利、瑞典、英国以及四十多个小国家参与的战争，一定会影响到从新西兰到哈默弗斯特，从巴芬湾到开普敦的广阔地区。

至于中立宣言和其他诸如此类的正式文件，它们基本上与火灾的保险政策相类似。有所不同的只是欧洲的两大集团在死亡保证金方面存在争议，而那些可怜的保持中立的船员则只能希望得到上帝的帮助了。

这种情况是非常复杂的，因为英国在特拉法尔加将法国的海军消灭了，而拿破仑则在奥斯特里兹将反法同盟的陆军击溃了。

狮子和大象的寓言成为了事实。英国称霸海洋，法国则雄踞陆地。布洛涅的岩石上的水手向着遥远的多佛海岸挥舞着拳头。而站在旗舰船尾上的英国水手则向在巴夫勒尔海滩上玩泥巴的小孩做着鬼脸。其实，谁也无法抓到对方。拿破仑无法离开陆地，英国人也不会登陆上岸。在这种情况下，他们不得不将打击对方的策略加以改变。他们所遵循的是大国传统上屡试不爽的做法：牺牲小国的利益。

1806年5月，英国首先宣布对整个欧洲的西部进行封锁。而拿破仑的反应则是，在11月签发了一道命令，宣布对英伦三岛进行封锁。因此，中立国家与历次欧洲发生大战时一样，必须在法国魔鬼和英国这个海上霸王之间做出选择。如果他们不是处于完全无助的状态，那么他们原本可以底气更足、胆子更大一些。

为了一件事情使全世界饥饿的水手陷入了更加困难的处境，法国和英国都极力争夺美国出产的东西，并且愿意出高价购买粮食和军需物品。毕竟美国的船长也是通情达理的。在独立战争中的经历使他们在面对封锁的时候一笑置之。但是，这种双重的封锁对于他们来说却是前所未有的，所以他们必须小心谨慎。如果英国失去了海外的支援那么它就无法养活它的人民，因此它提出一个折中的方案，就是允许美国的船只装载所谓的禁运物资到法国，但条件是必须先停靠在一个英国的港口，缴纳一笔税款然后才能获得与它的敌人进行贸易的许可证。

拿破仑的回答是："非常好，如果是这样的话，我就只好把持有这种许可证的船只视为敌国的船只了。"

英法两国以最激烈的方式展开了抓捕和没收的活动。美国的那些诚实商人损失了数百万美元，而那些不诚实的美国商人的也损失了数百万美元。因此有的人建议："现在对英国宣战的时候到了。"也有的人建议："我们必须与法国人打一仗。"接着他们都来到了华盛顿，向杰斐逊总统呼吁："请采取行动吧！"

但对杰斐逊来说却是要极力避免这种情况发生的。他是一个爱好和平的人，所以战争在他看来是一种荒谬的行为。有的时候也确实有必要派一两艘炮舰去打击那些在黎波利塔尼亚海域横行的海盗船，因为它们的行为实在是给美国政府的脸上抹黑。但是对于一个文明开化的民族来说，为了获取利益或者贪图虚荣这类荒谬的目的，而让那些非常有前途的年轻人抛洒鲜血，这种想法是非常不可取的。因此，这位总统并不准备参与战争，而是暗地里地让陆军和海军的剩余部分处于一种不引人注意的状态，从而让法国和英国都对美国放心，让他们把自己的美国朋友当作斯堪的纳维亚小国的公民那样，他们是没有人关心的，也是可以肆无忌惮地进行抢劫的。

但是如果他们认为这不会引起大洋彼岸的不满，那么他们就完全错了。因为托马斯•杰斐逊是一位哲人，而不是一个绥靖主义者。他不愿意卷入战争，于是他睿智的头脑开始谋划一种全新的方案来对付这些高压手段，如果他的计划得以实施，那么将会迫使他的两个敌对集团都不得不屈服。

目前为止，所有的干涉都来自英国和法国。1807 年开始，美国突然开始对自己实行小规模的封锁。杰斐逊和他的部长们都十分清楚，法国和英国都非常需要美国生产的粮食。于是，他们在 1807 年 12 月下达命令让所有的美国船只都必须停在国内等待进一步的通知。他们把这个消息传给了巴黎和伦敦，不让一粒美国的粮食和一包美国的棉花运往欧洲，除非这两个国家的政府做出郑重的承诺，遵守国际规则，不再对美国商人的活动进行干扰。

非常遗憾的是，杰斐逊的禁运计划并没有发挥作用。那些诚实的商人没过多久就破产了。而其他的大多数商人则开始了非法走私的活动，并且从中获取了高额的利润。但是，这些利润大多数都落到了中间商的口袋里。与此同时，西部的农民和伐木工人以及沿海地区的船员，却都陷入了前所未有的困境。

这是一个人数众多、影响很大的群体，他们看到自己在一步步走向破产，他们大声地发出抗议，强烈要求政府废除禁运法令，但取而代之的是“中止通商法令”，也就是禁止与英国和法国的一切贸易，但是允许美国的商人与欧洲的“中立国”进行交往。然而，由于杰斐逊并不了解欧洲的真实情况，所以他又犯了一次错误。因为那些所谓的“中立国”其实早已经不能履行一个独立团体的职能了，只具有表面上的主权而已。因此美国人的商业活动依然受到干扰和破坏。美国的船只仍然会被强行拖入一个港口，然后被扣押在那里。在美国国内的人看来，情况越来越明显了，商业活动将最终导致战争的爆发。当公海仍然太平无事的时候，美国的船员与法国或英国的武装人员就已经发生了很多次的冲突。为了将麻布上的“绝对中立”洗掉，还是在外交场合费了不少口舌。

即使这时已经有些晚了，如果不是人们熟知的臭名昭著的英国古老的“抓壮丁”制度，三个国家本来可以通过外交斡旋来协调解决这些问题。人们都知道，强迫征兵制就是“抓壮丁”的通用名称。这种征兵的制度在欧洲大陆是司空见惯的，直到我们那位来自科西嘉的朋友（指拿破仑）把所有的男人都变成了战士，把所有的国家都变成了兵营。

根据中世纪法律的观念，君主是有权进行战争的，因此君主也就有权为战争取得胜利而采取一切必要的手段，也就是军队。因为大凡是神志清醒的人都是不愿意被杀死的，所以谁也不愿意遭受暴力所带来的危险，除非他受到直接的攻击。因此，想获得足够的士兵，是非常困难的事情。英国的君主最常用的手法就是让所有在押的犯人参军，并且突袭各种沙龙和酒馆，把里面的人强行拉到最近的军舰上，把他们由醉醺醺的酒鬼变成水兵，让他们过着船员苦役般的生活，直到战争结束，恢复和平。

不用说，这些小偷和强盗根本就不可能成为合格的水手（更不用说那些已经习惯于和平的岁月、经常到外面喝一杯啤酒散心的裁缝和小职员了）。他们可能还有没学会分辨船上的后牵索和吊扬索，就已经成为敌人的刀下之鬼，或者因为这种或者那种疾病而命丧黄泉。这些疾病很可能就是由某个囚犯带到船上来的，所以那些军舰往往会变成一个漂浮的医院。因此，找到一些真正的水手是十分必要的。而这种人是只能在商人中才可以找到的。于是就出现了这样一种做法：专门等待伏击那些返回的商船，然后抢走船上的大部分船员。因此，当英国商船的船员被劫掠一空（能够升起桅帆的船只已经没有多少了）的时候，英国的官员就开始搜查外国的船只，并且坚持说那些看起来很年轻的人实际上都是英国的逃亡者，所以就用镣铐和锁链将其锁住让他们参军入伍，同专制主义和独裁统治的邪恶大国进行斗争。

这种行为在美国的船东看来是一件非常令人愤怒的事情。如果是一位丹麦的船长或者荷兰的船长，那么他们非常容易就可以辨别出谁是英国人、谁是本国人。但是查尔斯顿的一名船长怎么能够知道一个到他这里找工作的人，究竟是出生于马萨诸塞的塞勒姆还是牙买加的塞勒姆？

他不是有身份的证明文件吗？但是有谁听说过水手会为出生证或者护照之类的小东西操心吗？一般的美国船长对此事没有任何办法的，所以只能是碰运气。当英国的炮弹击中了他的船舷时，如果他的船行驶速度很快，那么他就有可能逃走了，否则他就只好接受检查了。

当海上航行处于非常困难的处境时，杰斐逊总统也应该打点行装，离开首都了。他与在他之前的华盛顿一样，这位美国的第三任总统更愿意与自己的马和狗共度余生。当他离开总统这个岗位的时候已经 66 岁了，他为自己的国家服务了 40 年。很少有人能够像这位精明弗吉尼亚老绅士那样，为这个新国家做出如此巨大的贡献，也很少有人（可能华盛顿是个例外）像他那样受到恶意的中伤和激烈的诋毁。杰斐逊的朋友曾经建议他连任三届总统，但是被他谢绝了。从此以后，他就要归隐田园。回到他的蒙蒂塞洛，全身心地投入到创建弗吉尼亚大学的建设中。他默默地宣传他所崇尚的通俗理论和个人独立的信条，把国家大事都交给了他的好朋友詹姆士·麦迪逊。后者曾在他手下担任了八年的国务卿，因此人们认为他比任何人都更通晓外交事务。

与他的前任相比，我们的第四位总统詹姆士·麦迪逊少了一些理想主义的色彩。而且多年的国务卿生涯，让他失去了对人类善良仁爱的幻想。他曾经被迫忍受那些欺软怕硬的英国大使的侮辱（英国派往这个新生共和国的第一任大使是从美国亲英派家庭的子弟中挑选出来的，为人处世非常圆滑），而且他对他们友好的保证也已经听腻了。他也目睹了拿破仑外交官的刁滑狡诈，对他们赞扬富兰克林博士的陈词滥调也早已经腻烦了。他非常清楚，这两个国家丝毫不会关心美国人关于贸易权利的抱怨，也不会改变他们霸道的政策，除非美国拥有足够数量的军舰迫使他们改弦更张。

现实让麦迪逊深切体会到，仅仅靠一纸最后通牒是没有任何作用的。当时装备了五十门火炮的英国军舰“列奥波德”号，拦截了美国的护卫舰“切撒皮克”号（这艘船当时才刚刚下水，船上的火炮还没有安装到位），共有二十一名船员被打死打伤，而且还有四名所谓的逃兵被抓走了，然后和英国的舰队会合到一处。这件事情理所当然地被立即汇报到了伦敦，英国外交部已在德表示歉意。他们派出使节向美国人做出解释，表达了英国朋友对于这种粗暴破坏中立的行为是如何感到遗憾。但是英国政府却派出了那些傲慢使节中的一位。这些人从美国独立之日起就一直被认为是最适合被派往华盛顿的人选，他们得不到重用，便想方设法地在两国之间制造矛盾。

谈判在混乱的情况下，断断续续地谈了四年。在这段时间里还发生了印第安人暴动（人们相信这些暴动是英国间谍煽动的结果）、英国“抓壮丁”队与美国船长之间激战不止，加上美国国内出现重大的政治动荡。一个新的、咄咄逼人的政党应运而生，这就是所谓的“青年共和党”。麦迪逊政府所处的时代并不是美国建国之父们所梦想的那种和平与温馨的时代。

最终，宗主国和前殖民地之间的战争爆发了。这场战争让那些对萨拉托加和约克郡的光荣岁月仍然记忆犹新的人们，经历了许多不愉快的时刻。

各个州之间也出现了激烈的冲突。当乔治·华盛顿统率军队的时候就曾经非常强烈地抱怨新英格兰人，说他们“唯利是图”，“缺乏爱国主义精神”。现在，新英格兰人再次表明他们是与众不同的。

禁运令和中止通商法令对他们来说毫无作用。从普利茅斯殖民地刚开始建立的时候，他们就一直从事走私活动。所以他们不费吹灰之力就可以逃避国会所采取的禁止与英国和法国通商的措施。但是，一旦英、美两国宣战，那么他们就不得不停止他们的非法活动了，他们也开始考虑国内的情况了。他们对南方和西部邻居提出强烈的指责，说他们没有任何正当理由就把国家拖入了一场战争之中。他们的报纸要求拒绝执行联邦的命令。在哈特福德举行的一次会议上，来自新英格兰各州的代表制订了一项完整的计划，他们决定成立一个独立的新英格兰邦联。

在这种情况下，军事方面根本就不可能取得任何辉煌的胜利，同样也不可能再对魁北克的军事要塞进行一次毁灭性的打击，蒙特利尔的军事奇迹也无法再现了。

在海上，美国商船的水手们与强敌已经进行了十几年艰苦卓绝的斗争。最终，美国在经过几次交锋后取得了胜利。

但是在陆地上，却一再被击败。

当肯塔基州的年轻人亨利·克莱宣称，肯塔基州的民兵用不了一个月的时间就可以征服加拿大，这对于那些虔诚的爱国者来说无疑是一个值得骄傲的日子。但是，没过多久人们就发现，这些民兵根本就不愿意打仗，而且也不愿意离开自己的家乡去追击敌人，而且当服役的期限一到，他们就立刻要求回家（这些情况都是确实发生过的）。这时，即使是那些年轻的好战分子的热情也开始逐渐减退了。

此外，当美国的一些重要防御工事未放一枪就束手投降（1812

年8月在底特律就发生过类似的事情），当美国的首都被英国侵略者肆意践踏（他们放火焚烧了这座城市，包括白宫和其他的建筑，因为“市民从那里向士兵开枪”），当英国海军在马里兰的中心地带肆意烧杀抢掠的时候，没有任何事情，即使是佩里在大湖地区取得的胜利也无法阻止渎职的总统所在的党垮台。

然后，欧洲又以一种神不知鬼不觉的方式拯救了美国，使它免于遭受更多的屈辱。无休无止的拿破仑战争已经把英国拖得筋疲力尽了，英国也已经到了即将崩溃的边缘。1813年10月，拿破仑在莱比锡战败，被迫自我流放到厄尔巴岛。英国政府终于可以腾出手来，在蒙特利和魁北克组建了一支由老兵组成的军队，准备重新夺回桀骜不驯的美国各州。但是，当一切准备就绪，一场大战迫在眉睫的时候，那个科西嘉岛的怪物（指拿破仑）又溜回了欧洲大陆，英国被迫再次派出自己的军队参加联军进行作战。在滑铁卢胜利和巴黎和约签订之后，由于多年的战争，致使英国的居民平均每七个人中就有一个人处于贫困的境地。在这个时候如果再进行一场毫无实际意义的战争，那实在是太荒谬了。此外，拿破仑既然已经被流放到圣赫勒拿岛了，那么英国的海军也就出现了过剩，所以也就不需要再强征外国的水手为国王服役了。

既然争执的焦点已经没有了，那么英、美两国就都希望能够停火。

当时，佛兰德的根特城是外交活动的中心。它距离英吉利海峡非常近，距离法国的边界也不远，因此，波旁王朝的子孙后代居住在那里，不管哪边出现了危险都可以进行防范，而且行动起来也是既方便又安全的。美国的代表团抵达了根特。他们在那里经过正常的拖延和考虑之后签署了一项条约。这项条约什么也没有改变，一切都还保持四年前的样子。这件事情发生在1814年12月24日。在两个星期之后，达成和平协议的消息还没有传到大洋的彼岸的时候，进攻新奥尔良的英国军队已经被一个名叫希克利·杰克逊的老将军彻底击溃了。英国军队被最终赶出了路易斯安那州。

这场战斗的结果并没有影响根特的使节做出的决定。但是，在四年一连串的失败之后，这次交锋还是给了这个国家的人民所急需的信心和希望。

在这个激动人心的时刻，人们把那些领导这个国家战胜欧洲强国，渡过严重危机的人们都抛在了脑后。从田纳西山区走出来的任务一时间成了万人瞩目的英雄。这是战争的最后几年美国人民思想发生变化的一个重要象征。

老一辈的人生活在欧洲强国殖民统治的年代，他们从来都没有抛弃从宗主国的角度来思考问题的习惯。尽管他们已经成为独立自主的美国人，但是他们走上这一步完全是环境的因素造成的，对于这种环境的变化他们并不能完全理解。

但是那些声名鹊起的人们根本没有意识到那种微妙的双重忠诚。

他们在美国出生。他们在美国的学校里接受启蒙教育。他们从来都没有到过欧洲。他们对欧洲人根本就不感兴趣。

后来，在他们事业的初始阶段，他们历尽千辛万苦，这都是因为某些欧洲国家和一个法国将军（或者说是意大利将军，不管他是哪国人）决定在那个时刻进行一场荒谬的战争来争夺欧洲的领导权。

通过这件事情，美国的年轻人更加坚信，这些英国人、法国人、俄国人和他们的国王以及他们的大臣都是无可救药的。但由于这些大人物的影响能够波及三千英里之外，所以美国人在表面蔑视的同时也掺杂着内心的恐惧。正是由于这种奇特而复杂的情感，使得美国人形成了一种抗争的精神。这种精神具体表现在：不再与欧洲大陆进行任何交往。这是美国早期的一种法西斯主义，是新政党精神的一种表现。

直到1814年，美国的平民由于已经习惯于成为获得自由的殖民地人，在最后一次灾难性的拜访（指英军侵略美国）之后，他们最终成了真正独立的公民。

他们不慌不忙地背对着给他们带来各种麻烦的东方，怀着坚定的勇气面对西部的那些高山和草原，因为那些地方让他们对新生活充满了希望，一种前所未有的经历。

## ◆ 第36章　门罗主义和玻利瓦尔开创的新世纪 ◆

1809年，在杰斐逊总统卸任几个星期以后，有一位年轻人到访了美国，他的名字叫西蒙·玻利瓦尔。他生长在委内瑞拉的加拉加斯。他是一个富家子弟，才刚26岁就成了鳏夫。而更为重要的是，他是一个对什么都感到好奇的人。

他在巴黎求学期间，曾目睹了大革命中许多光荣和不光彩的事情。现在他希望能够了解美国革命者所建立的这种政治体制是如何运作的。他打算回国之后，看看能为自己的人民做些什么。当时有很多传言是关于他的殖民地国家的。但是，自从路易十六国王被处死之后，世界各地都流传着人们心怀不满的流言蜚语。那么现在就要从自己的立场出发来发掘这些关于独立和自治的言论背后的真实含义。

我要说的这个故事有点儿复杂，但是却很有意思。它能够证明我在上一章里所说的某些事情是千真万确的：我们都是这个小星球上的匆匆过客，不管是谁都不可能不受我们邻居命运的影响。

18 世纪，南美大部分地区的宗主国西班牙与法国结成了紧密的联盟，所以他们也间接地为美国的独立事业做出自己的贡献。

然而这种政策却让英国对他们产生了敌意。在特拉法尔加的战斗中，西班牙和法国的舰队几乎在纳尔逊[1]手中全军覆没，也就注定了竞赛的最终结局。

此后，西班牙（除了不时有一艘邮船往来之外）与美洲殖民地的联系被完全隔断了。但是，如果英国人希望殖民地居民利用这个机会宣布独立的话，那么他们肯定会大失所望的。新的西班牙不是新英格兰。它对宗主国的忠诚不是被迫的。当拿破仑逼迫费尔南多七世退位并打发他到瓦朗塞织毛裙的时候（拿破仑是这方面的好手）。他们不肯服从新的总督（在他们看来，新的总督所代表的是

[1] 纳尔逊（Horatio Nelson，1758 — 1805），英国海军将领，曾经打败过拿破仑的法国舰队。

篡夺王位的约瑟夫•波拿巴），所以建立了一系列的自治政府，等待他们的国王陛下结束流亡生涯，那时他们将会骄傲地宣称自己是最谦卑、最忠诚的臣民。

在他们中间出现了一位合法的葡萄牙君主。他在1807年逃出了欧洲，在里约热内卢建立了自己的王朝，从而使巴西的地位得到了提高，巴西首先从一个殖民地变成了王国，然后又变成一个帝国。所有这一切让南美人民产生了一种自尊。这是他们在过去沉闷乏味的总督统治时期所没有过的。

在与拿破仑的战争结束之后，如果西班牙是由一个略有头脑的人统治，那么这些殖民地就不会被宗主国丢掉，办法很简单，就让它们成为领地，只要派来几个级别较低的皇亲国戚来做总督就可以了。

但是如果所有的统治者都那么明智，我们可能也就没有这么多历史可写了。

当西班牙王国政府与它在南美的领地重新取得联系之后，就想努力恢复到17世纪时的状况。但是，非常明显的是，现实的形势已经发生了改变，一些新的社会影响开始在世界的一部分地区发生作用。世界的那个地区多年以来似乎和南卡罗来纳的查尔斯顿处于相同的地位。

我所要说的是克里奥尔人的问题。

克里奥尔人是在许多年以前甚至是在几个世纪以前就来到殖民地定居的白人的后裔。他们本身就是白人，但是他们出生在殖民地。在那些出生在旧世界的官员的眼里，这个事实给他们造成一种永远无法摆脱的轻微的社会耻辱。他们是白人，在法律面前他们与来自卡斯蒂尔或加泰罗尼亚的西班牙主子在各方面都是平等的。但是一旦涉及实际的政治生活，他们发现自己完全没有权利参加他们当地各省的政治事务。总之，他们是纳税人，当一个又一个总督通过对他们的掠夺而发财的时候，他们只是被邀请来站在一边赔笑脸。

不用说，他们对此非常不满。但是他们没有受过正规的政治训练，也没有政治组织。他们分裂成不同的派别，彼此之间极度仇恨，没有任何办法能够改善这种状况。因此他们仍然是我们的英国朋友所称的那种“殖民地人”。

年轻的玻利瓦尔就来自这样的一个家庭，所以在他的身上集中体现了这个家庭的各种弱点和优点。他勇敢而慷慨，能够忍受巨大的肉体上的痛苦，即使是遭到痛打也能够爬起来继续战斗。但是，他缺乏成功地进行一种极其复杂的反抗活动必须具有的所有品格。此外，他早年所接受的教育是一个外省贵族子弟的教育，他们习惯对于一支由混血儿和顺服的印第安人所组成的军队发号施令。所有这一切都使他的人生观被扭曲了，他不是一个在战场上指挥千军万马的理想人选。

在北美，弗吉尼亚拥有土地的绅士和波士顿的商人的利益，至少在一定程度与大多数农民和手工业者的利益是相一致的。因此，乔治·华盛顿和约翰·亚当斯（他们是各自阶级的典型代表）能够有一个为之奋斗的共同事业。但是在南美，西班牙官员、克里奥尔人、混血种族和土著居民，是彼此不共戴天的仇敌。自由、平等、博爱的理想只是在非常偶然的情况下才能够在这里生根，就像芥菜在格陵兰岛上生根一样不容易。

尽管有如此多的障碍，在北方的玻利瓦尔和在南方的圣马丁仍然成功地发起了一场争取政治独立的运动。这场运动席卷了整个南美大陆，政府的政权最终落到那些当地的世家手中。

大致上，这场独立运动开始于 1811 年的委内瑞拉革命，结束于 1823 年墨西哥摆脱西班牙的殖民统治。

这段时间的跨度非常大。当然西班牙政府也不是无所事事地坐在那里等着那些误入歧途的孩子回心转意。相反，波旁王朝尽其所能来收复这些丢掉的省份。但是，他们的大部分舰船都在与拿破仑的战争中丧失了，他们的国库也完全空虚了，法国和西班牙之间可怕的游击战争造成了这个国家人力资源的严重枯竭。

但是，就在这个时候，当一切（包括荣誉）似乎都已经失去的时候，一个意想不到的朋友伸出了援救之手。

经过 30 年不间断的战争，欧洲对流血和战争早就已经厌倦了。

“不惜一切代价建立和平与秩序”成为经历过滑铁卢战役而幸存下来那一代人的口号。然而，和平和秩序总是需要付出代价的。一般来说，这种代价包括丧失自治，用职业警察来取代选举产生的议会。但是，当社会陷入一片混乱的时候，商业活动也完全停滞了，人们就会发现，社会中的大部分阶层会不约而同地愿意做出这种牺牲。这就是发生在 1815 年的情形。

在他们的帝国，皇帝、国王和诸侯可以不受任何约束地控制着政府。以前的激进派努力忘记他们曾经在客厅里悬挂罗伯斯庇尔[1]的画像，他们用自己的行为来表现出最大的忠诚，成功地让自己成为一个极其高雅的、令人尊敬的、彻头彻尾的保守派的有用的装饰。

诸如此类的情况无不带有一点儿幽默的色彩。在拿破仑垮台之后发生的大规模反抗运动中，俄国提供了必不可少的喜剧性的宽慰。

这个曾为莫斯科的王位增添光彩的小爸爸是一个名叫亚历山大·保罗的儿子。自从他的父亲不幸遭到谋杀那天起，这个年轻人就成了这个粗俗世界新生的“罪恶良心”的牺牲品。现在，作为对他的报应，他被一个多愁善感的、中年的条顿男爵夫人所迷惑，这位夫人能够看见幽灵，而且善于接受“新思想”。当然，1815年的“新思想”与1927年的“新思想”是完全不同的，但是它也是含糊其辞、晦涩难懂的，但是这些已经足以给诸如亚历山大·罗曼诺夫这种二流人才的混乱的心灵留下深刻的印象。最后，这位全体俄罗斯人的专制君主宣布自己是上帝意愿的奴仆（老迈的弗劳·克吕德内曾经在一个方便的时候透露出来的）。他还以救世主自居，并且产生了一个奇怪的政治念头，那就是要成为所谓的神圣同盟的精神之父。

根据这项极其动听而严肃的协定，俄罗斯和奥地利的皇帝以及普鲁士德国王感到他们信仰并寄予厚望的上帝对这些国家的恩赐，使他们充满了信心和希望，因此他们不仅在各自国家的治理方面接受神圣的教义——即正义、基督教的仁爱与和平的教义——的指导，

[1] 罗伯斯庇尔（Maximilien Francois Marie Isidore de Robespierre，1758－1794），法国政治家、律师。

而且彼此之间还将相互提供互惠的服务。他们宣称自己是他们臣民和军队的父亲。于是他们邀请所有其他的君主与他们一起享受真正生活的伟大荣耀。

当中学生的联谊会或者是一个三K党的秘密会议沉溺于这种胡说八道之中的时候，那么由此所造成的危害并不是很大。但是当俄国的沙皇，这位统领着三百万骑兵、步兵、近卫军和哥萨克人军队的总司令，开始用甜言蜜语大谈兄弟之爱的时候，正派的人们就要提防他们手中的枪炮了。

当时唯一对这种帝国贸易联盟可能会出现危险持怀疑态度的政府是英国。由于英国人不受成文宪法条文的限制（因为他们没有成文宪法），所以许多其他国家的人民所不能做的事情他们可以做，而其他国家的人民总是被他们国家的政治禁令所限制着。例如，在英国，外交事务时常被一些家族所把持着的，而这些家族的成员经过了长时间的训练，因此学会了掩饰和拖延。因此，与其他国家那些争夺这种外交职务的新人相比，这些人绝对是更加适合这种工作的。

我并不是说英国所有负责外交事务的官员都是非常优秀的政治家和外交家。但是，不管他们的口才和地理知识多么不尽如人意，他们却能理解英国在过去的五百年时间里所取得的商业成功所依据的那几条对外和对内政策的真正性质。而且（也许除了克里木战争以外）他们从来没有考虑让感情的因素影响他们对每一英镑、每一先令、每一便士的追求，这是尽人皆知的。

因此，神圣同盟美妙动听的愚蠢言行只能让唐宁街的聪明人感到愤怒和懊恼。当对方极力邀请他们加入的时候，他们便口授了一封非常礼貌的致歉信，并且由摄政王来签署发出。在这封信里他们告知亚历山大皇帝，英国完全赞同陛下神圣的行为准则，但是英国宁愿保持超然事外。

至于美国，当初沙皇是否考虑过给华盛顿也寄去一份文件的副本，现在已经不得而知。但是应该记住的是，美国人不是叛逆者就是叛逆者的子弟。像亚历山大这样非常自尊的君主是拒绝以平等的眼光来看待他们的。

需要明确指出的是，这种态度是相互的。也许有很少的美国人隐隐约约地听说过神圣同盟这个名字，但是它除了能够在一段时间内引起好奇以外，在他们看来这完全是欧洲的傻瓜式行为的另外一个表现。

不过，接下来的日子是非常糟糕的。西班牙国王的军队在南美内陆的各个地区失去了立足之地，因此他们被迫躲在沿海的十几个要塞里。而更为严重的是，西班牙的天主教国王陛下被那些长期饱受痛苦的臣民赶出了首都。对于上帝日常安排的干涉行为，神圣同盟是不会置之不理的。法国的国王受邀跨过了比利牛斯山脉，帮助他的好兄弟重新获得他世袭的王位。在这件事情发生以后，据说有人竭力主张法国国王应该跨过大洋去帮助收复南美、中美和北美发生叛乱的殖民地。

这个小小的方案本身就足以引起人们的不安。

但是，这还仅仅是一个开始。

早在 17 世纪的时候，俄国人就已经在阿拉斯加建立了一个殖民地。他们并且开始逐渐向太平洋的西岸展开勘察。他们在距离旧金山湾不远的费拉隆群岛安顿了下来，在距离金门海峡几英里远的地方建立了一个小的城堡。在当时，这个地方还没有人生活，尽管在有的地图上把它标明为墨西哥的一部分，但是严格地说来，俄国的这些殖民活动与华盛顿政府之间是没有任何关系的。但是当俄国沙皇突然发出命令禁止一切外国的船只（当然也包括美国的船只）通过他在美洲的这些殖民地时，纽约和费城的人们都觉得这个玩笑可能开得有些太大了，对于这个事情要么置之不理，要么进行斗争。而他们的想法是倾向于后者的。

不久之后，报纸就报道说，英国人对这件事情也有相同的看法。在智利和秘鲁的反叛爆发之后，英国取代了西班牙，承包了人们日常生活所需要的一切物品。这些叛乱的人们将黄、绿、紫的三色小旗升了起来。如果宗主国将这些国家重新征服，那么英国的商人就会因此而蒙受巨大的损失。因此，如果有人能够直截了当地向神圣同盟的缔造者发出抗议，让他断了这个念头，这明显是符合英国的利益的。但是，如果从国家的利益来进行考虑，那么这种警告最好不是从伦敦直接发出的。美国国务卿乔治·坎宁向大洋彼岸窃窃私语（这种窃窃私语的声音是很大的，因此在很远的地方就可以听到）：“你们放手去干吧！采取一切可以采取的手段去阻止西班牙人再次征服他们原来的领地。我们将与你们站在一起，我们将尽我们最大的努力支持你们。”

结果，美国总统詹姆士·门罗（在同他的内阁成员进行商讨之后），在 1823 年 12 月 2 日一封写给国会的信中“正式”警告所有的欧洲国家，危害心怀不满的美国人民的时期已经结束了，同时还警告说，只要美国势力范围还在，那么它就将永远结束了。这是一个非常大胆的举措。

在当时的情况下，美国还没有能力贯彻这个激烈的“禁令”。如果俄国或法国真的希望凭借他们的大炮来对这项决定的合法性表示质疑，那么最终的结果会怎样就很难说了。但是，与其他想当总统的人相比，如华盛顿最信任的一个军官或者杰斐逊政府中的豪斯上校，门罗总统是更有资格胜任自己的职务的。他在很早以前就知道不动声色的好处。

## ◆ 第 37 章　新的信仰 ◆

作为一个忠实可信，而又条理分明的编年史学家，那么我就应该对发生在 19 世纪最初 12 年时间里的许多重大事件进行浓墨重彩地书写，而不是把它们忽视掉。

我本来应该告诉你们，那个极为出色的联邦党是如何悲惨地消亡的。它曾经把陷入窘境的革命遗产变成了一个体制健全而充满自尊的国家，但是当它在对英国的最后一次战争中，那段艰难的岁月里，叫嚷着州政府有权拒绝执行国会的法令，并且鼓吹要退出联邦的时候，它也就毁掉了自身存在的价值。

弗吉尼亚的约翰·马歇尔[1]这个名字是我应该提到的。他作为美国的首席法官把法院的尊严提高到了一个近乎神圣的高度。他随时准备而且经常盼望把那些看来好像与宪法的神圣条款相矛盾的国会立法变成一纸空文。我本来还应该回顾一下青年共和党的活动。他们后来成了杰斐逊的追随者和接班人，他们鼓吹一个强有力的中央集权的全国政府的热情完全超过了联邦党人。但是，这些事件与从华盛顿将军离任到杰克逊将军[2]上台这二十四年时间里，这个国家在生活方式和思维方式上所发生的根本性变化相比，上面这些事件就显得有些微不足道了。

众所周知，这些强烈的变化在东部是无法清楚地感受到的。它们只局限于这个国家的西部和南部地区。用现代历史学家的话来说，它们都是边远地区的产物。

在过去，人们在说到这些事情的时候，接下来往往会是一系列赞美的话，赞扬那些拓荒者冒险创业的精神，他们独立思考和行动的精神，他们的粗犷、豪爽但谦恭有礼的态度，他们的平等意识，他们的桀骜不驯，他们信守言论自由的原则，他们乐于帮助朋友和邻居的精神。

毫无疑问，这些品质在一定程度上都是真实可信的。这些移民

[1] 约翰·马歇尔（John Marshall，1755 — 1835），美国法学家，出生于弗吉尼亚州。曾经担任亚当斯总统的国务卿，1800年出任联邦最高法院院长，在任达三十年之久。

[2] 安德鲁·杰克逊（Andrew Jackson，1767 — 1845），美国的第七任总统，在任八年。他崛起于南方，对东部金融集团极为仇视，在他执政期间，联邦银行的存废问题一直被争论。

者有冒险开拓的精神，他们待人热情，勤奋工作，并且坚持自己的观点，对于别人对自己的想法从来不在乎。但是这些品质也是其他地方移民荒原的特点。然而在世界的其他地方的移民，却没有创造出这种我们称之为“美国人的”生活哲学。

那么区别在哪里呢？

我冒昧做一些猜测，或许我是不对的。

英国、俄国、法国和荷兰的移民进入西伯利亚、印度、婆罗洲和非洲的未开发地区，但是他们基本上还都是英国人、俄国人、法国人或者荷兰人。他们生活在由黑种人、黄种人、深色皮肤的人所组成的社会中，他们是仅有的白种人。他们与祖国紧紧地联系在一起（尽管并不是那么全面），是他们避免湮没于孤独和绝望的大海中的生命线。他们不惜牺牲一切来保护这条生命线。因为他们明白，一旦失去了这条生命线，那么他们就会无依无靠，沦为彻底的流浪者。

美国的开拓者经历了社会和经济发展的所有形式。新阿姆斯特丹或者费城快乐的市民，可能会对这些可怜的孤独的边疆开拓者抱有同情之心。但是那些边疆的开拓者根本就不觉得自己的命运是艰苦的。不能否认，他们的生活是非常不容易的。大的树根是非常难以刨除的；而蚊子所带来的危险比狼还大；还有那么多令人头疼的石头需要清除；放养的牛羊也很容易生病，而兽医却对此束手无策。所以，孤独对于他们来说，并不算是什么大不了的。他们对于孤独原本的含义是根本不知道的，因为他们的群体在这个世界是前所未有的。对于这种东西我还没有找到更好的表达方式，那么暂且称之为“集体孤独”。

如果从严格意义上来说，“孤独”这个词的意思是“与世隔绝的人”，那么西部的拓荒者们无疑是孤独的。但是，成千上万有着相同思想的人在同一个时刻做着相同的事情，都“与世界上其他的人隔绝”，和他一起跨越阿帕拉契亚山脉，使荒原不再寂寞，使森林失去神秘而肃静的恐怖。

因此，这些拓荒者不再被各种古老的恐惧所困扰，他们认定，即使没有继续将其同他们年轻时的文明连接在一起的文化生命线，他们也会继续前行。他们拿起斧头，把生命线斩断，高喊着：“感谢上帝，总算摆脱了。”接着，他们开始制定生活的规划。这种规划是应该能够尽善尽美地表达他们的精神需求和经济抱负的。有朝一日，这种原始的共同纲领，就会最终成为这些广袤地区的不成文法。这些文明的先驱者用他们的毅力和实干精神征服了这些地区。

如果对这种对边疆精神（最终成了美国精神）发展过程的注解你能够认可，你就会开始理解为什么一种建立在如此众多美德之上的哲学会不断遭到那些千奇百怪和令人无法容忍的偏见的破坏。这些偏见在世界的其他地方正在迅速消失，而拓荒者们则将这些偏见重新纳入他们自己的思想和行为方式的典籍之中。

但这是一种自愿流放生活的必然危险。

对于那些来自草原某一个偏远村落的乏味手稿，每一个出版商、每一个图书馆工作人员，都是非常熟悉的。那些表面看来好像是他们终生潜心研究的结果，但是那里面所揭示的信息却可以在两三百年前发表的著作中就能找到。这种情况实际上所造成的损失并不会很大。所以出版商让他的秘书写了一封委婉的信。而在距离大城市有三四天路程的穷乡僻壤，早就希望能够名利双收的作者，已经开始着手准备自己的葬礼了。

但是，如果那些占有全部粮食、全部木材、全部铜矿和大部分煤矿和石油的人们都自命为新时代的预言家，并且坚称他们孤立的社区中流行的行为和思想准则，将来一定会成为一个经历了不同发展阶段的世界的基本准则，那么这个问题就严重了。

边疆人民曾经与华盛顿并肩战斗，曾经是杰斐逊志同道合的战友，曾经为把十三个小殖民地变成一个强大的国家而努力。他们认为自己是整个世界文化理想的一个组成部分。

就像我在前面讲过的，20 和 30 年代的新拓荒者是以另外一种眼光来看待自己的。他们也希望自己能够成为优秀而忠诚的好公民。但是，他们坚持按照一种“优秀”和“忠诚”的理想：这个国家宁愿与世界上的其他部分进行隔离，他们宁愿用动物的油照明也不愿意使用煤油灯。

他们对自己信仰的优越性坚定不移，他们希望有朝一日能够把这种美好的福音传送给他们北部和东部的邻居。

但是如果没有一个热心的传教士，那么任何新的消息都不会传播。于是传播这种新信仰的重任就落在了几个微不足道的先知的肩上。建立一个真正的民主的预言家的时代已经来临了。

他在 1824 年崭露头角。他作为边疆地区的候选人竞选美国总统。他不是别人，而是我们的老朋友、新奥尔良的英雄——安德鲁·杰克逊。

# ◆ 第 38 章　独　裁 ◆

杰克逊第一次向权力冲刺失败了，而他与对手的票数差距很小。因此这位新救世主的支持者们用震耳欲聋的声音骂那些选民背信弃义。

因为既然他们的候选人是“人民的选择”，而且人民通过投票的过半数来表达他们的意愿时，是借耶和华之口来发表意见，因此任何有悖于他们的决定的做法，都被视为有辱全能上帝的行为。在1824 年杰克逊落选之后，谴责声和辱骂声随即汹涌而来，因为在过去的二十五年时间里，政治已经逐渐成为一种体面的职业。

美国的前六位总统都是高贵的绅士，他们学识渊博，彬彬有礼，擅长交际。他们都是创建共和国缔造宪法的元勋。

在他们之中从来没有哪一个曾经被铲子或者斧头弄脏自己的手。

他们的个人趣味和经济背景，促使他们中的一些人希望能够得到农民的支持，而有些人则与沿海地区的商人、银行家和制造商结成了联盟。但是，无论他们是贵族生活理想的代表，还是民主生活理想的代表，他们都怀有报效国家的理想。他们把自己受命担任职务看作近乎君主的荣誉。他们认为这个职位之所以落在他们的身上

（用最谦虚的话来说），是因为他们的同胞认为这个临时统治者的职务最适合他们。

他们中的一些人喜欢奢华，而有的人则是不修边幅。但这既是个人喜好的表现，也是一种政治的权谋。我不愿意想象如果一个大大咧咧的年轻人以拍杰克逊总统的背的方式来表示友好，那将会发生什么事情？

我在这里要谈谈礼节的事情，这是因为如果不了解我们国家初期官场生活中关于礼仪的问题，就无法理解约翰·昆西·亚当斯总统[1]（著名革命家约翰·亚当斯的儿子）在预见到自己的那位后继者时所表现出来的忧心忡忡。

然而对于政治嗅觉敏锐的人和具有社会视野的人来说，杰克逊的当选似乎是必然的事情。这不仅是因为经济活动的中心已经开始从东部向西部转移，而且杰克逊本人对那个将要掌握政权的党来说是一个非常理想的候选人。他具有伟大的人格尊严（无疑是我们最谦恭有礼的总统）。从他的出身和教养来看，他是一个非常朴实的边疆之子，即使他受命来掌管这个国家，那么他的趣味也不会改变。

杰克逊的父母是1765年从爱尔兰移民到北卡罗来纳的。两年之后，他们的儿子安德鲁出生了。14年之后，这个身体强壮的孩子加入到革命的队伍中，参加了一些小规模的战斗，后来被俘进了英国的战俘营。杰克逊经常回忆起那段经历，直到他生命的终结。在他最后去世的时候，他依然将英国视为不共戴天的仇敌。

---

[1] 约翰·昆西·亚当斯（John Quincy Adams，1767－1848），美国的第六任总统，1825－1829年在位。

在那个时候，这个年轻人决定要逃离田纳西农庄中乏味的生活。他对每一个儿童（无论是男孩儿还是女孩儿）的潜力都深信不疑，这是新西部的时尚。所以，年轻的安德鲁利用闲暇的时间来学习法律，为将来从事政治做准备。

1788 年，他接到的第一项任命，就是受命出任北卡罗来纳西部地区的检察官。不久之后，他就荣升为联邦众议员和参议员。在这一时期，他并不为人所瞩目。令人侧目的是他憎恨一切让他想起君主制统治旧时代的东西。他激烈反对华盛顿将军的一切政策，但是他却支持那可怜的副总统阿伦·伯尔持。

但是，一旦离开了华盛顿和其他文明的地方，他就会为自己的生活而忙忙碌碌。他帮助他所在的州制定宪法（他曾经担任田纳西最高法院的法官达几年之久）。他被公认为美国未来的领导人之一。

在司法和行政领域里平心静气地追求并没有阻止他成为一个脾气暴躁易怒的公民，也没有制止他多次与人决斗。我们并不知道这些危险的冲突是因为什么引起的。但是，在一个酒气熏天的社会里，一句话可能就会引发一场争吵。在 1800 年的时候，一场争吵就必然会导致“拔枪相见”。

在这些决斗中，杰克逊有时杀死了对手。而有的时候他就不那么幸运了。在 1806 年的决斗中他受了伤，而由此所带来的后遗症困扰了他一生。

接着爆发了最后一次对英国的战争和亚拉巴马以及乔治亚的印第安人起义。杰克逊作为一支民兵小分队的总指挥将克里克人（印第安人一支）赶进了荒原。在霍斯舒本德的战役中，他将他们彻底击溃了，使他们再也无法对南部的各州构成威胁。

这次战役取得胜利以后，他在正规军中获得了一个职位。因此他留在了南方。他对那里的地形十分熟悉，率领军队占领了英国人原本希望能够成为补给基地的佛罗里达地区。他打败了帕克南指挥的英国远征军，解救了新奥尔良。

接着，作为新奥尔良的军事指挥官，他无视一切民法，赶走了反对他的一位联邦法官，这使他卷入了一个蔑视法院的案件之中，这场官司几乎持续三十年之久。接下来又发生了针对印第安人的战争。佛罗里达半岛名义上是受西班牙统治的，但是波旁王朝对这块土地不仅管理不善，也没有放在心上。结果，那里成了混血儿和土著人强盗的匪穴。终于在 1818 年，西米诺尔人（印第安人一部分）和佐治亚南部的定居者之间爆发了一场常规战争。西米诺尔人故伎重演。他们离开了美国的领土，跨越边界跑到了西班牙的领地。对于杰克逊来说，那些地图上的边境不过是旧大陆外交的一个不必要的而且令人厌恶的残留物。他越过西班牙人的边界追击西米诺尔人，并且占领了佛罗里达（尽管美国和西班牙当时处于和平的时期）。他把两个英国商人绞死了，他们的罪名是煽动西米诺尔人造反。当他得知华盛顿的老板对于他入侵友好邻居的行动不满时，东部一些有影响力的人也想把他送上军事法庭，并且说他是杀害阿巴思诺特和安布里斯特的"凶手"，他因此暴跳如雷。

最后，这件事情不了了之。西班牙以五百万美元的价格把佛罗里达卖给了美国。对杰克逊的指控也停止了或者说是被遗忘了。杰克逊被任命为这块新领土的军事首脑。在他就任以后，与他在新奥尔良时一样，他又与联邦法官以及那些计较个人得失的下属发生了一次激烈的争执。

1822 年，正是这位脾气暴躁的老人被田纳西州议会提名竞选总统。他得到了众多正直的民主党人的支持。他赢得了选举团的大多数选票，以 99 票独占鳌头。约翰·昆西·亚当斯获得了 84 票，威廉·哈里斯·克劳福德获得了 41 票，亨利·克莱获得了 37 票。

对于那些笃信多数人拥有统治、压制，甚至可以偶尔虐待少数人的权利的人来说，仅仅因为一纸文件中的一段文字就不让他担任总统，是不可理解的。但是由于没有一个候选人获得了绝对多数的票，所以最终的决定权就交给了众议院。

就在这个时候，亨利·克莱要求他的支持者转而支持他的朋友亚当斯先生，结果亚当斯进入了白宫。杰克逊将军接受了失败的事实。但是，当他离开华盛顿的时候，他坚信，他被欺骗了，那些东部的贵族派再一次欺骗了平民百姓，剥夺了他们的代表出任总统的机会，如果不是严格地照搬一个早已经过时的法律文件，而是按照数量上的优势，那么这个职位就应该是属于他的。

那些东部的聪明政客造成并强化这位老绅士的偏见，使他认为所有与他观点不同的人都是腐败和邪恶的。在这些人的帮助和鼓动下，杰克逊回到了他的“隐居地”，他准备在 1828 年的发动反击。

在那次选举中，他席卷了马里兰以南和阿帕拉契亚山脉以西所有州的选票。此外，（通过他在当地的拥护者的巧妙安排）他还获得了费城的全部选票和纽约的多数选票。结果，他获得的选票数是亚当斯的两倍，使他得到了唯一适合他性格的角色——独裁者的角色——进入了华盛顿。

1829 年 3 月 4 日，获胜的民主大军开进了首都。一万五千多人赶来聆听他们的新领袖的就职演说，之后又有许多人涌进了白宫的各个狭小的房间，他们热情地挥舞着他们的双手，向他们的英雄表达他们全心全意的支持和矢志不渝的爱戴。

杰克逊按照他一贯的风格投入到他的新角色中。他总是以微笑来面对那些朴实的朋友，耐心地倾听他们的发言，容忍他们踩踏他的地毯和家具。但是当这些喧闹散尽之后，他就完全投入到工作中。在担任总统的八年时间里，他凭借自己的意志，按照最典型的古代和现代专制主义模式统治着这个国家。

事实上他是一个保守派。但他并不是新英格兰人所说的那种保守派，而是具有孤独的边疆开拓者精神的保守派。边疆的开拓者们拒绝一切无法直接满足他们需要的有价值的东西，把它们视为古老而娇气文明的可耻残余。他们希望用一套新的未经验证的民主政体的严格准则，来取代非常成熟的贵族政体的固定准则。

如果有人希望杰克逊的胜利意味着重返各州凌驾于联邦之上的快乐旧时光，那么他们很快就会大失所望。因为在安德鲁·杰克逊统治的时期，华盛顿变得比以前任何时候都更像是一个帝国的首都。

杰克逊本人不信任美国银行，并且他猛烈地抨击了这个有用的机构，但是如果人们因此就预言资本主义即将毁灭，那么他们也会遭到一记当头棒喝，因为关税虽然略有调整但是并没有被废除。那些以农业为主要经济来源的州想在自己的权限范围内宣布废除关税，从而摆脱这种可恶的负担，但是立即就会受到联邦军队降临的威胁，因此他们很快就会被迫遵守杰克逊的规矩。

如果还有一些人头脑简单，认为一个真正的民主应该把国家大事的管理工作委托给最适合担当此任的人，那么他们一定会遭受一生中最沉重的打击，因为整个联邦的委任体制就会变成一种政治的奖赏体制，“战利品是属于获胜者”的理论（早在杰克逊当选总统之前就已经在一些州出现了）这个时候已经成为国家首脑正式的行动准则。

但是与杰克逊为美国做出的重大而持久的贡献相比，他的独裁等这些缺点都是微不足道的。

当然，与杰克逊将军同时代的人在把他们的新统治者无端粗野的方法与上一代统治者的高贵威严相比较时不免会有些刻薄。他们更倾向于托马斯·杰斐逊的判断：这位声名远扬的新奥尔良英雄粗鲁、恶毒、头脑糊涂。而且他们还对他的追随者进行了抨击，用词如同今天的政治家谴责他们莫斯科的朋友。

令他们感到震惊的是，这些自命不凡的家伙根本不懂得社交。他们在白宫到处抽烟（一个最令人震惊的创举），而且听任一次关于妇女历史的争论最终变成了一场激烈的私人斗殴，最终导致内阁中有一半的人辞职，致使总统和副总统之间产生了无法弥补的裂痕。

但是这些只不过是事情的一个部分，而且还不是非常重要的一部分。而本章的另外一部分内容将恪守一个原则，如果我们只考虑一个小集团或者若干集团的利益，而不考虑所有人的利益，那么就不会有持久的进步。

黑人的解放，由于伴随着一场代价高昂而充满血腥的战争，因此引起了历史学家的广泛关注。然而，白人的解放却往往被人们所忽视，因为这件事情没有刽子手和绞刑架的参与。但是在使白人挣脱古老的农奴制的最后枷锁、获得自由的运动中，这位新独裁者扮演了一个十分重要的角色，或许这不是有意为之，但却是一个非常重要的角色。

边疆居民可能对于欧洲的情况并不在乎，但是欧洲人却已经听说了他们的情况。美国民选政府进行的伟大实验获得的成功，激励着他们（欧洲人）努力挣脱已经无法忍受的枷锁。

首先是英国，封建制度依然牢牢地占据着统治地位。其次是法国，波旁王朝恢复了最令人憎恨的中世纪的绝对专制主义。接下来就是奥地利和德国以及非常偏远的俄国。在这些国家，人们尝试着用代议制政府来取代现行的专制制度。在法国和英国，这些努力取得了成功。但是在俄国，这种努力却失败了。在奥地利和德国，也取得了部分的成功。不管这种努力最终是否取得了成功，它们在各地都带来了民主力量的复兴。它们的成功在某种程度上无疑应该归功于美国存在着一个欧洲精英们一百多年来梦寐以求的那种政府形式。

这并不意味着新主人应该是智慧和美德的尽善尽美的化身。上天也不允许这种楷模存在。民主的理想一旦被不适当的人们操纵，那么所造成的危害将会比人们所能设想出的其他政府形式更大。最糟糕的情况是，它曾经（而且至今仍然）具有一种可怕的倾向，就是鼓励平庸、无知和低效率。

另一方面，它往往会释放出某些能量和热情，这些热情和能量往往会被专制统治、财阀统治所压制，更不用说那些神权国家了。

杰克逊的行动和判断是非常鲁莽的。当他被激怒或者猜疑的时候，他可能会采取对这个国家的幸福繁荣最终产生灾难性后果的政策。但是，与此同时，他务实的政治作风也给美国和整个世界带来一个现实的教训。

他使新旧大陆的人们看到，一个民选政府完全可以像组织严密的贵族政府一样成功地治理一个帝国。可能还不那么一帆风顺，也不是那么非常有效率，但是它却能够使行政管理成为一种相当庄严郑重的事情，而且可以保证普通人在自尊和独立方面的投资能够获得比其他政府更多的幸福回报。

对于这个问题，根据无可辩驳的统计数字和原型计划，当然不可能得出确切的结论。但是当时的来访者的意见却是具有启发性的。

特罗洛普夫人曾经被迫把高筒皮套鞋和发夹卖给辛辛那提粗野的乡下人。当她回忆起那段痛苦的日子时说："简直是无法忍受的。"她根本无法看出西方这个伟大的民主政府有什么好。

但是阿列西斯·德·托克维尔伯爵[1]却有不同的想法。尽管他不是从债务人的监狱或者（法国）布鲁日那臭气熏天的寄宿处来看待这个大陆。

"这场奇特的政治实验有某种值得注意的东西。"他告诫他的朋友们。

他是对的。

---

[1] 托克维尔（Alexis Charles Henri Manrice Clerel de Tocquiville，1805—1859），出生于法国。1831年，到美国考察监狱与司法制度，著有《美国的民主》一书。

# ◆ 第 39 章　无足轻重的杂耍演员和无用的吹笛手 ◆

可怜的杂耍演员！他们的生活并不是十分快乐，说实话，他们也并不是那么令人开心。

同时代人对他们不够尊重，而后来的人在观看他们乏味的表演时，会耸耸肩说："就像我们国家思想发展进程中的一个篇章，是十分有意思的，但实在是太枯燥乏味了！太乏味了！"

但是，为了对新共和国的文学艺术状况做出客观、公正的评价，我们必须追溯到三百多年以前的那个时期。

在我的另一本书中，我曾经把社会和精神的大变动，比作上帝投入人类波澜不兴的池塘中的石头。这种投掷物激起了涟漪，而这些涟漪又扩散到整个水面，最终扩散到池塘的每一个角落。它们离开中心越远涟漪就会越微弱，但是它们绝对不会完全消失。它们可能不会掀起轩然大波，但它们肯定会在某种程度上改变池塘表面的平静，尽管是微不足道的。

文艺复兴就是这样一次骚动。文艺复兴使人们把目光从未知的天堂和未知的快乐上转移，而紧紧地盯着这个最实实在在的在地球上实现欢乐的可能性。

文艺复兴起源于意大利，接着跨过了阿尔卑斯山，它的影响范围不断扩大，直到旧大陆上的几乎每一个国家都感受到这种赞美人性的新福音的影响。

北海和英吉利海峡将英国与大陆分隔开了，因此文艺复兴的影响最后才波及那里。然而，当一切都进展顺利的时候，当伊丽莎白女王时代的诗人、音乐家、剧作家、演员和画家努力把他们的小岛变成一个伟大的乐园时，马丁·路德博士和约翰·加尔文博士出现了，将一吨有争议的砖块扔进了新人类的美好池塘，掀起了轩然大波，其影响一直延续到今天。

总之，在文艺复兴得以彻底征服英伦三岛之前，宗教改革的大浪潮就已经淹没了文艺复兴，再一次用可疑的死后欢乐取代了生前的更为真实的满足。

由于历史的一个奇特转折，致使一个阶层一直没有被灿烂人生的新理想所影响，因此他们几乎完全屈从于宗教改革的影响。正是这个阶层的人来到了新大陆，他们并且把自己的道德准则以及人生趣味和行为方式的准则强加给整个北美殖民地社会。

你可能还记得法国大革命时期所发生的一个小事件。恐怖主义者捉住了著名的化学家拉瓦锡，并把他送上了断头台。他的朋友们表现出难得的勇气，请求法庭庭长免除他的死刑，因为他是当代最伟大的化学家。

“哼，”那位大人物不屑地回答说，“共和国不需要科学家。砍掉他的头！”

用铁棒统治着清教徒社会的加尔文派牧师以同样的态度来对待那些致力于毫无用处的艺术活动的人们，那些不像所有体面和敬畏上帝的臣民那样，在工厂或者办公室为谋生而工作的人。

他们没有将画家、雕塑家或者作家的头砍掉。因为他们不必那样做。

这些可怜的人们脱离了自己的自由意志。在艺术的领域里，新英格兰就像古老的犹太国一样贫瘠。对于马萨诸塞圣地的缔造者们来说，古老的犹太国就是他们的思想，为他们的心灵注入了唯一不被视为精神轻浮和灵魂堕落的那种热情。

对于某些手工业者应该另眼相看。谦逊的木匠和石匠还在继续建造第一流的房屋。但是，建筑的式样却永远都受到加尔文派偏见的左右。尽管所罗门[1]没有修建一座神庙，但是他的名声不是依然远播至阿比西尼亚吗？《出埃及记》里对于柱子、木板、门和栅栏不是都有具体的规定吗？

结果，伐木工人获得了自由，少数幸存的制作铜器和银器的工人也没有丢失他们这个行业在旧世界时的独特技巧。

但是这并不是全部的情况。

在那些认为《圣经》是一切高级文字表达形式中最权威的语言的人来看，广泛意义上的文学是肤浅的。

音乐和世俗的剧院、舞厅的娱乐关系是十分密切的，因此根本就无法容忍。

而绘画艺术也从未进入大多数移民生活的那些普通家庭，而且当他们在低地国家逗留的时候听到的关于画室的故事，使他们相信

[1] 所罗门（Solomon，约公元前 961 —公元前 922 在位），以色列国王。

画笔和调色板是魔鬼的发明，应该像对待纸牌和圣诞礼物那样小心翼翼地避开。

还有就是舞台。舞台一直是那些希望保持自己心灵纯洁无瑕的人所痛恨的对象。一提到“莎士比亚”的名字，他们就会浑身发抖。至于其他伊丽莎白时代的大剧作家，他们根本就不会提及。当然，由于缺乏一般意义上的美感享受，因此艰苦工作使生活变得极其乏味枯燥。但是，安息日上午令人感到恐怖的布道，对伟大而辉煌的彼岸世界的形象描述，使女人抽泣、孩子大哭小叫，这为普通人被压制的情感提供了一个宣泄的渠道。在搜捕行巫者的盛大仪式上，参加者往往会出现疯狂的举动和施虐的狂想。这种活动使社区成员感到一丝宽慰，因为他们坚信某种东西，而不仅仅是关于所多玛和蛾摩拉（《圣经》中的罪恶之城）的传闻。

除了很少一部分本国编写的赞美诗集、单词拼写课本和令人厌恶的牧师布道选集之外，美国人几乎对 17 和 18 世纪的艺术毫无贡献。

这种状况不能永远持续下去。

把教友会[1]教徒绞死，把演员都关进村子里的牢房，将一切异端分子从圣徒社区清除，这都是非常容易做到的事情。但是，当国内的年轻人开始离经叛道，那么一切就都会发生改变。从前控制着人们心灵的独裁者们就开始进行殊死的搏斗和负隅顽抗。这样的搏斗直到今天仍没有结束。

[1] 教友会（The Society of Friends）又称贵格会（The Quakers），信仰的人不举行正式的礼拜仪式，把和平作为处世的原则，反对在任何形式的暴力。

非常不幸的是，正当心灵获得解放的时候，我们文明的中心从东部转移到了西部。那些拓荒者们自愿退出不能满足他们对自由独立追求的文明社会。但是他们不可能把艺术视为一种无用的从纨绔子弟、贵夫人统治世界的那个时代的就存在的残余。

因此，在多年之后，才出现了那些冒险用书籍和杂志的形式来表达他们思想的人。而且，早期的大多数作者已经意识到自己在社会中的地位是十分低下的，所以他们不会形成自己独特的风格。（至少是在文字的领域里）他们满足于继续做移植过来的英国人。他们有时也会把美国的元素加入到他们的小说里，但是他们在写作的时候似乎仍然没有脱离他们始终承认的“祖国”。尽管他们在不停地呼吁一种纯粹的爱国主义，但是他们远都不会像那头发蓬乱的边疆拓荒者那样更清醒地意识到美国的精神。而后者纯粹的美德则是他们在诗歌中赞美的对象，但是当后者出现在他们的城市和议会中的时候，他们却对未来感到沮丧。

在这个时期，的确有一些优美的作品诞生。《独立宣言》无疑是这样的杰作，它的作者深谙遣词造句的真谛。而《联邦党人文集》的作者证明，他们的语言并不是从新英格兰的识字课本中学会的。

然而这些文献更多的是一种政治智慧的表现，而对文学宝库并没有做出新的贡献。直到一代以之后，欧文、霍桑、库珀、洛威尔和朗费罗才努力对悉尼·史密斯的讥笑“有谁会去读一本美国书”做出令人满意的答复。

即使在那个时候，对于一个没有独立财产的人来说，仅仅依靠当作家来谋生是不可能的。人们对洛威尔、欧文和库珀表现出得的尊重，不仅因为赞赏他们付出的劳动，而且同样因为他们优越的社会经济地位。一位第一流的艺术家爱伦坡[1]终于出现了（他的独创性和精雕细琢的艺术功力是独一无二的）。爱伦·坡是一个桀骜不驯的人，他反复无常的性格注定他的一生是孤独而凄凉的。那样的生活即使是在低劣的文人那里都是很难发现的。

当然，如果一个具有如此多创造天才的种族，没有一个宣泄其过剩思想和艺术热情的途径，那么他就不可能长存。许多年轻人在西部的冒险活动中发现了自身的价值所在；还有的人将全部身心都投入到铁路建设或者是拓展自己父辈的事业中。但是，如果这些非常体面的逃避方法失败了，那么他们必然会沦落为从事一种唯一具有文学性质的职业。这个职业的大门对于那个时期血气方刚、双拳紧握的小伙子来说并不是完全关闭的。

当然，我所指的是新闻业。

自从恺撒创办的第一份报纸问世以来，人们对报纸行业给予了厚望，希望它能够报道那些伟大而光荣的事情：普通人如何变得知书达理，如何通过把每一个男人、女人和儿童变成一个泱泱大国的公民来扩展疆域，民主会如何才能够战胜一切愚昧和偏见这些黑暗势力！当然，这些美丽的梦想很少能够得以实现。最终有些报纸变成了不仅没有提高民众的素质反而使民众完全处于昏睡状态的工具，成为一切客观、公正讨论和争论的敌人。

但是在这种情况发生之前，报纸为那些有话要说，否则就再

[1] 爱伦·坡（Edgar Allen Poe，1809 — 1849），美国著名诗人、小说家。

也没有机会使自己的意见引起周围人注意的人提供了某些有益的服务，为他们提供了一个发表意见的地方。

既然纯文学不能够维持生计，那么对于那些希望逃避账房和工厂工作、希望从事某种创造性工作的少数年轻人来说，还有另外一条出路。

这就是教师职业。

普通学校仍然是相当简陋的。而且学院还依然带有其原来功能的印记：神学院的印记。

因此，那些因为独立思考而受到诅咒的人并不是学府想要的那种教师。爱默生[1]和他同时代的一些最杰出的人会告诉你他们的痛苦经历。

殖民地和共和国早期的文学艺术状况，并不是一幅令人十分愉快的景象。有些人努力追求那些世界上不能用金钱买到的东西。他们认为，有些思想比每天考虑第二天的面包、果酱更珍贵。但是对于他们来说，生活是残酷而艰辛的。但是这种不舒适的条件却最终证明是一种潜在的福分。

那些能够通过乞讨、借债或者偷窃获得漂洋过海的费用的人，几乎都逃到了世界的其他地方。他们在那里接触到的文明从来都没有受到加尔文派的影响。

那些自愿流亡的人多数都返回来了，因为对家乡发自内心的

[1] 爱默生(Ralph Waldo Emerson，1803－1882)，“超越主义”(Transcendentalism)的创始者。晚年定居于康考特，经常有国内外的学者聚集在他的寓所，讨论哲学问题。

思念。而一旦回来了，他们就要继续进行正义的斗争，争取思想、言论和写作的自由权利，对于教会迫害者们的暴行进行反抗，竭尽全力要把这块繁荣的新大陆变成一个适合真正文明人安居乐业的国家。正如所料，这些优秀的男女的无私劳动大多是没有得到回报的。而且他们一生中的大部分时间是注定要忍受精神上的寂寞，这使得他们中的许多人整日只能借酒浇愁、神志不清，有的会甚至自杀身亡。只有极少数的坚强者坚持了下来。而且他们不属于我们众多开拓者中最无用的人之列。

的确，他们从来都没有砍倒过一棵大树或者开垦过一亩荒地。

但是他们使一些不起眼儿的思想在一片贫瘠的土壤上茁壮成长。而那片土壤过去完全是被神学的偏见和傲慢的教条这些寸草不生的贫瘠岩石所覆盖的。

而就种子本身来说并不意味着果实。

## ◆ 第 40 章　墨西哥圣安纳总统认识到的真理：自然拒绝真空 ◆

在历史的算术学中有一个非常简单的小问题。

如果甲国拥有五千万英亩无用的土地，而毗邻的乙国特别需要再增加五千万英亩的土地。如果甲国非常弱小，而乙国非常强大，那么乙国占有甲国的这五千万英亩土地需要用多少时间？

要想知道这个问题的答案，就请看看墨西哥战争的故事。这是我们国家发展中的一个非常奇特的插曲！

北方人对这件事情是非常不满的，甚至于他们再次威胁要退出联邦；而南方人却声称这是一次神圣的征讨。

至于墨西哥人，我很怀疑他们大多数人是否曾经听说过这件事情。他们或许注意到有少数武装人员经过那里。但是这并不是什么新鲜事。而且还发生过小小的枪战，这对于那个不幸的国家来说是司空见惯的事情。因为如果在这个星球上各种各样、千奇百怪的国家中有一个最反常的国家的话，那就非墨西哥莫属。其他的欧洲殖民地先后宣布独立，因为它们非常厌恶宗主国的专制统治。而墨西哥却没有这样做。当玻利瓦尔和圣马丁向南美洲的西班牙统治者发起进攻的时候，墨西哥的克里奥尔人也为争取自由而进行了一些无效的尝试。但是墨西哥的这些起义从来都没有形成浩大的声势，因此轻而易举就被镇压下去了。

1814 年，愚蠢的国王费尔南多七世从法国归来后的第一件事情，就是恢复宗教裁判所，将所有反对过他的人全部处死。在遭到愤怒的臣民的反抗后，他被迫恢复了他在七年前废除的自由宪法。恢复宪法的消息传来，墨西哥城的官员以及那些占有大部分墨西哥土地的教会人士都感到十分震惊。自由主义也就意味着反教权主义，意味着对国家政府机关和教会的宗教信仰的公然敌视。尽管墨西哥的统治阶层希望宗主国的反动压迫制度能够得以维持，但是同时他们也与教会领袖一起宣布自己的国家独立。经过对政体形式的一番讨论之后，他们把王冠授予了一个名叫奥古斯丁·德·伊图尔维德的年轻的克里奥尔人。他于1822年成为墨西哥的皇帝。他的下场和其他所有墨西哥统治者一样，在两年后被枪杀。

然而这一切与我们国家的历史并不相干。墨西哥在经历了反动的革命之后仍然是一个独立的国家，它继承了西班牙在北美洲的领地，东边从加勒比海附近的一个地方，西边到没有人确切知道的遥远的西部平原和山区。至于居民的人数，就只能靠猜测了。

那是一大片广阔的沃土，完全处于印第安人和野狼的控制之下。紧挨着这片土地，在雷德河的岸边，就是那个新共和国动荡不安的领地。那里的人们都相信，每个公民都拥有一块属于自己的土地，并且它们的权力是受到宪法保障的。

即使墨西哥政府想把美国人拒之于国门之外，那也是很难做到的，因为两国之间边境线实在是太长了，而驻扎在边境的卫兵也很少。但是，墨西哥人并不想实行这种政策。恰恰相反，他们衷心欢迎那些饱经磨难的移民，把大量土地无偿地赠给那些答应带来一定数量白人移民的投机者。

在大约十几年的时间里，一切都相安无事。这时，墨西哥政府才突然发现，它面临着一个国中之国的问题。这种情况很容易导致一场漫长而微妙的外交谈判。但是安东尼奥·洛佩兹·德·圣安纳将军并不是那种善于处理这种危机的人。因为他已经被恐惧所压倒。他匆匆忙忙地采取了一些措施。而这些措施的实施却导致了美国人的大量涌入，却并没有能够制止敌意。原来的赠予的土地被取消了，任何新的移民都不许跨过边界，奴隶制度被废除了。对农具的禁运以及取消赠地，都极大地损害了那些未来移民的利益。因为他们的同胞摩西·奥斯丁劝说他们，卖掉了他们在东部的旧农场，正准备长途跋涉到遥远的西南部。废除奴隶制的法令让南方人大为震惊。因为他们希望这片土地将来能够最终并入美国，从而使奴隶主在众议院和参议院的势力得到加强。

这些农民们不知道该怎么办，于是他们做了一切美国人在通常类似情况下通常的做法：他们组织起来了。

他们组织起来。他们按照儿时听到的故事中的做法，通过了一系列的决议，发表了一个《独立宣言》，然后开始征集志愿者。

当时，一万多双渴望的目光在注视着边境的那边，他们想知道什么时候才能够跨过萨宾河加入他们朋友的队伍。另外还有十万人希望在不久的将来他们也能够到得克萨斯建立自己美丽的家园。上千万种植烟草和棉花的公民正在仔细地阅读报纸，就吉姆·鲍伊和戴维·克罗克特打赌。

几个月后，这两位英雄死了，他们的胸口被刺刀扎了十几处。他们是与上百名美国人一起遇害的。他们是在圣安纳的军队攻占了圣安东尼奥之后被残忍地杀害的。这个事件是非常恐怖的。它给那些返回家园的人留下了非常深刻的印象。要求进行一场复仇战争的呼声很高。

在官方采取行动之前，边疆地区的人们已经把这个难题解决了。那些出类拔萃的边疆人、田纳西的前州长、切罗基人部落杰出的一员萨姆·休斯敦的指挥下，他们击败了墨西哥的军队，并且俘虏了圣安纳，宣布成立主权国家得克萨斯共和国。随后，他们要求成为美利坚合众国的一部分（其实除了名称以外其他的一切早就已经是了）。

南方伸出双手对他们表示欢迎，但是北方却担心它可能会变成另一个蓄奴州，于是他们坚决反对这一主张。新英格兰的各州坚决拒绝批准这一条约。直到 1845 年，泰勒总统[1]终于签署了允许得克萨斯成为联邦的一部分的决议。

那么这也当然意味着美国政府继承了墨西哥共和国和前得克萨斯共和国之间的所有悬而未决的纠纷。这些纠纷多如牛毛。

这种令人不安的状况某种程度上是由于遥远西部地区民众的奇怪的距离观念造成的。当他们要求占有某块土地的时候，他们不会满足于微不足道的 50 英亩或者 500 英亩。5 万英亩才是他们考虑的最低限度。因为里奥格兰德周围的土地很大一部分是测量员的三脚架都还没有勘查过的，所以也就很难说哪一块土地在什么时候为什么属于某一个人。但是杰克逊总统的独裁统治以及杰克逊原则在范布伦总统[2]执政时期的延续，使得美国西部各州的居民产生了一种强有力的独立情绪，对于那些胆敢干预所有美国人履行神圣职责的人进行战斗。所谓美国人的职责就是把他们有益的规则和原则推广到大陆的每一角落，或者用粗话来说，就是获取他们想要的东西。

那些不同意这种观点的人（而且在东部有很多这样的人）声称，宣称要建立一个大得克萨斯的言论纯粹是政治欺骗；鹰派正在被人们利用，为蓄奴者及其在众议院和参议院中的支持者获得更多的好

---

[1] 泰勒（Zachary Taylor，1784 — 1850），美国军人，第十二任总统。

[2] 马丁·范布伦（Martin Van Buren，1782 — 1862），美国政治家，第八任总统。

处。但是，从边疆地区人民的角度来看，所有这些土地在过去对任何人都是没有用处的，它们是由美国人首先开发出来的，当那里还是一片荒原的时候，只有美国人才有勇气到那里生活。所以，从常识的角度来说，它们为什么不应该属于美国呢？

从他们的角度来看，这些说法都是合情合理的。

最后，由于当事双方的肝火正旺，所以美国与墨西哥为了兼并得克萨斯问题导致了一场不可避免的战争。由于那些民兵普遍都不愿意超期服役，所以战争的时间被拖得很长。但是美国最终还是赢得了这场战争。当战争结束的时候，墨西哥（以几百万美元的价格）将从里奥格兰德到太平洋的几乎相当于整个路易斯安那那么大的一片领土割让给了美国。

几乎与此同时，又通过和平的手段获取了通常被称为俄勒冈的那些西部偏远地区的土地，我们对远西部控制进一步加强了。因此，在瓜达卢佩——伊达尔戈条约签订以后，美国的版图看起来有1845年时的两倍那么大，美国（就其领土面积来说）应该跻身于世界上最重要的国家之一了。

我敢说，40年代的演说家们是用“证明美国种族的命运”这样的说法来打动了他们同时代的人，这就如同几年前德国人反复高唱的“阳光下的地盘”。但是实际上他们谈论的是同一个话题：他们希望得到的东西实际上是属于别人的。

但是在这方面，美国人要比普鲁士人幸运得多。当我们的祖先开始寻找他们新家园的时候，还有很大的地理真空等待填补。当条顿人开始进行扩张（抢劫、占有，随便怎么说都行）的时候，美洲、亚洲、非洲和澳洲的每一块可用的土地都早已经被那些大国瓜分了，什么都没有给后来者留下。

因此，美国取得了成功，而德国却失败了。

在政治的世界里，做什么并不重要，重要的是什么时候做。在这方面，我们国家一直都遵循着一条最简单明确的忠告："现在就做。"

## ◆ 第 41 章　汤姆叔叔和冒烟比利 ◆

山高路远是帝国的敌人。

在一百年前，只能用道路和运河来征服遥远的地方。因此，只要国家的财政能够收支平衡并且有了稳定的基础，那么政府就可以把主要的精力转移到解决直接而廉价的交通问题上，并且开始在财力并不是很充裕的情况下修筑道路、开凿运河。

然而在很长的一段时间里，那些官方的公路多数就像是安布罗斯·比尔斯小说中的著名广场，在开始的时候是一条堂皇的大道，而在结束的时候就变成一条古怪的羊肠小道。当那些旅行者到达终点（这条小径）的时候，就只有自己想办法了，按照自己的意愿继续前进。

即使现在有了炸药和那些能够一口吞下一车岩石的钢铁机械，但是道路工程的建设也是一件十分昂贵和复杂的事情。至于一个世纪以前是怎么修筑道路的，我要留给那些驾驶廉价小汽车从公路的主干线一直开到自己家门前的人们去想象。

因此，长期以来，那些准备移民到西部自由农场去的人们都是紧沿着河流前进的，他们尽可能地避开了那些远远地看上去像是一座山峰的地方。但是，当跋涉者的人数增加以后，当通过哈得孙和莫霍克河谷的路线太远也太曲折的时候，绝对有必要在山间开辟出一条小路，并利用印第安人自古以来从东部猎场转到西部猎场所经过的峡谷。

一旦越过了阿勒格尼山脉，移民的身上如果还有几块钱，那么就可以把一切烦恼都抛在脑后了。他可以搭乘运货的平底船，顺流而下平安地抵达他的新家。当然，如果他不得不逆流而上，那么他可就没有那么幸运了，因为他必须步行了。

在这个国家的东部地区，问题就没有那么复杂了，因为沿海的各州非常热衷于开凿运河，耗资数百万美元来开辟新的河道。然而，那些普通的移民却大都希望避开东部，希望能够在很短的时间内到阿帕拉契亚山脉以西的地方去，但是困难重重，无法解决，直到詹姆士·瓦特盯着祖母的茶壶说："我有主意了。"

当然，如果从专业的角度来谈论海洛（古希腊科学家）、托马斯·萨弗里（17世纪英国工程师）、德科·波尔塔（16世纪意大利科学家）和丹尼斯·帆潘（17世纪法国科学家）的一系列发明可能会更科学。但是，第一，我对机械方面的知识知之甚少；第二，正是由于瓦特发明了蒸汽机，才使它具有了直接实用的商业价值。因此，我们应该向他的那些前辈致敬，同时宣布，瓦特对我们国家的发展所做出的贡献，比18世纪后期和19世纪初期所有政治家、将军、银行家和政客加起来的总和还要大。

起初，瓦特是专门为英国的某些矿主工作的。而那些矿主则急需一种操作起来很方便的动力机械。这种机械应该能够带动水泵工作，同时又要比马拉更便宜。18世纪是一个伟大的发明时代。当固定式发动机一经造出来，几乎所有国家都开始尝试把这个复杂的小玩意儿装到原来依靠人力或者畜力工作的车或者船上。就像往常一样，有人会说，这一定不会成功，但是也有很多的人愿意倾其所有来打赌，说：用不了多久人们就会坐在一个“铁马”的身后，或者是坐在“呼呼”响的船中到处旅行。但是这些人中的一些有钱人，如康涅狄克的约翰·菲斯克，进展并不顺利。他们自己动手建造了小船和蒸汽机，然后又把它们拼装成了一个东西，使它能够在特拉瓦湾逆流而上。但是，他们的做法遭到了航运利益集团的反对。而那些使用帆船的商人是东部最有势力的集团。所以银行不愿意给这些狂热分子的这种荒唐的“蒸汽船”提供任何贷款。那么这些发明家们要么转向其他行业，要么像可怜的老菲斯克那样一蹶不振，一死了之。

还有另外一些人，如罗伯特·李文斯顿（曾经参加起草《独立宣言》），最好不要把车放在马的前面（对于蒸汽机也是这样）。他们争取到了在某些河流湖泊使用蒸汽船的特权，他们耐心地等待着有朝一日这项投机事业可以获得丰厚的商业利润。

人们期待已久的一天终于来到了。1802年，一艘苏格兰的拖船“夏洛特·邓达斯”号第一次拖着一串装载着煤的驳船通过了一条苏格兰的运河。但是，令“夏洛特·邓达斯”号的制造商们感到非常意外的是，这件事情根本就没有引起轰动。

很难解释为什么推销商和公众对此事的态度如此冷淡。或许是因为气球事件造成的普遍而深刻的失望。

当约瑟夫和雅克·蒙戈尔费埃兄弟把羊、鸡和鸭放在气球里进行第一次空中旅行的时候，他们的祖父母非常郑重地对他们说：“这是一个庄严的时刻。我们正处于一个伟大时代的前夜。”几年以后（1785 年 1 月），法国人布朗夏尔和美国医生约翰·杰弗里斯乘着一艘新型的“飞艇”飞越了英吉利海峡。欧洲人因此满怀希望地预言，人类从此不会再有战争，四海皆兄弟的时代来临了。

因此他们天真地推断：“现在我们应该睦邻友好。边界将会消失，战舰和军队都将没有用武之地。”

对于这一祈祷的回应却是整整二十年不间断地流血战争。而气球曾作为美国革命军队的流动瞭望站，之后不久就沦为节日里人们娱乐的玩具。

在经历这些情况之后，一般公众开始对一切科学新发明都持怀疑的态度。仅凭克莱德运河上的一艘冒黑烟的拖船是不能让他们相信的，还要用更多的东西才能够使他们相信，一艘安装了发动机和桨轮的船不需要风帆也能够前进。

然而有一个人却把“夏洛特·邓达斯”号放在了心上。他的名字叫罗伯特·富尔顿。他是一个贫穷的爱尔兰人，生活在纽约。富尔顿最初的工作是珠宝推销员。后来他成了一位肖像画家（一个相当蹩脚的画家）。但是，1787 年，他怀揣着自己的积蓄前往伦敦向本杰明·韦斯特学习。韦斯特是为数不多的从事艺术的宾夕法尼亚教友会成员之一。

在英国，富尔顿涉猎了机械工程学。最后他来到了巴黎，准备向这个饱经动乱的城市献计献策。他还随身带去了一些制造潜艇的方案，希望能够帮助法国控制海洋。

对于富尔顿来说不幸的是（对于英国来说却是非常幸运的），拿破仑在本质上不过是一个中世纪的雇佣兵队长。他和已故的基钦纳勋爵一样运用了大量现代战争的策略。在陆地上作战使他赢得了许多桂冠。富尔顿在布雷斯特港口炸翻一艘小船的水雷，与他稍后在塞纳河上展示的蒸汽动力船，都未能引起他的注意。

用街谈巷议来说，皇帝不可能“留意”这两项发明。他回了富尔顿的设计图纸和预算方案，并且婉转地劝他回哈得孙老家。

回国之后，富尔顿起初是重复他在欧洲大陆进行的实验。美国政府对他的想法也不感兴趣。于是他开始寻找私人的支持。在与罗伯特·李文斯顿接触之后，他开始全力以赴地投入工作。

船身是他在美国制造的，发动机则是向英国伯明翰的博尔顿和瓦特公司订购的。这是一个很小的发动机，但是性能却非常好。结果，“克勒蒙”号（在哈得孙河上航行的第一艘汽船的名字）获得了商业上的成功。还不到一年时间，它就显得有些太小了，那些希望用令人难以置信的短短 36 小时就从纽约到奥尔巴尼的人实在是太多了。

在推出“克勒蒙”号和它的姊妹船“凤凰”号之后不久，英国和美国之间就发生了摩擦。这种旷日持久的摩擦严重地干扰了汽船的进一步发展。但是，1811 年，在匹兹堡建造的“新奥尔良”号在密西西比河上亮相首航。1818 年，“水中漫步”号在伊利湖的水面上傲然行进。

1815 年以后，如果汽轮船能够有机会在新开发地区的大河上航行，那么西行就会方便许多。因为它们不仅在顺流而下的时候能够超过平底船，而且它们还能够以每小时四英里的速度逆流而上，这是平底船一直无法做到的。

但是汽轮船的普及用了很长时间。因为起步阶段那些大轮船公司的主要兴趣并不是为了发展贸易，而是热衷于玩弄政治以谋求“专有权”和“河道垄断权”。直到 19 世纪中期轮船的运输才得到正常的发展，成为西部开发的最重要因素之一。

然而与此同时，人们还发现了另外一种克服距离的办法。这就是蒸汽机车。

这个新生事物与汽轮船是同时产生的。事实上，它还要稍微早一些。1801 年圣诞节前夜，理查德・特里维西克制造的发动机拖着第一批乘客在康沃尔的道路上穿过。三年之后，同样是这种机器，但是被安装了轮子，在威尔士的佩尼达兰拖动了一列沉重的运煤车。然后，1813 年一位名叫威廉・赫德利的英国工程师发明的“冒烟比利”让世界大喜过望。一年之后，乔治・史蒂芬逊对“冒烟比利”进行了改进，制造出一个铁的怪物，并且取了一个高贵的名称“我的上帝”。

此后，蒸汽机车逐渐在英国所有的煤矿得到推广。到了 1825 年，史蒂芬森终于使一家有轨线路公司相信，蒸汽机比马的工作效率更高而且也更便宜。因此这家公司推出了世界上第一条完整的铁路。

借助“旅行机械”缩短城市间距离的做法在新大陆也得到了响应。在不同的地方修建了一小段一小段的铁路。但是它们只能在阳光普照的情况下使用，因为在当时只要铁轨潮湿，机车就会打滑。为了避免无法预料的风险，那些董事们宁愿使用马来拉车，而把蒸汽机械当作废物卖掉。

但是 1828 年，人们又开始一丝不苟地修建正规的铁路线了。7 月 14 日卡罗尔顿的查尔斯•卡罗尔，唯一健在的《独立宣言》签名人，为巴尔的摩到俄亥俄的铁路工程奠基。十年以后，美国已经拥有了两万多英里的铁路。二十年之后，东部和西部之间的运输问题已经基本得到了解决。

詹姆士•瓦特终于取得了胜利。现在，即使是那些最贫穷的移民也能够舒适体面地进行旅行了。许多原本非常懦弱的人过去宁愿守在自己的家里，现在却也鼓起了勇气，把他们新英格兰布满岩石的农场卖掉，加入他们吃苦耐劳的亲戚队伍中。那些亲戚的上一代就背着行囊、扛着枪到森林和草原去寻找自由了。

对于人和动物来说快速而廉价的交通问题已经解决了，剩下的就是另外一个同样重要的问题：如何在最短的时间内把思想从一个地方传递到另外一个地方。

非常有趣的是，又是一个画家（这次是一个出色的画家）承担起了解决这个难题的重任。而且，他也解决了这个难题。

萨缪尔•莫尔斯[1] 是耶鲁大学的毕业生。他在大学期间就学过

[1] 莫尔斯（Samuel Finley Breese Morse，1791 — 1872），美国艺术家、电报的先驱者。

一些关于电的知识。尽管他是一个公理会牧师的儿子，但是在他的身上却有着十分强烈的艺术冲动。因此他前往欧洲，在英国和法国学习艺术。学成之后，他返回了美国，帮助成立了国家设计院。1832 年他第二次游历欧洲归国。他坐在船上的吸烟室里，一次偶然的谈话使他萌生了一个想法：“借助电流同步传递信息。”于是他动手发明了一种装置，但是这却花费了他十几年的时间，最后他终于发现了一种收听“电报”的方法。他经历了一次又一次的失望。他竭尽全力说服国会。国会成立了一个委员会专门研究这件事情，然后就没有任何动静了。之后，他又向银行家们大谈电报的好处。然而那些银行家们却告诉他，他们的肩上承担着照管别人钱财的巨大责任，因此他们不会将一分钱用于投资。然后，他决定到伦敦碰碰运气，但是他再次遭到了人们的嘲笑。他随后又到了巴黎，想申请一项专利，但是遭到了拒绝。他才刚刚离开法国，他就发现法国政府盗用了他的想法，而且不打算付给他一分钱。

最后，经过多年的愁苦和贫困之后，他最终赢得了两个人的支持。一个是新泽西的电线制造商，名字叫韦尔。另外一个是纽约教友会的教徒，名字叫康奈尔（他为世界贡献了电线杆和一所大学）。1837 年 9 月 2 日，他在纽约大学的一个房间里成功地将一条信息通过一千七百英尺的铜线发向另外一个房间。

之后的事情就很容易了。

国会以非常快的速度通过了决议，并且为莫尔斯建设从华盛顿到巴尔的摩的电报线提供所需的资金。1843 年（在他申请资金五年之后），莫尔斯主持了第一批电磁记录电报机的装配工作。不久之后，这些电报机就会使费城成为旧金山的邻居，使伦敦成为纽约的郊区。

关于我们年轻的国家与距离进行斗争的情况就先讲到这里吧！

但是自从人类被上帝判定要汗流浃背才能够有饭吃的时候起，我们就要面临另外一个敌人、一个叛徒，并且一直与人类形影不离。它的名字叫饥饿。

有人认为人类的历史就是寻找面包、黄油和果酱的记录，所以他们经常哀叹说，《独立宣言》和宪法几乎没有体现支配着人们日常发展各个阶段的经济精神。他们认为，造成这种情况的原因是，美国的革命在很多方面都表明是一场富人的革命，那些开国元勋们几乎都属于富有的阶级，他们把剥夺大多数同胞的公民权利视为理所当然的事情，这样他们就可以牢牢控制自己的财产权，并且保证共和国政府掌握在“有教养的和明智的人”手中。

然而这种看法难免有些失之偏颇，对那些领导十三个州进行伟大独立战争的人来说是很不公平的。确实，在许多州，只有那些拥有一定数量钱财的人才能够竞选公职（从马萨诸塞的五千美元到南卡罗来纳的五万美元，有不同的标准），只有纳税的人才有投票的权利。但是人们不能要求一个阶级为了另外一个阶级的利益而做出牺牲。自从尼布甲尼撒时代开始，财产权就支配着这个世界。因此希望来自弗吉尼亚的几个种植园主和新英格兰的商人，能够具有连我们道德律法的创立人摩西都有所欠缺的那些美德，是不理智的。

华盛顿、汉密尔顿、亚当斯和杰斐逊们都是 18 世纪后期流行的经济学派的代表。他们的成长经验让他们产生一种信念，如果让那些没有什么可失去的人拥有与那些有钱参与游戏的人相同的权利和特权，如果他们按照他们自己的想法行事，那么就不可能建立一个稳定的政府。

但是除了在学校学到的知识以外，我们还应该牢记，他们那一代人并不像我们今天这样总是被迫从利益得失的角度来思考问题。1780 年的生活相对比较简朴，没有受到 1880 年那么多问题的困扰（更不用说 1927 年了）。每个家庭都是一个独立的经济单位。人们自给自足，既是屠户，又是面包师、蜡烛制造商。他们的需求很少，所以根本就谈不上奢侈和娱乐。

西部的农场主通常会向东部的银行家借钱，用这些钱购买房屋，用于购买马、牛和大车这些生产资料。他们携带着这些东西告别了文明，奔向了荒原。从殖民地的初期开始，债权人和债务人之间就有明显的社会差别。这两个阶级还经常用非常难听的名字来称呼对方。但是这个国家总的来说还是非常富有的，有足够的食物来供应那些生活在平原、森林和公海上的人民。用杰斐逊的话说，很少有年轻人会成为自己谋生那个行业的牺牲品。

但是这个国家开始人满为患了。多余的人口被迫到富有的邻居家里做工。因为他们能够买得起新的蒸汽时代的昂贵工具。这些工具被称作“工厂”。它们在大众中很受欢迎。

这就是古怪的恶性循环的开始，很快这种循环就席卷了全世界。在过去的一百多年时间里，这种恶性循环让那些哲学家们迷惑不解。

这些复杂的新工具（通常称作“工厂”）拥有巨大的生产能力。那些原本生活在接近史前的简陋条件（一座小木屋，石头砌成的烟囱，几件衣服，充足的食物，一两件粗糙原始的家具）的人，开始享用过去只有在帝王家才享有的各种东西。他们很快就接受了他们原来不习惯的奢侈品，认为这是他们应该享受的，而且还吵着闹着要求得到更多的东西。但是，他们获得的越多，他们就必须更辛苦地工作，能够满足他们日益增长的需求的工厂的数量也就越来越多。

与此同时，只有少数的富人拥有现代工具，也就是工厂，让工人们长年累月地不停工作，从而保证利润滚滚而来。他们必须不断地寻找新的市场，在中国、非洲和亚洲寻找对他们有利的开放。他们必须利用每一个政治集会，防止他们自己的产业受到任何的损失。

从中世纪简单的农业制度（合众国建立后的十年间依然实行这种体制）突然转变为当时席卷全球的高度复杂的国际经济体制，对许多国家的行为习惯和方式都造成了巨大的震动。但是，在美国的北部和西部，社会基本上是由白人组成的，大部分的人都从事农业劳动，所以这场革命并没有引起太大的注意。它是缓慢的和循序渐进的。它被作为一种必然被人们接受了。当然，也有很多摩擦，但是除了个别情况之外，它并没有引起流血，也没有危及文明，而摩擦也已经成为文明不可或缺的一部分。

但是南方的情况就完全不一样了。那里的领袖人物将所有的技术进步都拒之门外，以避开那些可怕的工厂制度的恶果。所以南方一直都停留在农业阶段。在弗吉尼亚、田纳西、肯塔基和北卡罗来纳州的议会中占据主导地位的那些地主乡绅希望南方仍旧保持原来的样子。让北方佬用他们冒烟的机械污染空气吧！而他们则宁愿继续过着他们的绅士生活。除了轧棉机之外，他们无法容忍从 17 世纪以来就属于他们的土地上出现任何不雅观的工业机械。

但是过绅士的生活是需要花钱的。当世界其他地方的东西变得越来越贵（工人工资上涨、生产所需的原材料价格上涨）时，南方的乡绅需要比过去更多的现金。这也就意味着他们必须种植比以前更多的棉花和烟草。他们也就需要更多的人手在他们的棉花地和烟草地里工作。也就是说，他们需要更多的奴隶。

无法逃避的恶性循环又一次决定了国家的命运。但是这一次是具有特殊色彩的恶性循环。这次恶性循环部分是白色的，部分是黑色的，部分是咖啡色的。

就像我前面所说的，历史学家不应该变成道德家，除非是万不得已。但这让生活在北方的人不再非常厌恶地为那些占有奴隶的南方人而苦恼，因为这个世界一直都有奴隶存在。只是他们有的时候会有另外一个名称，但是从人类智力行走开始，他们就在这个世界上存在。

《十诫》中那可爱女仆实际上就是一个女奴隶。希腊人围攻特洛伊其实就是在为占有某个特别可爱的奴隶进行打赌。恺撒曾经一次就把六万三千名条顿俘虏变成了奴隶。圣保罗把奴隶制看作一种必不可少的制度。《大宪章》也承认农奴的存在。总之，过去在任何地方都有人畜养奴隶。在欧洲的西部和美洲的东部，这种制度已经逐渐被废除了，一方面是因为世人对神学家的思想越来越不感兴趣，而对耶稣的理想却越来越感兴趣；另外一方面是由于它已经不再有收益。令人遗憾的是，机器和黑人一直都无法成功地进行合作。在汤姆叔叔的手中，冒烟比利一向被看作最不受欢迎的入侵者，被视为社会的弃儿。

因此，这样一种在世界其他地方已经落伍的经济制度，却继续在梅森—狄克森线以南的各州存在着，而且还坚决拒绝废除。

“但是，”你可能会说，“难道那些统治南方的人就不知道奉行这种顽固的政策将会带来的危险吗？难道他们不知道奴隶制已经被那些正派的男人和女人谴责了几百年了吗？难道不知道从长远看奴隶制将会毁灭他们的繁荣吗？”

他们当然知道！

一些受教育程度不高的南方人，比如安德鲁·杰克逊，可能会把奴隶制看作一种近乎神圣的制度，但是南方思想领域的领袖却坚决反对它。只不过他们觉得即使说了也是没有用的。他们坚决要求把“奴隶”和“奴隶制”的字眼儿从宪法中清除，因为他们不想让那些北方人把他们看作奴隶主。但是至于其他方面，他们并不涉及这一问题，因为这个问题非常复杂，它与他们日常生活的整个社会结构完全交织在一起，好像一旦触及，他们所钟爱的文明就会崩溃。如果他们不与某些经济规律发生抵触，那么他们就还会继续采取这种冷漠的态度。对于那些经济规律他们可能并不会怀疑，因为它们在迪克西与佛蒙特同样都产生了深远的影响。

就像北方的工业界被迫不惜一切代价来保障工厂的发展，他们是为了超过和战胜他们的竞争对手，让他们的工人有活儿干，否则他们就要破产，而那些种植园主也的确感到他们有义务尽可能多的增加收成，因此他们必须在尽可能多的日子里为他们的奴隶找到合适的工作。

那意味着他们必须种植棉花和烟草，而且要种植更多的棉花和烟草，接下来还是要种植更多的棉花和烟草。直到最后，他们种植了太多的棉花和烟草，于是他们就面临生产过剩的问题。

这时，他们又开始考虑尝试种植其他的作物：比如水稻、谷物、甜菜等。他们去和银行家讨论改种和贷款的事情。因为银行家有钱，而他们在春种的时候是非常需要钱的。

但是那些银行家却说："不行。"

如果他们不能够向他们的客户保证绝对安全，那么他们就不能继续得到那些把钱存放在他们那里的人们的信任。为了让客户确信是安全的，所以他们贷款是一定要有抵押物的。他们对于棉花和烟草是非常熟悉的。他们能够知道棉花和烟草的平均产量在两千包以下。但是，如果改种水稻、谷物和甜菜则意味着在进行试验，完全是在碰运气，弄不好就会破产。这样那些种植园主就不得不继续种植棉花和烟草，并且还要大量种植才能够使他们不幸的奴隶有活儿干，不能让他们闲着——因为无所事事的奴隶（与管理良好的机器不一样）仍然要吃、要穿、要住。

这的确是一种十分棘手、爱莫能助的状况。更糟糕的是，北方完全不了解南方的情况。弗吉尼亚和北卡罗来纳的富人习惯于把他们的子弟送到哈佛、耶鲁和普林斯顿接受教育。但是，却很少有新英格兰人越过英国天文学家查尔斯·梅森和杰里迈亚·狄克森划出的宾夕法尼亚和马里兰之间的边界线。现在这条线被公认为使蓄奴州和自由州之间的分界线。

因此，他们得到的信息往往是带有偏差的，而且经常是不正确的。结果，在查尔斯顿和斯普林菲尔德的报刊上就出现了带有攻击性的文章。最后，终于有一天，整个问题被拖入了供人娱乐消遣的文学领域。一个带着善意但却充满偏见的清教妇女描述了一幅非常可怕的画面。而她所描述的景象被人们认为在蓄奴州是普遍存在的。以至于整个北方地区似乎都进入了备战状态，消灭西蒙·蒙格利[1]这一类人和其他奴隶主。

但是我不需要再说下去了。

我似乎充当了我所憎恨的制度的辩护者。其实我对这种制度的态度是与最激烈的废奴主义者一样的。

我想证明的是另外一个问题。北方指责南方使用奴隶。但是，北方人在急于伸张正义的时候忽视了一个非常重要的事实，那就是南方蓄奴者本身就是这种制度的奴隶，这种制度在迫使他们使用奴隶。

现在的情况已经变得非常糟糕了，谁也无法看到出路在哪里，似乎只有一个解决问题的办法了。

再过几年，我们可能会有更多的知识来应对这些重要的问题，那样的话我们或许能够和平地运用理性和智慧来解决这些弊端。

今天，就人类（个人或集体）所受到的类似痛苦来说，可能只有一种救治的办法。就我个人而言，我们称之为行动；但是对于一个国家来说，它有一个非常可怕的名字：战争。

---

[1] 《汤姆叔叔的小屋》中残暴的贩卖黑奴的人。

# ◆ 第 42 章　令人烦恼的契约 ◆

如果让我说出美国历史和其他国家历史的不同之处的话，我的回答是：“雄辩对我们国家的政治社会发展都产生了巨大的影响。”

当美国人决定建立自己的共和国时，共和国已经不是什么新鲜事物。我们国家的开国元勋们不希望建立纯粹的民主制而是希望建立代议制政府。但是代议制政府就像罗马的群山那样古老。来自十三个独立小州的代表最终决定成立自己的防守联盟。但是联邦制共和国的历史也可以追溯到将近一千年前。

然而，除了希腊的各个共和国之外，几乎没有人对雄辩术给予关注。相反的，人们普遍抱有哈姆雷特那种众所周知的偏见，对那些试图用“言辞”来解决人世间种种难题的人深信不疑。

但是美国文化趣味的片面发展却有着根深蒂固的原因。早在两千年前古代犹太人就以著书立说而闻名于世，因为文学是他们表达自己思想的唯一方式。耶路撒冷只是一个微不足道的乡村小镇，所以根本就不能与东方或西方的那些繁华的城市相提并论。辉煌的所罗门圣殿根本就不能引起人们的注意，就连那些古代的著名作家也从来没有听说过。在《圣经・旧约》中可以找到的对其内部流光溢彩的形象描述，向我们展示了这个神圣地方的一切，无不受到追求华丽炫耀的思想的影响。通过这些描述我们也明白了，为什么有着高度发达文明与和谐意识并且追求简单线条的希腊人，总是在回避这个闻名遐迩的建筑物，而到孟菲斯和底比斯去寻找灵感。

当然大卫[1]曾经是一个音乐家，他会演奏竖琴。但是那种“叮叮咚咚”的三弦乐器不能吸引那些真正具有创造力的人。而且，由于古代戒律中的第二戒禁止他们画像，因此只有一个艺术领域是向犹太人开放的，那就是文字领域。

美国早期的文明是被清教徒支配的，他们成功地把自己变成了古代希伯来人精神的继承人。他们完全按照《申命记》和《士师记》中的典型范例生活、吃喝拉撒、爱憎喜怒、耕种和收获、管教妻子儿女、粗暴地对待自己的土著邻居。

因此，他们从心底蔑视那些更加优雅地表达心灵的方式，把它们视为异教邪说。因此，就像前面提到的，他们对画家、演员、音乐家以及其他没有什么用的人，有一种无端的不信任，而这些人其实只是想给当代人外在的欢乐和内在美好增添一些东西罢了。

对于这一苛刻的清规戒律来说，雄辩家的艺术是一个例外。首先，它起源于希伯来人，因此也就无可厚非。其次，雄辩术是神职人员维持对普通民众控制的最强有力的武器之一。

教徒们被剥夺了从巴赫、韩德尔的音乐作品中获得慰藉的权利。因此他们饥饿的心灵，就开始在关于地狱的诅咒的长篇讲话中寻找一种截然不同的解脱。这些话语是在他们年轻的时候各种场

[1] 大卫（David，约公元前1000－公元前961），古希伯来国王。

合中所能够享受的东西。演讲一直都是美国移民非常喜爱的表达感情的方式。当他们向西迁徙的时候，雄辩术也就跟随他们进入了荒原。当人们争取独立的时候，神学演说家被政治布道者所取代。如果说那些更古老的共和国不需要多少语言就得到了治理，如果说威尼斯、冰岛、荷兰和瑞士在没有爱国主义词句的情况下就对它们的国家和殖民地进行了很好的治理，那么新的美利坚合众国则是用口若悬河的精彩表演来庆祝每一个新的事件（不管这一事件是多么微不足道）。

开国元勋们与所有高雅的贵族一样，对于修辞并不十分重视。他们耐心地倾听着（因为优秀的政治家会耐心倾听来自偏远地区同事慷慨激昂的讲话），但是只要他们感到彼此意见一致时（例如当他们致力于起草《独立宣言》、宪法或其他真正重要的文件时），他们就会停止演讲，只谈事实。

但是当田野和森林战胜城市的时候，当美国的政治体制从代议制共和国转变为一个纯粹民主国家的时候（这正是那些开国元勋们所担心的灾难，他们采取了各种措施来加以预防），最初如同滔滔激流的激烈演讲，就变成了语言的大瀑布和惊涛骇浪。它们是如此狂暴，以至于会威胁到华盛顿、杰斐逊、富兰克林和亚当斯在国际政治汹涌澎湃的大海中艰辛启动的这只小船。

接着出现了一种奇怪的错觉。这种错觉在杰克逊独裁统治时期非常盛行。所以千百万人都相信，一个人只要能言善辩就能治理好国家。

这个时期，参加独立战争的老战士正在迅速消失。他们的子女都受到过良好的教育、接受过严格的训练，具有哲学的思维方式，他们努力维持父辈制订的行为准则。但是，公众已经不再需要严肃的管理者。明显具有适合某种职业的能力而且终生都在做准备，已经被视为“高傲”和非常不受欢迎的古怪品质，也就注定这个候选人会失败。

统治了这个共和国达三十年之久的贵族，现在有许多地方可以批评。那些昂首挺胸的绅士对那些出身低微、奋力向上攀登的人们的美德视而不见。由于他们惧怕民主，所以他们采取了许多高压政策。这些政策对他们自己的阶级是有利的，但是他们却很少考虑公众的福祉。

但是他们多数人都具有高度的责任感。他们的人格（除了个别例外）是无可非议的。在他们成长的过程中逐渐摆脱了宗教舆论对他们的控制。他们赞成在更大的程度上宽宏大量，也就超越了他们大多数同胞所坚持的体面的宽容。而且他们对花言巧语非常不信任，所以他们宁肯少说多做。

新的政治领袖来自社会中的不同阶层和不同地区。他们很快就会发现，通过激励迎合那些自称为“平民百姓”的人的虚荣心（对于这些人来说，恭维比新鲜的空气还重要），就能够把政治变成有利可图的生意，而且还可以赢得国家救世主的名声。

所有这些都是为了引出一个并不新奇的论断。这个论断是，在安德鲁·杰克逊当选总统和亚伯拉罕·林肯[1]当选总统之间的这段

[1] 林肯（Abraham Lincoln，1809 — 1865），美国的第十六任总统。

时间，不能被视为我们国家历史上的一个幸福时代。

首先，我们的第一任总统留下的避免卷入一切外国事务的忠告被完全抛弃了。新派政治家完全明白“展翅雄鹰”在国家政治中的重要价值。他们让这种鸟发出尖叫，直到鹰再一次歇斯底里地又抓又咬，结果使自己成为众人所唾弃的东西。

在范布伦（杰克逊的得力助手和继承人）当选后的二十年间，美国平均在十二个月的时间就会有一次粗暴地干涉他国人民的事务。

门罗主义[1]的主张就是“美洲，是美洲人的美洲”，同时还强调美国没有争端，这也就意味着不与大陆上其他地方现存的殖民秩序发生争端，并愿意同所有的邻居和平相处，不管是国内的还是国外的。

但是这样一种既让自己活也让别人活的态度似乎是太软弱了。有些人在“杰克逊狂热”第一次发作的时候希望把纯粹民主的福音送给地球上所有的民族。结果，美国战舰驶向世界遥远的地区，打开了中国、夏威夷群岛、日本以及其他东方古国的大门，而那些王国出于自身的考虑一直希望将白人拒之于千里之外。

接着，就是直接侵入他国的领土。几个美国的外交官聚集在奥斯坦德的赌桌旁边，起草了一份大言不惭的宣言，他们宣布古巴岛在冥冥中注定是应该成为美国的一部分，除非西班牙愿意将这块古

---

[1] 门罗主义（Monroe Doctrine）是美国第五任总统门罗（James Monroe）于1823年制定的，欧洲“神圣同盟”（The Holly Alliance）希望干预中、南美洲独立的意向，于是，门罗发表宣言，表示反对。他的名言是：“美洲，是美洲人的美洲。”

老而珍贵的领地卖掉，否则美国将会动用武力来夺取它。这份文件的制造者是在国内不受欢迎而被提升为驻马德里大使的那个人（这是杰克逊将军的崇拜者们强加给我们的一个灾难性外交创举）。因此，如果将这位大使召回，让他回到路易斯安那的家中，并且解释说这里出了一点儿差错，就可能挽回这个小错误所引起的不愉快的后果。

然而笨嘴拙舌的辩护总是与无缘无故的侵略形影不离。狡辩是我们对外采取行动的一个特点，所以根本就没有国内两个党派之间相互攻击时那么凶猛。

对于两个势不两立的政党来说，他们都有各自的理想和口号。世界上一切漂亮的词句都无法掩盖这样一个事实，蒸汽机的引进——对我们的经济学家来说对经济革命的影响是最大的——在不同的州之间造成了无法挽回的利益冲突。一些州“制造”产品，而另外一些州则是靠天吃饭“种植”庄稼。

北方依赖于那些所谓的自由男女在越来越多的工厂里工作，来保障其生活资料的供给。

南方的繁荣则是源于（而且必须继续这样做下去）过去非洲人劳动所生产的产品。

北方要求严格禁止一切外国商品的进入，从而实现垄断美国市场的目的。

南方则需要一种自由的贸易制度，使他们的棉花、烟草和大米卖到欧洲各国去。

北方的梦想是把遥远西部地区的森林和原野都变成工业社会。

南方则希望通过把边疆地区变成农业和蓄奴社会，从而获得它们的支持。

双方软硬兼施，竞相表现出大公无私的爱国主义。但是双方都十分清楚，关键的问题只有一个，与其说是经济问题还不如说是道义问题，那就是奴隶制。

当那些可怕的幻想都破灭之后（这是人们的热情迸发后必然出现的结果），总是有许多人会说，根本就没有“进步”这么一说，“文明”不过是表面的现象，我们内心深处是野蛮的，和我们早期的石器时代的祖先一样，根本就不关心我们邻居的安乐。

但是改良的曲线却呈现一种逐渐向上的趋势。我承认你的说法是有道理的，因为暂时的倒退是难免的，长期明显的衰落也不是不可能，一些激烈的变动也不是不能造成文化思想中心突然从世界的一端转移到另一端。但是，正如伽利略[1]都从来没有说过的（但也许他说过），“古老的地球依旧在运动！”

在 19 世纪上半叶，人类集体的良知（如果有这种东西的话，而我相信是有的）已经达到这样一种认识：奴隶制是必须从地球上消失的。在二三十年以前，那些共和国的缔造者们还可以把这个问题放在一边。但是在他们的内心深处非常清楚的一点就是奴隶制是注定要灭亡的。如果他们领导美国独立战争的时候再年轻一些，如果他们没有被七年的战争生活和艰辛的工作搞得筋疲力尽的话，他们也许会为这个难题找到一个公正而合理的解决办法。

[1] 伽利略（Galilei，1564 — 1642），意大利哲学家、天文学家、实验科学家。

他们的接班人脸上长着络腮胡子，是一些喜欢夸夸其谈的小镇政治家，他们总是孤立地看待一切问题，是那些与人类没有联系的乡村长老和教区的宠儿。他们笨手笨脚，一些意见的冲突最终将会导致灾难的发生。

从 1788 年到 1864 年，欧洲和美洲的其他国家都相继废除了奴隶制。尽管在许多国家，奴隶都代表着一笔巨大的投资资本，但是那些变革都是在没有流血的情况下进行的。当然也有人抱怨，有人抗议。甚至有人仔细地在《圣经•旧约》中寻找依据，以便把黑人无法忍受的枷锁变成某种永远不变和近乎神圣的教条，人们的呼声是不能被压制的：慈爱的上帝把他的仁慈和怜悯赐予了他所有的孩子，并没有规定要按照肤色区别对待。

后来，这些怀着神圣热忱的社会改革的斗士中有许多人在神圣的狂热的驱使下打破了文明争论的原则，就像那些最恶劣的人一样思想偏狭而固执，这种情况的确是非常令人遗憾的，但是也是无法避免的，因为人们内心深处的自我被触动了，这时理性也就成了情绪的牺牲品。

关于加入“自由州”还是“蓄奴州”的争论，关于“自由州”和“蓄奴州”的明确界定的争论，关于“人民主权论”的煽动以及其他未能最终达成妥协的临时方案，所有这些争论不休的话题丝毫都不能改变这个无可变更的规律：奴隶制，无论是黑人、白人、棕色人还是黄种人的奴隶制，都必须从地球上清除掉。

然而真正的危险并非来自愤怒的奴隶主或同样愤怒的废奴主义者。真正的威胁存在于人数迅速膨胀的市民阶层，他们把共和国当作一个十分方便的寄宿之所，他们的野心无非就是在最短的时间内赚到尽可能多的钱，因此他们要求和平与安全，甚至不惜以让国家的名誉蒙羞为代价。

杰克逊粗鲁的统治方式使他们有了一个不参与国家生活的借口。由于他们为了购买那些当牛做马的奴隶花费了千百万美元的投资，所以对奴隶制的干预都会引起他们的恐慌，从而影响他们正当的利润收入。最后，他们的态度非常冷漠，在那些大声疾呼要求给予他们关注的狂热分子中，没有一个人能够激发他们的想象力，也没有一个人能够从他们所能够理解的角度来把这个问题解释清楚。

就这样，相互指责谩骂的战争持续了很多年。北方有些人主张打破联邦，而南方则有人在谈论建立他们自己的邦联共和国。但是双方都没有勇气迈出这重大的一步。

似乎永远都不会发生什么。

但是托马斯·林肯的妻子南希·汉克斯生下了一个儿子。她希望这个孩子能够像她的娘家人一样，而不要将一生都花在帮助无能的父亲养家糊口上，他的父亲经营着一个连一头牛都养不起的小农场。

## ◆ 第 43 章　伊利诺伊州的乡村律师 ◆

“我们本以为自己是在推动别人，其实我们也在被别人推着走。”还有，“我并不认为我已经控制了事态的发展，坦白地说，是事态控制了我。”

这两个在生命的最后时刻用这种简明的语言来总结自己的人生哲学的人生活在同一个时代。但是他们社会地位和地理位置却处在两端。

其中的一个拥有一位富有而雄心勃勃的父亲，这位父亲希望早熟的儿子能够成就一番辉煌的事业，光宗耀祖。而另外一个则在凌乱不堪的农村茅舍里，看到的是昏暗的光线。他的父亲是一个蹩脚的木匠，有时会做一些农活儿，他甚至连自己的名字都不会拼写，他的一生都是失败的。

年纪稍大的拥有一切可以用金钱买到的东西：私人教师、大学、书籍、出国旅游。

而年龄稍小的则为了日后能够大声地读出自己的名字而不得不搜寻每一张有字的纸片。他的童年时光很多都是在没有道路的荒原上和阴冷角落里度过的。

这是多么奇异的一对呀！

但是真应该感谢上帝，天才的守护神从来都不会对门第感兴趣。她轻轻地抚摩着亚伯拉罕·林肯和约翰·沃尔夫冈·冯·歌德的额头，给予这两个天之骄子无上的光荣：使他们的名字永载史册，使他们成为自己国家最崇高追求的永恒象征。

至于这两人中比较年轻的那位（在林肯 23 岁的时候歌德就已经去世了），他的故事被广为传颂，成为那些在他巨大名声的影响下出生的每一个儿童的常识。

林肯家族的祖籍是英国。他们早在 17 世纪上半叶就来到了美洲。当时他们从诺福克郡的欣厄姆迁移到新英格兰的欣厄姆。一到新大陆，他们被当时流行的漫游热所影响，乘坐牛车从马萨诸塞来到了宾夕法尼亚，又从宾夕法尼亚来到了肯塔基。当林肯四岁的时候，他们又收拾行装，离开了哈丁郡贫瘠的农场，他们最后在印第安纳更适合种植谷物的黑土地安了家。

在那里，这个年仅九岁的孩子为母亲的棺材削制了木闩，然后无限迷惘地看着人们把她抬走，看着人们把她和她的秘密一起埋葬。

因为南希·汉克斯与那些在这块肮脏贫瘠的边疆地区生活的忠厚老实的织布工、铸造工、头脑迟钝的农夫并不是同类人。在下意识里，她早就已经想象到了她有权继承的某些东西，她从来都没有怀疑过那些遥远的东西。

她的美好愿望最终实现了——五十年之后她的儿子成了白宫的主人。

什么样的岁月才能够塑造一个人的未来呢？

岁月在日常的事件中流逝了。而未来似乎是很遥远的事情，甚至是毫无希望的。

与斯潘塞郡其他的男孩子一样，年轻的亚伯拉罕也在农场里工作。

他学会了拼写和阅读，并且能够做一些简单的算术题。后来，继母莎拉·布希也关心起他的教育，为他解释彭斯、笛福和莎士比亚的文字的优美之处。

一切都是十分美好的。但是他的父亲还活着，总是笨拙地把农场弄得乱七八糟，让雇工长时间地辛苦劳作，但是却只给他们提供最糟糕的膳食。亚伯拉罕并不希望想象他的父亲那样过一辈子。因此，他离开了家，到处打工挣钱。

他在一艘平底船上做过水手。他也干过一些杂活儿。他与人们交谈。他善待他周围的一切生物。他给别人讲故事。他也倾听别人的讲话。他的脸上总是带着微笑。然后，他又到各种商店里做过事。

当印第安人的骚乱发生的时候，他加入了军队。但是，林肯上尉还没有崭露头角，那些可怜的野蛮人就已经逃走了。没有了敌人，他脱下了军装，开了一家店铺。

这个新的工作与在军队的经历相比更加不顺利，因为顾客很少。一个愚蠢的合伙人竟然把店里的饮料全都喝光了。商店因此而破产了，这让林肯用了十五年的时间才把债务还清。

这些关于我们民族英雄的故事的确有些单调和乏味。似乎没有什么意思，而且现在看来也有些近似于荒诞。然而即使是这个破产法庭上的小插曲也是有用的。它可以成为研究人性的课题。作为对学习人性知识的投资，它结出了丰硕的果实。

因为当这个年轻人长到二十岁的时候，小时候环境造成的障碍早已经被抛在了后面，其他方面的影响也开始在争取出人头地的奋斗中显露了出来。

这个长相滑稽的高个子，这个活动的衣服架子似乎有一种智慧。这是一种非常奇特的思想、一种怪异的思想、一种充满可笑想法的思想，他的思想蜿蜒曲折，似乎是一种怪诞的漫不经心，从荒谬可笑通往庄严崇高。但这是一种思想！

这种商品是非常稀少的。它得到了应有的承认。它和它的主人一起被推进了律师事务所，然后又被从律师事务所送进了州议会，从那里又被提拔到遥远的华盛顿众议院。而且在思想往往会使一个人被怀疑犯有叛国罪和胆怯的时候，他仍然被要求照常工作。

当林肯到达首都的时候，与墨西哥之间的战争正在进行。他非常不喜欢那场战争。他是这么说的。

然后他用一件厚重的斗篷把自己舒服地包裹了起来。那件斗篷是他为前往首都的漫长旅途而购置的。

另一场风暴正在酝酿中。这一次他是已经做好了准备。

这个国家迅速陷入无政府和内战的状态。奴隶制的存废问题使原有的政党分成了各种奇特的组合：圣徒和强盗，务实的政治家和感情用事的白痴。他们不服从任何领袖，也没有政党纲领，仅仅是因为一点儿共同的信念和偏见而聚集在一起的。

后来，蓄奴的南方人聚集在民主党的旗帜周围，而他们的反对者也组成了自己的政党，他们骄傲地把自己称作共和党，他们宣称联邦是不可分割的，而且一切人都是自由的。

这个时候，林肯过去的经历使他能够发挥重要的作用，使他在国内成为一个声望非常高的人物。

他曾经在蓄奴地区生活过几年时间，也在自由州生活过。所以他对恐怖的奴隶制非常了解，他不愿意回忆他在那艘船上工作的日子，那上面装满了戴着镣铐的人。但是，他也从亲身的经历中认识到大多数人的经济制度不能够按照少数充满善意的局外人的命令而突然改变。因此他建议采取温和的态度。奴隶制必须被废除，它不应该存在于一个文明的国度中。现在唯一摆在这个国家面前的问题是，这场变革能否在不摧毁这个国家的前提下完成，如果不能，那么是否应该为了正义这种抽象的理想而牺牲这个国家？

可怜的老疯子约翰·布朗大喊：“不！不可能不流血！”然后他又举起了一面迎风飘扬的起义旗帜。几天之后这面旗帜就被人们恭敬地覆盖在他的棺材上。

但是南卡罗来纳州礼貌地回答：“是。”然后这个州悄悄地、不事张扬地退出了联邦，并且庄严地通过投票宣布成为“地球上自由独立国家”中的一员。

这件事情发生在1860年12月。

三个月之后，共和党出身的美国总统亚伯拉罕·林肯再一次前往华盛顿，他把行囊搬进了宾夕法尼亚大街另一端的白色建筑中。

两天之后，他举行了宣誓就职仪式。他笨拙地站立起来，向参加就职仪式的群众讲了他要做的事情。

哎！他的责任就是保护、维护和保卫联邦。而他的许多同胞现在正要摧毁联邦，他的责任却是保护、维护和保卫它。

他们是非常愚蠢的。上帝知道，他并不恨他们。他只希望他们能够幸福。他愿意倾听他们所有的合理建议。他愿意竭尽全力找到一个迅速的、和平的解决方法。但是他已经宣誓要保护、维护和保卫联邦，那么他就要保护、维护和保卫联邦。

他的话非常简短。的确，他的话是有些简短了，以至于他所热爱的同胞中的大多数人都还没有完全理解他的意思。

因此他们还互相开着玩笑说：“嘿！你看见他戴的那顶帽子多么滑稽可笑了吗？”

## ◆ 第 44 章　战争交给陪审团 ◆

南方退出联邦的各州居然会是那些破坏 1787 年的契约、退出联邦的一些州，这是非常奇怪的事情。

要知道，危险一直都是来自新英格兰的。

但是，他们常常会表露出“废除”（这是那些政治家们为了把一个协议变成一张废纸，而发明的一个庄严的词）的意愿，这完全是出自一种信念：马萨诸塞和邻近的各州，对于他们的公司几乎一点儿用处都没有，所以最好还是建立一个自己的组织，从此也就不必再为那些生活在伯克希尔山脉和康涅狄克河另一侧的粗鲁人的经常性的干扰而担心了。

然而 1860 年发生的事情性质则是完全不同的，而且要严重得多。

如果一定要把严酷的事实都弄清楚，那么自杰克逊将军独裁以来，南方就一直习惯于威吓美国的其他地区。但是南方不能单独行事。由于它巧妙地利用了西部人粗率而真诚的热情，因而能够把共和国的东部和北部地区当作一个政治附庸，一个小的姊妹共和国，而后者还必须好好表现，或者……

“或者什么？”那位来自异乡、身材瘦高的老木工问。他现在正在白宫的盥洗室里给自己的靴子上油。

“否则我们就不再和你们一起做游戏了！”来自查尔斯顿、新奥尔良、萨凡纳和里士满的满怀热情的小伙子们大喊。

然后他们又去裁缝店，为他们自己定做十分漂亮的军服，与那些联邦军士兵的穿着完全不一样。然后他们在新的旗帜后面列队游行，这面旗帜与旧的星条旗完全不同。每当他们想起要弄那些该死的北方佬使用的可笑把戏时，就会禁不住开怀大笑起来。那些北方佬肯定都在忙着照顾他们破旧的工厂、银行、杂货店，所以他们根本就没有时间拿枪去打仗。

但是用不了多久他们就会发现，他们想错了。

在古代的时候，人们说开战就会开战，好像一切都已经准备就绪了。他们也许会觉得最后胜利都应该归因于耶和华的直接干预或是太阳神[1]的保护或朱庇特的支持。但是他们的确没有想过要给准备阶段罩上克制和坚忍的神圣光环。

他们为了追求某种事物而疯狂，他们互相残杀，直到他们感觉舒服了才会罢休。然后他们把敌人的妻子和儿女变卖为奴隶，带着战利品返回家园。

这一切行径都是极端野蛮、粗鲁的兽行。但他们的行为方式至少是直率和坦诚的，因为这种行为本身就是野蛮和粗鲁的兽行。

文字技艺的发明（更不用说电话和电报的发明）改变了这一切。在过去两千年里，一旦产生了敌意，冲突的各方就会急忙去找他们

[1] 古代近东地区许多民族崇奉的神灵。

的历史学教授，请他们准备一份关于这种令人遗憾的争执的“惯例”的声明，以便让世界体谅甲方（或乙方）是无辜的：甲方（或乙方）遭到了乙方（或甲方）的无故发动的进攻，因此“为了捍卫自己的正当权利、反抗野蛮的侵略者”而被迫宣战。

拿美国的内战来说，仅是议会讨论和官方辩解的阶段就持续了大约五个月的时间。

1860 年 12 月 20 日，南卡罗来纳脱离了联邦。第二年 1 月，密西西比、佛罗里达、佐治亚、路易斯安那、阿拉巴马和北卡罗来纳也脱离了联邦。2 月，得克萨斯州步其后尘，与美国分手了。

1861 年 2 月 4 日，来自这几个州的代表在阿拉巴马的蒙哥马利市召开会议。他们宣布成立自己的共和国，将这个国家命名为“美利坚诸州联邦”，选举杰斐逊·戴维斯[1]为他们的总统。

戴维斯与林肯一样，也是肯塔基人。他曾经在皮尔斯[2]总统执政时期担任陆军部长，并且对军队进行了彻底的改革。当南方各州发生叛乱的时候，他是来自密西西比州的联邦参议院议员。无可置疑的，他是个抱有真诚信仰，而且具有一定能力的人。但是他缺乏林肯所具有的使他获得非凡成就的重要品质。这位南方联邦的总统不具备完美出色的分析头脑，而正是这种完美的分析头脑使那位美国总统能够抓住问题的关键所在，而不被众多非本质的细节所干扰。结果（在这种冲突中，擅长分析的头脑必须能够以近乎数学计算的准确性来赢得胜利），美国坚持到了最后，把南方的联邦送进了历

[1] 戴维斯（Jefferson Davis，1808 — 1889），美国政治家，南方联邦的总统。
[2] 皮尔斯（Franklin Pierce，1804 — 1869），美国第十四任总统。

史博物馆。

现在，我们还是来说说脱离运动吧。弗吉尼亚、田纳西和阿肯色没过多久也和那些心怀不满的州联合起来。随后两个共和国开始了一系列的讨论。更准确地说，戴维斯总统提议采取一种折中的方案：应该由各州自行决定是否废除奴隶制。

但是华盛顿方面却坚决要求南方联邦的各州先回到联邦的怀抱，否则就拒绝听取类似的建议。

接着，为了挽救局势，南方又试图给宪法增加一条修正案，永远限制国会对奴隶制的权力。但是北方不接受这种不但不解决任何问题，反而束缚住联邦政府手脚，并且让奴隶主为所欲为的方案。因此，这个宪法修正案最终被否决了。而接下来发生的事情也就在所难免了，也就无须再浪费笔墨了。

在这几个月的时间里，在陆军和海军中，那些南方出生的军官相继集体辞职（或者开小差）。他们中的大多数都为杰斐逊•戴维斯效力去了，穿着灰色的军装。当他们已经开始训练南方联邦的新兵时，北方却还在袖手旁观，毫无动静。

可是最后，华盛顿方面眼看着事态在进一步的发展，最终才勉强决定采取应对措施，准备打一场可能会持续六周或者四个月的战争。

南方地区的几个最重要的据点仍然被美国政府控制着，其中的一个就是查尔斯顿港口的一个旧要塞。它的名字取自托马斯•萨姆特，他是华盛顿的部下中活到最久的一位将军。这个要塞建在一个小岛上，是控制阿什利河和库珀河交通要道的三个要塞之一。要塞的指挥官安德森少校是一个性格平和的人，但是最后也逐渐变成了一个脾气暴躁的人，因为他的军队补给越来越少。1 月初的时候，联邦军队想给他运送一些新鲜的豆角和咸猪肉，但是最终失败了，当时悬挂着美国国旗的“西部之星”汽轮遭到了南卡罗来纳炮兵的轰击，所以被迫返回。最后，终于在 3 月下旬才得到消息，这位勇敢的少校接到命令：另一艘运输船正准备从布鲁克林海军的基地出发，漫长的等待马上就要到尽头了。而第二艘运输船的行动应该是非常秘密的，但是所有的人都在讨论它，结果在北方拥有数以千计支持者的南方联邦政府对这一事态的发展也完全清楚，等待着联邦军“波瓦坦”号的来到，急不可耐的情绪都难以掩饰。但是，当一场公开的敌对行动即将爆发的时候，双方都感到有些害怕了，因为他们都不愿意承担不可避免的“首先发难”的责任。于是，北方联邦的陆军部长和南方联邦的陆军部长在通信中正式提到了这艘小船。华盛顿方面的解释是，“波瓦坦”号的行动并不是为了增援萨姆特的驻军，而仅仅是运送一些食品和医药用品。

为什么南方的联邦选择在这个时候摊牌，至今还是一个不解之谜。毫无疑问，与其说这一决定是从政治角度考虑的结果，还不如说是心理因素的作用。南方人统治这个国家已经很多年了，因此对于他们来说越来越无法忍受，总是被一个来自偏远地区的律师以智慧胜出，而那个律师连如何点菜都不懂，而且他还被视为所有阴险的共和党人中最阴险的一个。

就在这个心理恐慌的时刻，由于内心非常害怕亚伯拉罕·林肯可能又在玩弄他的老花招儿，南方决定开始行动了。当时驻守在查尔斯顿的博雷加德将军（原来是北方联邦军的将军，现在已经是南方联邦军的将军了）接到电报命令：可以在他认为必要的时候进攻萨姆特要塞。

几个小时以后，戴维斯和他的内阁就为他们的草率和鲁莽而后悔不已。但是行动已经开始了。尽管安德森通告，他剩下的食物只够维持两天时间了，到那个时候他将会被迫投降，否则他们就会饿死，但是南方联邦炮兵还是在 1861 年 4 月 12 日早上向他开火了。经过 24 小时的连续炮击，炮手们的激情获得了回报，这个讨厌的联邦政府的要塞终于投降了。

虽然炮声隆隆、硝烟弥漫，但实际造成的破坏却是微乎其微的。

北方联邦军的士兵没有一人伤亡。至于南方联邦的军队，他们把这个事情变成一个流行时尚的活动。在美丽的查尔斯顿姑娘的拍手喝彩声中他们发射十磅重的炮弹。

当时这一切似乎没有什么危害。

但是这些善良的人们却都忽视了一个非常重要的事情。

是他们开了第一枪。

是他们扯下了美国的国旗。

总之，是他们挑起了战争，“首先发难”的。

这样，他们就给白宫里聪明的对手一个他一直希望和祈祷的东西，一个忠心耿耿，随时准备采取任何必要措施的民族。

1861 年 4 月 15 日，林肯招募了七万五千名志愿兵。

一天之后，第一批北方佬的军队开始向华盛顿进发。

## ◆ 第 45 章　案件终于判定了 ◆

假如我们是生活在一个小星球上，而且只有我们自己，那么这当然是非常令人愉快的事情。然而事实是，两百万年以来（可能还会延续几百万年），我们一直都是所谓的文明开化的世界的一个组成部分，无论我们对邻居有什么想法，无论邻居会对我们的幸福和繁荣造成什么直接的影响。

在北方人看来，合众国有义务承担起镇压叛乱这一不幸却十分有必要的任务。

而南方人则认为，一些有主权的州在为维护它们的独立而战斗。

而在欧洲人看来，美洲大陆上的两个独立的小国之间爆发了一场战争，而这场战争将会最终导致一个迄今仍然很强大、令人生畏的共和国衰落和瓦解。

在此我要提醒你，在国际关系的准则中没有“爱慕”这一类字眼儿。如果你煞费苦心地翻阅那些研究难题的各种书籍，你就会发现“尊敬”和“景仰”，有时还会发现“感谢”这样的字眼儿。但是“国与国之间的爱慕之情”这种表达方式是属于那些职业宣传家的。绝对不是冷峻无情的（因此也就少了一些不诚实）历史学家和新闻工作者严肃持重词汇的一部分。

至少在一些官方场合，英国早在很久以前就同意不再提及前殖民地的革命（正是这场革命导致了一个自由共和国的建立）。至于1812年的那场战争，对双方而言都不是一件很光彩的事情，所以最好不要唤起民众的记忆。到了19世纪60年代，英国有许多人全心全意地支持废奴主义者的事业，也有许多人竭尽全力地帮助北方获得成功。

但是也有许多英国人认为美国将会对他们的帝国，一直保持的商业霸权构成威胁。（这种看法是有道理的）可是他却从来都不敢试图去消灭这个令人不安的对手。但是如果有其他人愿意这么做，那么就给他一些帮助。要是有人能够靠出售枪炮、战船和火药来帮助这个意想不到的盟友，那么他们会不会愿意尽早地在合适的时间下订单（以及支票）呢？难道他们在胜利的时候还会想到他们的朋友吗？

当然，这里还有一个非常重要的社会问题。对于古代欧洲的上层阶级（他们在那个时候的影响力要比我们能够想象到的还要大）来说，北方和南方之间的斗争其实就是过去国王与国会、乡绅与宫廷、清教徒与保皇派之间斗争的延续。在这场战争中，圆颅党[1]所代表的是北方的店主和制造商。而南方的种植园主，作为真正的老派英国绅士，他们拔出宝剑捍卫着他们的贵族祖先遗留的思想。他们的贵族祖先曾经把他们的鲜血和财富抛撒在马斯顿的荒原和纳斯比的战场上。

[1] 17世纪英国革命中的清教徒。

但是英国并不是联邦的唯一潜在敌人，还有拿破仑皇帝。当然不是那位伟大的拿破仑。他现在正安息在老兵之家的小教堂红色石板下面。不过，他的一个侄子，一个带着德国口音来自异乡的年轻人，凭借他伯父的声誉，巧妙地施展了波拿巴家族的智慧，骗取了八百万同时代人的投票，成了行政长官。由于他的统治根基并不稳固，所以他绞尽脑汁想给他的臣民提供一点儿战争的娱乐。由于他所统治的国家总是愿意为某些想象中的“荣誉”和“光荣”而搅乱欧洲的和平，因此欧洲的部分国家一直处于恐惧和躁动的状态。

当时的法国和美国还暂时处于友好状态。可是，谁又能够预见什么时候这个病魔缠身的人的那位深受牧师控制的妻子，会认为有必要对她祖父的同胞发动一场圣战？皇后和朋友所想的就是拿破仑所想的，而拿破仑的想法在一夜之间就会被那些领取津贴的报刊宣传为“全法国人民的意愿”。到那个时候，就会有几十万人自愿加入英国准备运往加拿大的军队中。

所有这一切，对于我们这些生活在 1927 年的人来说或许是天方夜谭。但这正是林肯上台第一年所面临的严酷现实的一部分。而南方联邦军队的节节胜利，也使林肯和他的内阁忧心忡忡。

1861 年，我在前面章节提到的“边疆新信念”已经被美国的广大民众所接受。其中有两个信念是没有人敢怀疑的，否则就会遭到邻国社交界和家庭的不满。

其中的第一个信念是：任何一个头脑清醒、判断准确的人都能够承担任何一种工作，除了极少数技术性很强的行业，比如医院的门诊部或者化学实验室的工作。

第二个信念就是：坚信生来自由的美国公民的尚武精神。这种信念往往会出现在自我吹捧的词句中：只要一接到紧急通知，那么就会有上百万的美国人奋起保卫正义的民主事业，尽管他们的武器只有玉米秆和扫帚把，但他们仍然能够挫败五倍或者五十倍多于他们的外国人。

我先来谈谈第二个教条。志愿兵制度从来都没有取得过成功。华盛顿在他的书信中曾经多次对他手下那些没有经过训练的民兵战斗能力的低下表示痛心。由于这些民兵的胆怯、缺乏纪律性以及完全不顾这位将军所说的“真正爱国主义的首要准则”，常常让他痛失胜利的良机。如果不是占据天时、地利和法国的正规军和德国教官的宝贵支持，美国是否能够赢得独立，还是一个问题。

在1812年的战争中，志愿兵的表现闹出了一个很大的丑闻。纽约州的所有民兵军队都拒绝在美国领土之外的地方作战，这对于加拿大人来说是十分有利的，但是对于那些边疆前线的美国人来说则不是什么好消息，因为他们只能听任英国人和印第安人摆布。还有几次，民兵竟然莫名其妙地从战场上溃退逃散。为了防止敌人的进攻和破坏而应征入伍保卫首都的那些爱国者们，都惊慌失措地四散逃跑（就像布莱登斯堡的赛跑一样），实际上只有为数不多的、条顿血统的水手参加了战斗。

至于墨西哥战争，斯科特将军率领的十一个志愿兵团竟然有七个报告他们的总司令，他们是“一年期的军人”，他们不是为了参加“战争的全过程”而应征入伍的，因此在他距离墨西哥城只有四天的路程时他们离开了他。因此他占领这个重要要塞的事件被推迟了半年。

当林肯总统在萨姆特要塞遭到炮击，预备招募7.5万名志愿兵时，他的呼吁得到了热烈地响应。那些响应者实际上已经非常强烈地意识到了这场战争的严重性，所以他们决心用自己的生命来捍卫他们的选择。但是和原来的情况一样，这种热情转瞬即逝。因此政府提出，凡是愿意应征入伍的人都将获得100到200美元的奖励。那些有经济头脑的人跑到欧洲，将那些比利时、英国和波兰的移民整船的运了过来。这些人刚一踏上我们自由的土地就加入了军队，他们把奖励金分给了那些包办人。这种有利可图的生意一直持续到英国政府发出强烈的抗议才结束。华盛顿当局也不得不发出通告：禁止再继续招募这些“合同兵”。

几个月以后，北方人终于明白了只有征兵制才能够保持战斗力。一项征兵的法案被制定出来，并且很快就获得了通过。法案规定每个州有义务提供一定数量的士兵。如果这些士兵能够在志愿者中招募，那当然是再好不过了。但是如果志愿者的数量不够的话，就必须用征集来补足。没有人喜欢征兵制，因为强征入伍的做法不是美国的风格。但这是打败由应征士兵组成的南方联邦军队的唯一办法。因此，政府强制推行了这项制度。对于那些家庭富裕的子弟却可以例外。

他们觉得他们有必要留在后方，没有理由拿宝贵的生命到前线去冒险。如果他们能够找到为了几个钱而甘心冒掉脑袋风险的可怜虫，他们可以找人顶替自己上前线。如果他们找不到顶替的人，那么不管他们是否愿意，他们都必须应征入伍。当波士顿和纽约的爱尔兰人对这场冲突毫无兴趣的时候，他们就不愿意参与，从而引发一场严重的骚乱。军队向暴民开火，打死了一些人，迫使其他人屈从于这条法律。

人们认为这一切都是令人非常遗憾的，但是当时和现在一样，进行战争就难免会给许多民众造成肉体上的伤害。这个事实对于那些强烈地表示对敌人仇恨、热烈拥护他们所谓的“文明的战争”的人来说绝对是一个沉痛的打击。而在“文明的战争”这一说法背后，是战壕和炮塔中的定居者们粗野的喧嚣。

这场冲突的物质背景我就先说到这里。现在再来谈谈第一个信念，就是著名的拓荒理论。任何一个头脑清醒的公民都能够承担起他（或她）发现他应该做的事情，因此都能够在他（或她）的岗位上取得成功。但是在那里有非常大的失望在等待着北方和南方的人们。

不论是杰斐逊·戴维斯还是亚拉伯罕·林肯，都不能成功地胜任1861年等待他们来完成的任务。他们必须从头开始学习他们的新职业。过去人们就有一个毋庸置疑的结论：北方总统的智力要比来自波多马克河另一岸的邻居（指戴维斯）高得多，所以他一定能够最终击败他的对手，必定会领导这个国家的北方赢得胜利。但是在经过三个可怕的年头之后，林肯才逐步掌握了他的职业的基本技能。外交对于他来说是最困难的领域。这是一种高贵而微妙的艺术，所有上流的民主党人都轻视它。这是一场化装舞会，能够把衰落的欧洲大陆上温文尔雅的贵族吸引过来，但并不适合热血沸腾的武士和他们同样热血沸腾的妻子。

但是上述规则的例外本来是非常有利的，它们本来应该使国人明白：一个在不友好国家的宫廷里训练有素而技巧娴熟的外交家，能够顶得上十个非常聪明的国内政治家。但是民众没有兴趣来考虑这种事情。结果两位总统在上任后的几个月时间里，就都与世界上其他国家产生了很大的麻烦。

最初，林肯总统在招募志愿兵之后，就下令封锁了从弗吉尼亚到得克萨斯的美国沿海，凡是试图进入脱离联邦各州港口的船只，都将被联邦战舰拦截并被送到北方的港口。

不幸的是，华盛顿政府的这项措施无异于默认了美利坚合众国与南部联邦处于“战争状态”，这将他们置于一种非常不利的境地。一方面他们强烈谴责南方人是叛乱者和叛徒；而另一方面他们又说与南方联邦处于“战争状态”。而按照韦伯斯特词典的解释，“交战方”是指“一个国家、一个政党或者一个人进行国家法律所承认的常规战争”。

英国的法律官员在读到这份文件之后，感到迷惑不解。他们说，非常遗憾，他们必须遵守现有的国际条约和协定。他们不能（至少是在公开场合）承认这个事实，那就是美国总统在 1861 年 4 月 19 日的通告中使用了“敌对状态”这个词，而实际上是想表示某种更接近“革命”而非“战争”的状态。所以他们搜罗了一大堆“鉴于”、“因此”之类的词，向所有的英国人发出了警告：“鉴于美利坚合众国政府与自称为美利坚诸州联邦之间处于令人遗憾的敌对状态；鉴于英国保持严格的不偏不倚的中立，因此他们必须警告所有的英国臣民，不要加入交战双方的陆军和海军，不要在国内或者国外帮助装备或者武装任何用作运输船、拦截船或军舰的船只”，等等。这是一份非常普通的中立宣言。

这个公告完全是在例行公事。但是当它在美国的报纸上公开发表的时候，北方的民众普遍认为，英国已经承认了南方联邦的“独立”。其实英国根本就不是这个意思。英国政府只是承认了南方的“敌对状态”。这是两个完全不同的概念。但是当一个国家普遍处于恐慌的状态时，让他们来听关于国际法的术语讲座是毫无用处的。

但是华盛顿当局对此却不能置之不理。前线的一切进展很不顺利。北方军队第一次试图在南方领土上夺取一个要塞，然而行动却以失败告终了。1861 年 7 月 21 日，北方人在弗吉尼亚州布洋伦河附近遭到重创。以至于在第二年春天以前，他们都不能准备下一个战役。当这一溃败的消息传到欧洲的时候，美国的众多敌人和南方联邦的朋友都非常高兴。他们相信，李的旗帜很快就会在华盛顿的国会大厦上升起。这一形势是非常令人不安的。而更糟糕的是，发生了一场国际纠纷。事件的本身是微不足道的，但是却可能导致存在分歧的国家之间的敌意。

1861 年 11 月初，美国的“圣亚新托”号战舰在沿海执行巡逻任务，为的是防止奴隶逃亡，在准备返回的时候，暂时停泊在哈瓦那。船长查尔斯·威尔克斯是著名的北海科学探险的英雄。在哈瓦那，他得到一些报纸，从报纸上得知南方联邦的代表詹姆士·梅森和约翰·斯莱德尔正在前往欧洲的途中，据哈瓦那传来的消息，他们乘坐的是英国邮轮“多伦多”号。

威尔克斯船长（他是一个既获得过金质奖章，又受到过军事法庭审判经历的奇特的人）决定采取一次大胆而鲁莽的行动来让自己扬名天下。结果他的成功远远超出了理想的期望值。他的战舰离开了哈瓦那，拦截了“多伦多”号。他威胁说，如果这艘没有武装的邮轮不把反叛分子交出来，那么他就要向它开火。最后他满载着他缴获的“战时禁运品”返回了美国。

在最初的兴奋时刻，国会通过决议授予这位勇敢的船长一枚金质奖章。但是英国人的想法却完全不同。伦敦的各家报纸对于英国船长遭受的可怕的、无法容忍的侮辱进行了猛烈的抨击，以至于不像帕麦斯顿勋爵那么疑虑重重、讲究实际的政治家都快被拖入战争了。即使是这样，帕麦斯顿勋爵还是被迫指示英国驻华盛顿的大使，要求美国立即将那两名俘虏释放，如果拒绝，那么就要求办理离境手续回国。

帕麦斯顿根据孔索尔亲王的建议，信函尽量写得委婉一些，但是形势却是非常严峻的，军队开始向加拿大方向移动，而北海的海军基地也开始显示出不同寻常的举动。

从美国的北方来看，它早就应该知道，美国政府从来都没有承认南方联邦的独立，所以梅森和斯莱德尔依然还是美国的公民，威尔克斯船长所做的事情不过是英国海军军官已经做了千百次的事情：在 18 世纪英国海军的军官强行登上中立国的船只，抓走了所有被他们怀疑是英国人的人。但是，林肯很快就熟悉了他的新工作。他明白现在还不是争论的时候。他命令让梅森和斯莱德尔搭乘另外一艘起程前往英国的船，允许他们在英国旗子的保护下继续他们的旅程。这样，这个小的插曲最终没有使两国关系进一步恶化。

但是一波方平，一波又起。由于南方联邦已经被正式承认为“交战方”，那么他们就需要到市场上去购买枪炮和弹药。他们也的确是这样做了。他们还吹嘘说，他们对棉花的垄断会很快证明谁才是北美大陆的真正主人。他们正在巴黎和伦敦的市场上用成捆的棉花换取滑膛枪和野战炮。如果他们的交易成功了，如果滑膛枪和野战炮都能够及时地运到萨凡纳和查尔斯顿，那么合众国政府也就没有什么可抱怨的了。这些货物要么是安全地抵达交货港口，要么就是被联邦军的战船拦截和没收。可是现在戴维斯总统却打算玩一点儿新花样。他希望能够把英国变成南方联邦的一个海军基地。他让英国的造船厂给南方联邦建造巡洋舰。他用英国制造的火炮来装备这些巡洋舰。他的水手是在英帝国招募的。他让他们从格拉斯哥或者南汉普顿出发去拦截北方联邦的商船，然后再返回英国的港口补充弹药和给养。

当然，林肯和他的内阁对这一切都了如指掌。而那些富裕的绅士却捋着胡子说：“不能再这样下去了。”于是有了一连串的反对之声。但是向一个交战国出售武器，在什么程度上不再是合法的交易或破坏了中立，这从来都是难以确定的事情。如果向交战的一方出售10发榴弹炮是合乎国际法的，那么出售1万发也是合法的。如果一个政府可以定购价值500万美元的标枪和鱼叉，那么他们为什么不能用同样多的钱去购买和装备两艘巡洋舰呢？

非常幸运的是，当这个问题还在磋商之中的时候，兰开夏郡和柴郡的棉纺厂工人出人意料地提出要帮助美国政府。他们突然正式向国会请愿，敦促英国政府不要承认和帮助那个把300万人陷入战争的政府，否则他们也不会答应。要知道，在那个时候由于原材料供应不足，工厂已经停工，这些棉纺厂的工人实际上是在忍饥挨饿。对于我们来说更幸运的是，当时北方联邦驻英国的大使不但不以自己的国家为耻辱，而且还坚持效忠自己的人民。尽管有些贵妇人把他从宴请的名单上画掉，对他的态度也十分恶劣。

查尔斯·弗朗西斯·亚当斯的父亲和祖父都曾经担任过美国总统。他不是那种感情容易冲动的人。或许这才是恰到好处的，这使他能够镇定自若地处理问题。在弗雷德里克斯堡失败以后，当时看起来好像北方已经输掉了这场战争；在威廉·尤尔特·格拉斯通（著名的神学家）发表了一番圆滑世故的言论之后，当时，英国政府的官员建议英国承认“在大洋彼岸有伟大的政治家杰斐逊·戴维斯建立的国家”。在这种极端困难的局面下，亚当斯没有失态。相反，困难激励了他，使他因此达到了人生的辉煌顶峰！他不断地劝说英国的国务大臣，告诉他，如果他们继续奉行允许南方联邦的巡洋舰在英国的港口停泊和装备的话，只会导致一个后果，这个后果阁下是非常清楚的，那就是战争！

这种冷冰冰的口吻似乎将当时的气氛挑明了。那就是，公开的敌对还没有发生。首先，在英国，有那么多的民众十分厌恶奴隶制，他们宁肯进监狱，也不愿意去和北方的废奴主义者作战；其次，英国邻居拿破仑皇帝一直都无法让人感到安心；最后，英国对于俄国还不能不提防着？几年以前俄国在克里木的战争中被打败了，这个时候它把大部分的舰队集中到了旧金山和纽约的港口，这并不是出于对美国民主的热爱，而是希望万一与英国发生战争，那么它可以利用这些港口，作为对英作战的便利的海军基地。

然而所有这些因素都是次要的。英国政府的态度逐渐发生转变的真正原因，并不是因为它突然爱上了亚伯拉罕·林肯的理想，而是因为美国军队的命运正在发生变化。这一切都应当归功于一个默默无闻的前军官：原伊利诺斯州加利纳市一家皮革制品店的店员，一个屡遭挫折的人。他的名字是尤利西斯·格兰特[1]。

当南北战争爆发的时候，这个曾经一度春风得意的年轻军官的仕途似乎已经到了尽头。当地基督教妇女禁酒联合会的所有女士都摇头说："我早就对你说过了！我们可怜的尤利西斯兄弟！"她们预言，他的葬礼很快就会到来，人们还会从中吸取一个不要过量饮酒、不要过量吸烟的道德教训。当她们听说这个身体虚弱的上尉被任命为伊利诺斯州军队一个团的团长，并率领她们的小伙子们去打仗的时候，她们感到有些不安。

至于格兰特本人，他从来都是一个不爱说话的人。因此他率领的军队，都是自行其是、埋头苦干，不声不响地就能够成功地摧毁南方联邦在西部的战线。随后，他又袭击了田纳西，迫使李从北部战线撤走了大部分精锐的军队，以保卫西部和南部的战线。

这是一个非常好的开端。之后不久，格兰特又取得了一次更加出人意料的具有更重要意义的胜利。

北方的封锁的确使南方受到了极大的重创。每年生产出来的500万包棉花，如果无法销售到国外，那又有什么用呢？当然，不

---

[1] 格兰特（Ulysses Simpson Grant，1822 — 1885），美国南北战争时联邦军的总司令，后来成为总统。

时地也会有几千包棉花被装上快艇，冲破封锁，运到英国、西班牙、荷兰或者丹麦在西印度群岛的领地。但是，毕竟这个数量是有限的，根本就不值得一提。现在所需要的是能够找到一种更为成功的途径来打破联邦舰队的铜墙铁壁。

在北方，制造业的设施随处可见，而在南方联邦却没有。但是，他们的工程师却听说过这种铁甲轮船，自从克里木战争以来，欧洲各国一直都在试制那种铁甲轮船。于是他们就沿着这个思路来寻找解决他们困难的办法。究竟是谁设计出了第一艘南方联邦铁甲舰的草图，我不太清楚。但是，戴维斯内阁中的一位成员，曾经担任参议院海军事务委员会的主席很长时间，他对于铁甲舰的相关知识应该比较熟悉。尽管南方联邦的原料非常短缺。但是他们在一艘破旧的美国老式炮艇上加了一层铁甲，从而设计出一种小型的无畏战舰。这艘战舰的最高时速能够达到 7 英里，在与普通的木船作战时绝对是战无不胜的。

这艘奇特的战舰原名叫“梅里马克”，被南方联邦海军改装后重新命名为“弗吉尼亚”。它出航的第一天就击沉了联邦军的两艘战舰。

这仅仅才是一个开始。如果史蒂芬·马洛里还能够有机会制造出十几艘类似的战舰，那么从查尔斯顿到伦敦的航线就向南方联邦的贸易敞开了，他们的棉花就会比刀枪还厉害。

但是当南方人眼看着陈旧的“梅里马克”号被封上顶，开始为它锻造两侧的铁板时，一个名叫约翰·埃里克森的瑞典人正在设计自己的图纸。他曾经是瑞典海军的一位船长，后来成了发明家。他的这些构想注定会让南方联邦称雄海上幻想变成一堆碎铁和木柴。

埃里克森在英国也曾经制造过火车头，而且可以与史蒂芬逊的火车头相媲美。他还发明了军舰上使用的螺旋桨。最后他突然来了灵感在铁甲船上安装了有旋转炮台的火炮。他带着他的发明来到了法国。但是，如同当年拿破仑一世对富尔顿在混浊的塞纳河中试验的汽船不感兴趣一样，拿破仑三世对埃里克森的战舰也不感兴趣。他拒绝给这个瑞典人任何赞助。正在这个时候，南方联邦正在建造一艘新式战舰的消息传到了欧洲。于是埃里克森来到了华盛顿，他把自己的方案展示给合众国政府的建筑工程师们看。他们的态度也是摇摆不定的，一方面他们非常愿意聆听一个外来者、一个平民的想法，所以他们允许埃里克森根据他那奇异的想法建造“莫尼托”号铁甲舰；但是另外一方面除了埃里克森本人之外，没有人会认真对待这件事情。他拼命地工作，不到六个月时间，他的战舰就可以投入战斗了。在 1862 年 3 月 9 日的一次短兵相接中，“莫尼托”号显示出了作为一种破坏性武器的绝对优势。南方联邦突破封锁的最后希望破灭了。

北方拥有更多的“莫尼托”级铁甲舰，都是得益于此，北方加大了封锁的力度。南方的棉花堆放在莫比尔和诺福克的码头上逐渐腐烂。欧洲的列强已经没有理由再期待南方的胜利了，而对于南方希望获得承认或者贷款的请求一概充耳不闻。

李和杰克逊的军队孤注一掷，力争赢得一点儿时间，这样就有机会让对方陷入困境。然而这是不可能的事情。因为他们的敌人对他们进行了一次卑鄙的背后攻击。根据林肯总统的一份宣言，从

1863 年 1 月 1 日起，凡是南方联邦军占领土地上的奴隶都将永远获得自由。但是，这份文件并没有废除联邦内对北方忠心耿耿的那些州的奴隶制。这纯粹是一项战争措施，目的就是要赢得国内外废奴主义者的支持。这些废奴主义者一定认为这场战争是为了争取人类解放而进行的斗争，而不再把它看成争权夺利的内讧。但是它并没有完全解决奴隶制的问题（这个问题毕竟只是引发内战的次要原因之一）。直到 1865 年，新的宪法修正案才将这一“特殊制度”彻底结束，在美国境内永远废除了强迫奴役制。

至于战争本身，我还要简单介绍一下。一旦总司令的指挥权交给了一个人，就是伊利诺斯州加利纳市那个皮鞋店的小职员，问题就像下国际象棋那样精确地迎刃而解了。密西西比河流域被占领了。海军司令法拉格特攻进了新奥尔良市。李在葛底斯堡几乎就要击败一支北方军了，但是只差 10 分钟和 5000 人的兵力，因而没能大获全胜。谢尔曼率领军队横穿了佐治亚，进行大肆地破坏，许多正直的北方人对于这种壮观，但又有些过分的残暴表演感到羞愧。接着，南方联邦为了赢得和平，建议北方和南方的军队联合远征墨西哥。但是这一努力是徒劳无益的。最后，南方的首都里士满遭到了围困和炮击，最终失守。杰夫·戴维斯在佐治亚的荒原四处流窜，进行着没有目标的努力，力图避免四年来北方军队一直渴望得到的那个结果。

在南方首都失守之后，除了体面的投降以外，就只有以伟大的宽容、谦恭的精神来接受这一投降了。格兰特和李在阿波马托克斯郡政府附近举行会谈之后举行了投降和受降仪式。

而最后，这个案件终于有了一个最终的判决：整个国家的权力将永远高于各个州的权力。弥补四年战争所造成的损失的时候到了。

北方的部分民众准备伸出援手帮助他们以前的敌人。还有一些人的身上流淌着真正的马加比家族[1]的血液，他们在失败的时候惊慌失措，而在胜利的时候却残忍无情。共和国的命运似乎比任何时候都更加依赖于那个忧郁而孤独的人。他在孤独可怕的四年时间里，学会了如何不带仇恨地进行战斗。

1865年3月4日，再次当选美国总统的亚伯拉罕·林肯，就一套切实可行的人生哲学的想法进行了阐述，这种生活哲学是美国人关于仁慈和友善的行为准则，是对正义和宽容的大声疾呼，让世人宽宏大量的善意忠告。

六个星期以后，一颗子弹射穿他的脑袋，他倒下了。

## ◆ 第46章　最后一位征服者 ◆

可怜的家伙，他也许早就应该知道他会遭遇不幸。

他是一个心地善良的人，一位和蔼可亲的君王。他能够画出美好的图画，弹奏优美的钢琴曲，通晓植物学知识。但是他不喜欢闲谈。

因此，与所有哈布斯堡的君主一样，他留着络腮胡子，让自己

[1] 古代巴勒斯坦地区犹太教世袭祭司长家族。

显得高大威猛一些，谈话的内容都是上帝、祖国、义务以及其他各种庄重的事情。即使在这样一个时刻他也显得有些可笑。只是有那么一个时刻，他确有先祖的风范。

他不太懂如何生活。

但是他死的却很壮烈。

因此，人们应该多多原谅他。

这个不幸的君主将注定是最后一位征服者。他在1832年生于申布伦的皇宫里。他的父亲是一个奥地利大公。他的哥哥是奥地利皇帝。他的岳父是比利时国王。欧洲有一半的君主都是他的表兄弟。由于他能够读书写字，还会做一些简单的算术题，所以哈布斯堡家族的其他人都认定他是一个天才。因此他们让他做了意大利的一个总督和奥地利军队的总司令。但是，他在某种程度上欺骗了他们。他确实有一个非常正常的头脑，他也非常勤奋，他做了一些连他的亲属都没有想到的事情，他博览群书，并借助各种模型和地图来研究问题，因此他被视为海军事务上的一个权威。他得到授权，获准放手对奥地利的海军进行改革，他还建造了装备有各种新式铁甲的战舰，使得奥地利一段时间内控制了亚得里亚海和地中海的东部地区。在任伦巴第总督的时候，他提倡进行明智而自由的改革。如果这些改革都得以实现，那么哈布斯堡家族就能够保住意大利。但是，其他人好像都不明白他在说什么，最后他也气馁了，辞去了总督的职务，在的里雅斯特附近为自己建造了一座漂亮的住宅，他喜欢收集各种扇子、弹奏舒伯特的奏鸣曲。他打算在自己的余生成为一个心地善良、说话和蔼、与世无争、有美丽的妻子相伴、有技艺高超的厨师侍奉、有一切享受陪伴的奥地利大公。

与此同时，在遥远的奥亚卡山区，一个古老的阿兹特克人的城堡，有一个名叫贝尼托·帕布罗·胡亚雷斯的印第安人。他出生在一个小木屋中。一个好心的修道士发现这个男孩儿会前途无量，因此给了他一些帮助，让他有机会学习法律。因为他希望进入政界，所以进行了一点儿斗争。他被任命为本州的州长，最后在 1861 年他当选为墨西哥共和国的总统。从申布伦到伊斯特兰响起了长长的欢呼。但是在历史领域里不可能的事情往往会变成合乎逻辑的事情。我们现在来介绍一下这幕小悲剧中的第三个人。

拿破仑三世的祖母是来自（加勒比海）马提尼克岛的克里奥尔人。他的父亲（如果我们相信当代最有权威人士的说法）是一位荷兰的海军将军。但是他名义上父亲却是伟大的拿破仑的一个弟弟。他的妻子则是一位名叫柯克帕特里克的美国人的孙女。柯克帕特里克曾经是美国驻马拉加（这里过去盛产葡萄酒）的领事。当我在历史书中需要提到他的时候，他刚刚对欧洲说，他新建立的帝国意味着和平，他正在寻找需要征服的新大陆。

再回过头来看看我们那位印第安人朋友。

胡亚雷斯是一个非常罕见的人物，是一个无私的墨西哥爱国者。他真诚地相信只要人们不横加干涉，那么他的印第安种族就会有美好的未来。为了使他的国家从各种债权人无休止的重重压力下稍微缓口气，能够满足目前的各种开支，他暂停两年支付外债利息。这就在马德里、巴黎和伦敦的那些神秘阴暗小巷（通常这里被称作“金融界”）中引起极大的恐慌。法国、西班牙和英国的舰队立即开往韦拉克鲁斯，要求获得“补偿”和维护受损害的欧洲债权人的“权益”。

英国政府向来就有注重实际的传统，他们很快就意识到这个不起眼的印第安人打算做一笔生意，每一元钱的困难他都会用自己一元五角钱的潜力去对付。于是英国军舰撤了回来。西班牙人心领神会，也撤退了。但是拿破仑让他所控制的报纸大肆鼓吹世界将会再次认识到高卢人的天才，如果退出这项不合时宜的事业就会令他名誉扫地。他明明知道不可为却偏要为之。他的士兵尽管因为患了黄热病而大量死去，但还是一直打到了墨西哥城，把胡亚雷斯总统赶到了荒野之地。

接着又出现了一个非常大的问题：那就是由谁来接管政权？

在欧洲的君主中，拿破仑皇帝是一个名副其实的暴发户。有几位君主甚至不愿意称他为“我的兄弟”。因此他想出了一个既精明又出人意料的方法。他把墨西哥的王位送给了高傲的哈布斯堡家族的一个成员。这样一来，世界上就又会多一个自封的皇帝。这样一来，如果以后奥地利的皇帝在想因为他（拿破仑三世）低微的出身而蔑视他的时候，他就可以反唇相讥：“你的兄弟也是这样啊！”

哈布斯堡家族的人作为君主来说并不是很聪明，但是他们也不缺少玩弄政治的基本技巧。否则他们也不可能在那么长的时间里保住他们摇摇欲坠的王位。因此尽管从一开始法国的大使就努力用简单的词来向他解释，但是奥地利皇帝弗朗西斯·约瑟夫还是坚决反对这个主意。

但是，马克西米利安却认为这个方案非常好。他是一位浪漫主义文学艺术的爱好者。在他的想象中，他穿着一身端庄体面的皇帝服装，倚靠着一座古老的阿兹特克宫殿的石柱，月光洒在遥远的波波卡特佩特火山上，成千上万矮小的棕色臣民用吉他弹奏着贝多芬的曲子，歌唱着他们是多么衷心爱戴他们的好国王。

为了让这悲惨的一幕尽早成为事实，他走马上任了。

他甚至相信了这样一种说法，就是墨西哥人民举行了一次全民表决，几乎无一例外地拥戴他为蒙提祖马[1]的继承人。在他那位平庸却实际的哥哥的要求下，他放弃了奥地利王位的所有权力，然后乘船去了韦拉克鲁斯。

华盛顿当局对那位法国大江湖骗子[2]的这些奇思异想并不是无动于衷的。几位美国驻欧洲的大使非常客气地询问所在国的政府，是否听说过若干年前门罗总统在国会发表的咨文。那些君主和大臣们都回答说："听说过。"然而时过境迁，门罗是在代表"美利坚合众国"说话，而现在早就已经没有什么"合众国"了，取而代之的是两个卷入激烈冲突的小共和国，这两个小共和国似乎都有可能摧毁对方。

1863年，这对于双方来说似乎都是很公平的事情。

但是，12个月以后，南方联邦就完蛋了。联邦政府终于可以腾出手来了，它的陆军和海军也就可以去拯救它所信赖的邻居贝尼托了。

美国开始对拿破仑皇帝施加压力。它拿出报纸给这位绅士看，上面登载着普鲁士在邻国丹麦的领土上取得的巨大的胜利，一个名

[1] 16世纪初墨西哥的阿兹特克皇帝。

[2] 指拿破仑三世。

叫俾斯麦[1]的人梦想着通过给损害法国,来复兴古老的德意志帝国。

拿破仑不得不承认这些都是真的。但是他根本就不顾及什么是信义，突然从墨西哥撤回了法国的军队，听任那位可怜的假皇帝自生自灭。

当时，通向海滨的道路还是畅通的。马克西米利安如果仅仅考虑自己的生命，他完全可以逃走。但是他本性上是一个十分严肃的人，具有高度的责任感。这个时候他觉得应该与那些为他的王位而斗争的人生死与共。

当一切都无可挽回的时候，他希望能够战死在战场上。唉！但是没有一颗子弹能够成全他。不可避免的事情还是发生了。他的一个部下把他出卖给了胡亚雷斯。胡亚雷斯对他执行了枪决。马克西米利安并没有请求对他的宽恕，却勇敢地为几名始终忠实于他的将军请求缓刑。

当处决他的消息通过电报传到国外以后，整个世界都震惊了，想不到一位奥地利帝国的大公将被一个纯粹的墨西哥印第安人处决。就连美国总统也致函请求奥格兰德河那边的这位好朋友，请求他予以宽大处理。但是胡亚雷斯却回答说，他无能为力。不是他而是这个国家的法律要剥夺这位皇帝的生命。

那么也就没有其他的办法了。

1867 年 6 月 19 日，马克西米利安被枪决了。

六个月以后，一艘以一个意大利人的名字命名的奥地利军舰，

[1] 俾斯麦（Prince von Bismarck Otto，1815 — 1898），现代德国的创始人，第一任首相，被称为“铁血宰相”。

悬挂奥地利皇帝和匈牙利国王的旗子，缓缓地驶进了韦拉克鲁斯港口。

第二天，这位最后的征服者躺在底仓的一个棺材里回家了。

## ◆ 第 47 章　在犹他州打下一颗金道钉 ◆

两颗花生相加等于两颗花生。两头大象相加等于两头大象。

尽管在数字意义上它们都是“2”，但是两颗花生绝对不能等于两头大象。

这道算术中题的小问题是显而易见的，所以也就不需要再做进一步的解释。但遗憾的是，许多人却只看到了数字“2”，对于他们来说，等式中的其他东西都是无所谓的。对于他们来说，“2”永远是“2”，不管你说的是大象还是花生。

当内战已经结束，侵略墨西哥城的那个外国幽灵也已经永远的安眠了，似乎应该彻底考虑与重建被战火蹂躏的南部地区和有关的各种社会经济问题了。

这种清教徒似的自以为是，是北方文明的一个突出特点。他们总是坚持公正高于怜悯，这种态度使问题变得更加复杂了。

北方在战争中失去了三十五万余名最优秀的青年。在北方人看来，南方是十恶不赦的叛徒和罪人。因为正是由于南方妄图在奴隶制问题上把自己的意志强加给整个联邦。

当这种企图不能得逞的时候，南方便开始了分裂活动。

当事情发展到不流血就不能达到目的的时候，南方打响了第一枪。

所有这一切都是因为南方人不正常的信念：白人天生就比黑人优秀。

不，正派的北方人根本就不能赞同这些叛乱者的观点。

对于他们来说，2 就是 2。

一个黑人只不过是一个皮肤有点儿黑的白人而已。两个密西西比产棉区的黑人，与两个弗吉尼亚的罗伯特·李具有同样的价值。一个无法解决的纠纷，一个代价高昂的错误，因为在北方发现逻辑法则在人际关系方面并不是完全适用之前，整个民族几乎都被拖到争执的极点，十年的和平时期的内部争吵比五年战争的代价还要大。

是啊，如果林肯还活着那该有多好啊！

但是林肯已经离开了人世。接替他国家元首位置的是一个完全不适合这个位置的人。这个人原本被选为副总统，因为他是少数仍然忠于联邦的南方政治家之一，因为林肯所在的那个党的高层希望让一个田纳西民主党人在共和党的候选人名单上占据一个突出的位置，可能会讨好边疆地区的各个州。

然而布思的暗杀行动却把这个可怜的裁缝学徒提升到了总统的位子上。现在，这个安德鲁·杰克逊的信徒，这个来自偏远地区的职业政治家，临危受命，领导这个处在最困难时期的国家。在这个人在内心深处认为南方遭受了极大的不公平，所以不应该遭受这种彻底失败的屈辱。他觉得自己必须与新英格兰人联合起来，这些人认为北方是遭到了不公平的对待，原来南方联邦的各州应该感到幸福，因为他们获准继续生存下去。

持上述两种对立观点的人之间公开的对立，最终导致了对这位总统的弹劾，和一场旷日持久、徒劳无益的讯问。可这证明不了什么，也没有任何结果。但是对于南方来说，由于所有的经济生活都早已经停滞不前了，政府机构中行政部门和立法部门之间的这种争执，只是意味着灾难。这也就意味着那个年代的极端民族主义者，恶劣的人类奴役制度的正义复仇者，现在可以让他们压抑已久的苦闷肆意的发泄出来。

这也就意味着一个混乱的世界出现了：黑人（在北方军队和刺刀的支持下）傲慢无理的对待他们从前的主人——白人。这也就导致了一个社会制度的彻底崩溃。那种制度尽管存在着种种缺陷，但是却造就了一大批杰出的人，在建立独立的合众国的过程中发挥了重要作用。

最后，它使恢复正常经济秩序的工作变得非常困难。经过两代人的努力，才将南方的经济从那次灾难性的打击中恢复过来。

此后，就像生活中经常见到的那样，意外的事情终于发生了。北方和南方为了联邦的领导权而打得不可开交，而西部地区则坐收渔翁之利。

西部原来一直都不为人们所注意，现在却突然变成了舞台的中心。对于边疆地区的古老信念成为新的宗教而被沿海地区的民众所接受。

60 年代初期，在军事和政治上采取的紧急措施，在很大程度上就是为了应付这种变化的。对于美国来说，不但要维持与中西部各州的友谊，而且还要保证太平洋沿岸美国人的忠诚，这都是非常重要的。但遗憾的是，这些州与东部地区被两千英里的高山和草原所阻隔。一封信如果从纽约经过巴拿马地峡送到萨拉门托，至少需要六个星期的时间。但是，到了 1860 年，在旧金山和密苏里的约瑟夫之间，开始有了著名的小马快递邮政业务。每盎司的信件只需要付五美元，就可以在八九天时间内从东部寄到西部。

接着又开始架设穿过草原的电报线。

然而有一个巨大而危险的缺口依然存在，因为电报不可能把士兵传送过去，或者用小马快递把大炮传递过去。另外，从路易斯和克拉克[1]时代以来人们就知道，这些大片的土地都具有很高的价值，真正是农民的天堂，而且有着丰富的原料。

一个自尊而细心的政府是不可能让这些领土闲置着的。早在杰斐逊担任总统的时候就有传闻，说阿伦·伯尔准备建立一个密西西比帝国。这种传闻足以使东部的人们陷入恐慌。现在，国家正处在战争之中，法国人在墨西哥，英国皇家军队也已经占领了哈里法克斯的要塞。北方当然希望能够获得胜利，但是谁也无法保证一定能够胜利。而让后方的真空地带继续存在下去，就如同是在自杀。

战争曾经一度使移民的安置工作遭到破坏。所有能够挥动铁锹的人都被迫扛起了滑膛枪。一支小规模的骑兵就足以成为破坏大草原无垠沉寂的因素。但是，一旦和平来临，把西部和东部联结起来

[1] 1804 — 1806 年两人率领探险队进行了第一次抵达太平洋西北岸的横跨大陆的考察。

的工作，立刻就会轰轰烈烈地展开了。

在此之前，铁路承包商总是跟随拓荒者的足迹而来的。当某个地区的移民达到一定的数量，他们才会值得他们去修建铁路，以获取商业利润。现在，铁路承包商已经成了开路的先锋。他们不会再等待。他们首先在无人居住的几千平方英里的地区提供像样的交通工具，然后再邀请东部的农民和欧洲的移民在距离车站不远的地方安家，并且用他们的铁路将定居者的牲畜和农产品运送过来。修筑铁路的勘测人员疯狂地工作着。用不了多久，整个密西西比河流域就已经被一个纵横交错的铁路网所覆盖了。这样一来，第一横跨大陆的铁路也就指日可待了。

1869 年 5 月 10 日，在犹他州的普罗蒙特里，一颗金色的道钉被打进了最后一段四英尺长的铁轨。从此，东部和西部就联结起来了。规划中的第一部分顺利完成了。而第二部分则更加困难。

买得起西部的土地和并且能够举家跨过密西西比河的人是比较少的。其他的人虽然满怀美好的愿望，但是他们缺少缴纳为了获得新土地所需要的第一笔定金，需要五六百美元。为了让这些公民加速移民，国会最终通过了一项宅地法。根据这项法令，任何正派的公民都可以获取 160 英亩西部的国有土地，只要他在这块土地上拥有一定的产业就可以持有它。

这项措施极大地促进了遥远西部地区的移民开拓新的定居点。世界上进行过类似大规模移民的国家，只有一个，那就是俄罗斯。但是在西伯利亚（我指的是拓荒者的西伯利亚，而并不是亚洲北部臭名昭著的流放地），当地的政府使用了暴力的手段才把农民赶到了鞑靼的大草原，而美国当局则是不得不对日益高涨的移民热情加以抑制。几年来，西部的开发已经表明，与统治着得克萨斯和达科他数百万英亩种植着谷物和饲养着牲畜的肥沃土地的皇帝相比，南方的棉花大王只是一个很弱小的君主。随后那些急切的闯入者已经无法控制了。他们迫切希望获得属于自己的一份土地。这种抢占新牧场、新农田的疯狂热潮席卷了西部，最后残存的印第安人（美国占领了他们祖传的领地之后，为了还一笔良心债，而将这块土地给了他们），这些可怜的原始人最终被无情地消灭了，或者是被赶进了宽敞的集中营，让他们在那里自生自灭，或者是退化成为一种当地原始动物的标本。

可是，这样残忍的事情在白种人向地球表面进军的时候好像是不可避免的。但是，在理论上，欧洲人和美国人都承认，黑人、黄种人和棕色人都拥有相同的生存权利。但是在实践的过程中，他们则希望这些人能够“知道他们的位置”，为他们擦皮鞋，或者是为他们的主人洗衣服。当一个人似乎站在白人和他的直接利润人之间，宣布他不愿意成为擦皮鞋的人或者是端盘子的人，那么这些高加索的白人就不知道应该如何对待他了。在这样的困境中他会感到紧张不安，并且开始摆弄他的手枪，那么，十有八九就会出事，枪响了。如果这个可怜愚钝的印第安人正好处在子弹发射的方向，那么他就要倒霉了。他会以仁慈上帝的名义发誓，为什么他没有小心点儿呢？他既然已经死了，那么我们为什么不把他埋掉呢，为什么不把这件事情忘记呢？

对于我们历史上的这一章，我们无法感到骄傲。在这些历史中的每一页我们读到的都是关于贪婪、残忍和背信弃义。那些情节都弥漫着草原酒馆走私酒的气味。但是，与自然法则对抗的伦理原则是什么呢？美国从法国、墨西哥和英国手中购买的、交换的和抢来的两百多万平方英里的高山和平原，这些地方蕴藏着一些全世界都梦寐以求的金、银、船、铜和石油等丰富的矿藏。一个用弓箭战斗的弱小种族曾经占领着这些地方，但是一个拥有火枪和大炮的强大种族却正在贪婪地觊觎着这些地方。

有一位德国的政治家，它虽然没有文雅的气质和老到的手腕，但是他的人民却认为他是很“诚实”的。他曾经说过：“统治这个世界需要的是强权而不是正义。”

在爱达荷、怀俄明、蒙大拿和内布拉斯加，我们走进小巧的白人的学校教室和小巧的白人教堂，高唱赞美诗，感谢仁慈的上帝让我们与那些残忍的外国人有所不同。后者公开宣称，强者将会支配地球和它的一切，而弱者仅有的一点儿东西也将会被剥夺。我们非常痛恨这种思想。我们会不耐烦地高喊：“不！”或许其他民族会有这种罪孽，但是我们坚信我们自己从来都没有犯过这种罪孽。

我希望，我的曾孙辈能够用这种方式说话，而不要被看成不可救药的说谎者。

然而此刻，我却被这样一个世界包围着，不是吞并就是被吞并，不是毁灭别人就是被别人毁灭，不是杀人就是被人杀掉。我不得不接受我所发现的这种生活，我也只好遵守一个强权的命令，而这些命令似乎比任何人类的意志都更强大。

因此，卡莱尔[1]悲伤的幽灵咧咧嘴，摆出了一副鬼脸，低声说道：“你还算是幸运的！”

## ◆ 第 48 章 北美文明第三阶段的衰落 ◆

我们几乎都听到过老人的抱怨：这是一个爵士乐的时代，生活的节奏实在是太快了，我们的文明正处于一种匆忙而慌乱的状态。

但是，老人们总是在抱怨、在比较，而尽管我们的孩子们会非常有礼貌地说“是的，先生”，但是在心里却对那些缅怀和赞美过去的言语不当回事儿。

这些未来的祖父母有时也会有自己的忧虑，那个时候我们就会听到新的感叹：“年轻的一代根本不懂得尊重别人，（或者）纽约的剧院里正在上演的剧目实在是骇人听闻。”

虽然如此（尽管我讨厌承认这一点），蒸汽和电力的引进的确影响了我们的生活方式，西方文明（白人文明、基督教文明或者其他的说法）正在以五千年或者五百年以前根本不可能形成的速度在迅速前进（或者倒退，所以很难说是沿着什么样的方向）。

我们回头想一下埃及人、巴比伦人、希腊人、克里特岛人和罗

[1] 卡莱尔（Thomas Carlyle，1795 — 1881），英国评论家和史学家，是当时浪漫主义文学的巨擘，对美国的哲学思想产生了重要影响。著有《英雄与英雄崇拜》。

马人的时代。当时的人数是很少的，因为他们比他们的邻居更聪明或者更有能力，所以占据了一小块非常肥沃高产的土地。然后就是一个漫长而缓慢的发展阶段，这个时候后来者都努力地学习文明开化的行为举止。然后，通常在几个伟大人物的领导下，就会出现一个所谓的“黄金时代”。国家突然之间会走上战争之路，对所有的贸易进行垄断，涌现出大量的诗歌，研究天文学，进行海洋探测，研究人的行为举止，雕刻大理石雕像，建造金字塔和庙宇，将毛织衣袍染成淡紫色，把自己的文明传播到天涯海角。

但是这种黄金时代从来都不会持续太长时间。因为它浪费了太多的人力。热情和欢乐的火焰不可能长时间地熊熊燃烧，那样的话很快就会消耗殆尽了。那样，懦弱无能的一辈开始坐吃山空，所以衰落也就开始了，而剩下的也就只是一个时间问题了。如果他们的祖先聚敛了足够多的财富（通常他们会这样做的），那么他们或许要用五百年或者一千年的时间才能够写下最后的篇章。

即使某个特别睿智的民族精神遗留在完全陌生的人的手里再度复兴，然后继续延续五六百年，那么可能会造成一种错觉。但始终还是无法逃脱死亡的宿命。

但是在大洋彼岸，这种规律似乎是不起什么作用的。我们能够用五六十年的时间走完其他人用十五个或者五十个世纪才能走完的路。当白人在美洲大陆的北部登陆的时候，他们对土著印第安人的文明感到惊讶。这些文明有的是非常原始的，而有的则是发展程度非常高的。而最早到达这里的人们对这类问题并不感兴趣。他们用刀剑、烈火、枪炮、绞索开始了屠杀，并且用最快的速度把土著人的一切都摧毁了。当他们的知识无法在不毛之地生存的时候，他们偶尔也会向那些受害者学习点儿什么，只有这样他们才能够在这片荒凉的海岸上生存下来。但是他们却始终坚信自己的使命是神圣的，因此他们根本就不把这种事情放在心上。他们杀害了印第安人，并且夺取了他们赖以生存的土地。美洲的土著文明变成了只有在阿尔伯克基市的古董店和好莱坞的原始西部博物馆才能够看到的历史遗迹。

当白人开始定居下来，北美文明的第二个周期也就开始了。这也就是殖民者的文明。大体上来说，这种文明从 17 世纪初期一直延续到 18 世纪后期。在科学和艺术的领域，它并没有做出什么贡献。在文学领域，也只不过是增添了几本令人讨厌的布道文集、几种饶有趣味的游记、几位加拿大耶稣会传教士的作品。尽管如此，那些置身于广阔荒原的欧洲人，还是有机会在自治政府中进行一些极具创造性的工作。如果能够给他们足够的时间，那么他们也许会发现某些关于政治的新思想，而那些新思想将会是非常有意思的，对于世界也是非常有价值的。

革命终止了这个著名的社会试验。

接着，北美文明的第三个阶段开始了，那就是共和国时期。这个阶段从 1776 年一直持续到 1865 年，即从反抗祖国的起义开始，直到内战的结束。在这个时期，殖民地人有意将他们与欧洲亲戚朋友的联系割断，他们背对着东方，大胆地开始尝试发展他们自己的一种新文化。这种生活和思维方式应该是他们新的自由平等观念的具体体现。

这种新的创造很容易遭到别人的嘲笑，因为这种伟大试验的最初成果是非常令人失望的。满纸的陈词滥调，不绝于耳的田园式描写，而这些东西早在其他地方的半个世纪以前就抛弃了。然而这并不是一个平静僵化的时期。这个时期也有冲突和矛盾，但是也充满了勃勃生机。美国的历史上第一次发出了先知的声音。他们具有全新的视野，他们敢于坚持自己的思想，并且会为之战斗，甚至不惜牺牲生命。不，我们不能因为杰斐逊和杰克逊时代是一个充斥着低劣家具、丑陋石印画、具有丹尼尔·韦伯斯特风格的政治家，长着满脸络腮胡子、戴着高高的礼帽，对各种问题都能慷慨激昂地发表无休止的高谈阔论却没有人理睬的时代就简单地抛弃它。

毋庸置疑，在这90年的时间里，涌动着一种对美好事物追求的冲动：给每一个普通人一个机会来部分地解决我们的问题，沿着从未向一般民众开放的某些道路来实现某种程度上的富足。所有这一切都是以美国的名义进行的。人类并没有被遗忘，正是美国使世界获得了自由，正是美国率领人们走出了荒野，正是美国给予我们这个星球某些富有精神价值的全新而持久的制度。

这是过去5个世纪里最令人兴奋的事件。然而今天它却走向了这样悲惨的结局！

为什么会这样？我不知道。

历史科学仍然处在幼年阶段。我们还从来没有像研究棉桃虫或者马铃薯传染病那样，仔细透彻地研究过这类问题。

但是像通常所说的，最后一个最典型的纯粹美洲文明突然地没落了，这一定是有原因的。而最主要的原因就是，年轻一代中最优秀的成分已经被消灭了。内战的军事领袖就像可怕的屠夫。而那些可怜的冤魂不是死在战场上就是死于疾病，再不就是成为各种官方错误政策的牺牲品。而那些军火商和他们的政治伙伴却对公众说，在国家危难之际，这些疏忽是“在所难免”的。

但是不管怎么说，他们还是死掉了。会有什么样的人来接替他们呢？

逃避兵役的人，没有到服兵役年龄的年轻人以及那些司法和商业界的投机者。他们花钱让别人去替他们送死，而他们则安全地待在家里。在理想价值观的问题上，那些具有高尚精神的人损失最为惨重，而讲求实际的男女则注定会存活下来。

因此，到了 1865 年，无论是北方还是南方，他们都丧失了最适合延续他们独特文明的人才。而这个时候人类对世界的统治却受到了机器的威胁。

而此时的欧洲已经把战争交给了少数职业军人的集团，因此也就有了更长久的时间来躲避这个可怕的末日。

但是因为美国已经丧失了最为宝贵的防御线，所以很快就束手就擒了。

我们的国家也因此而赢得了巨大的财富。

但是与此同时它也丧失了它永远都无法恢复的一种东西——年轻一代全心全意的支持。

青年人往往会非常慷慨大方。

但是当一个健康的青年整天待在自己的小铁笼子里，满脑子都在算计别人的金钱，或者是向他的邻居推销他们实际上并不需要的东西，他又怎么会对国家大事感兴趣呢？

## ◆ 第 49 章　埃利斯岛和普利茅斯礁石 ◆

亨利·亚当斯的祖父和曾祖父都曾经担任过美国总统。他的父亲在林肯政府处于最艰难的时刻担任驻英国的大使。如果说有谁能够无愧于美国人这一称号，那么肯定是法拉耶特广场的这位德高望重的老人了。

但是在南北战争结束以后，他却这样写道："从 50 年代这场战争中幸存下来的人，就像蚯蚓一样，徒劳地挣扎着，像回到起点，但是却迷失了方向。他无法看到自己的足迹，他就像沉船的残骸一样四处漂泊，他的世界黯淡死寂。他的世界早就已经死了。一个华沙或者克拉科夫的波兰犹太人，都比不上他这个美国人的敏锐直觉、旺盛精力和大胆的勇气，因为上帝知道在他的身后还有多少清教徒和爱国同胞。"

这种绝望而无助的呐喊，对既成事实无能为力的追悔，与亚拉腊山[1]的山坡一样古老。

在巴比伦、底比斯、克诺索斯和大马士革都有和亨利·亚当斯

[1]　亚拉腊山是传说中大洪水逐渐退去时露出的第一座山。见《创世纪》第 8 章第 5 节。

相似的人，更不用说罗马了。这种悲痛的咏叹是公元4世纪和5世纪最常见的文学表达形式。

那么，究竟发生了什么事情？

其实是非常简单的事情。

一群充满活力的人，凭借最有利的社会经济条件，建立了一个国家，然后又逐渐扩展为一个与他们的人数非常不成比例的帝国。他们在战争和探险中消耗了自己。但是他们却变得越来越富有。他们丢掉了文明和优雅，去追求物质的享受。他们获得了营造舒适生活的手段，但是却失去了生活的艺术。

简而言之，他们已经没有了“触摸灵魂”的感觉，而只有“触摸灵魂”才能够使我们的力量源源不断。

他们是辽阔土地的主人。

他们拥有比前人多得多的山川、河流、湖泊、矿山、粮田和牧场。

但是河流、森林、土地和矿山本身是没有任何价值的，除非人们将它们打开，挖掘它们的潜力，获取它们的宝藏。

但是应该由谁来做这些工作呢？

“我们的孩子。”拓荒者说。

但是他们后代中的优秀者却长眠在了葛底斯堡和安提塔姆的战场上。而那些由于某种特殊原因幸存下来的人，似乎都不能也不愿意从创伤中恢复过来。

这是一件非常可悲的事情，但是却不得不承认，老一代人已经不愿意再从事农场和工厂的工作。

他们已经蜕变成为一个坐收地租的职业地主阶级，新经济时代的封建领主。

他们需要工人、农民、仆役，任何有力气能干活儿的人。

当地的劳动力已经远远不够用了。

战利品如此之多，而分享的人却如此之少，因此那些懒散的迟到者是分不到东西的。

简而言之，这是一个只有统治阶级、没有被统治阶级的古老故事。

在这种情况下，美国人所做的和三千年前巴比伦人和埃及人所做的没有什么两样，罗马人在公元1世纪、2世纪的做法是：他们向外国人敞开了大门，并且拆除了障碍，向一切愿意来此安家落户的人发出了邀请。

这种政策在一开始的时候似乎总是没有什么危险的。那些口音古怪、衣着粗俗、思维迟钝、在社交中缺乏经济头脑的外国人，并不像是非常可怕的对手。

让他们居住在简陋的小屋里；为他们修建学校，教育他们的孩子必须尊重领主；允许他们有自己的宗教信仰，但是他们要明白自己的“位置”，并且必须承认自己是低于统治阶级的（后者可能是巴比伦人，也可能是美国人、埃及人，或者是中国人），这样他就会受到优待，得到他以前从来都没有过的那么多的食品。这样一来，他就再也不会有造反的念头了，而是谦卑地服从和热情地赞美他的主人，将他的主人视为大善人，他应该效忠和信赖。

但是一旦他不再饥饿，就能够重新使用他们迟钝的脑子，开始思考各种问题。

他无数次被告知，他应该感到无比的幸福，因为他们生活的地方是罗马公民（或美国公民或希腊公民）的乐园，他能够在一座石头砌成的房子里生活，而不是在一间茅舍里生活，他可以在一个星期里吃七次肉，而不是只吃一次，他能够穿着鞋而不是光着脚走路。总而言之，他应该感到高兴，因为他生活在一个更新、更富足的文明国度中。

他被新的环境弄得有些头晕目眩了，所以他会说："是的，先生。"同时他也会让自己相信，他的确是一个非常最幸运的人。但是，蛇终于爬进了他的伊甸园，轻声地说："是谁因你而致富了？你在为谁修建道路？你在为谁挖掘铜和煤？你在为谁修建铁路？你在为谁建造房屋？你在坚硬的岩石中开凿出的隧道又是为了谁？"

麻烦开始出现了。

通常这种麻烦在第一代移民身上不会出现。他们的生活哲学教会他们要顺从，并且不要提太多的问题。因此，第一代移民对现在享受到的前所未有的幸福而感到满足，并且自愿承认自己比那些贵族低微。

但是第二代移民就开始拒绝承认父母的那些偏见。这些年轻人未曾见过他们祖先欢呼着离开的异国他乡。他们只关心现在，而现在也不能使他们感到满意。

不停地有人告诉他们，他们是"希洛人"[1]，他们是野蛮部落的后代，他们的父母是作为"农奴"、契约奴和苦力才被允许来到

---

[1] 古代斯巴达的农奴。

帝国的神圣疆域的，所以他们永远也别指望能够和那些土生土长的原住民平起平坐。

但是他们的所见所闻都与这种说法相抵触,他们并不低人一等。

在前 80 年的殖民统治时期，第一批移民在子孙们的协助下牢牢把持住了社会上的重要职位。他们的子孙支持他们进行社会压迫。但是到了上个世纪 70 年代以后，他们逐渐退出了。

他们被迫向新移民打开权力阶层的大门。而更糟糕的是，他们必须让一些新移民担任领导，因为他们比许多当地人更年轻、更有活力，也更聪明。

一旦拓荒者的霸权受到挑战，那么丧钟也就敲响了。

如果你认为我太过悲观，那么就看看一百年或者一千年以前在西亚、北非、地中海、乌拉尔山脉都发生过什么。

在美国，我们的所有问题都被“四海之内皆兄弟”“所有人机会均等”这些华丽的辞藻所掩盖。人们不像在罗马、叙利亚、希腊或者俄国那样可以清晰地辨别衰落的痕迹。

但是主宰着人类历史发展规律的神秘宿命，在任何时候、任何地点、任何时代都会起相对作用的。

两个世纪以前，在普利茅斯登陆的拓荒者的后代，以“最早到达者”的神圣权利为理由，认为自己就应该是新建立的帝国的合法主人。他们坚持地认为，他们的语言应该被奉为国语，他们的宗教信仰应该被所有人信奉，他们的伦理观念应该成为他们领地内定居者的行为准则。

但是“统治就意味着强力”。世界上所有美好的语言都无法改变这一点。政府就是强力的。而暴力不一定就是哥萨克、绞刑架和秘密监狱，而是一种明智而合理的力量，是一种能够让人感觉到的力量。统治者要让他们相信他能够熟练地驾驭这艘船，让他们在不知不觉中服从他的领导，因为这在他们看来是非常合理的。当人数不断减少的领导者们逐渐丧失他们的领导能力时，他们就会满足于坐在后排，把多余的资金用在投资上，而让别人来做一些实际的工作，那么这个坐享其成的团体迟早都会被不久以前还在挖沟开渠的那些人取而代之。

在19世纪上半叶，墨西哥人终于明白了一条古老的训诫：造物是不允许留下真空的；如果一个弱小的民族拥有一个广阔而富饶的国家；而一个非常强大的邻国迫切需要夺取更多的地盘，那么这个强大的民族必然会侵略弱小的种族，并且将富饶的土地夺走。

在19世纪下半叶的时候，圣安纳的征服者懂得了优胜劣汰这条生物学原理。他们出于非常自私的目的，通过鼓励大规模的移民，来加快征服的步伐。但是结果往往会适得其反。毫无疑问这是一个错误，但是这种错误就像尼罗河一样的古老。

虽然是亡羊补牢，但为时已晚。

在“蛮族”前进的道路上修建起巨大而坚固的堡垒。然而，在古代埃利斯岛[1]的废墟却散布在整个世界上。中国长城的遗迹已经告诉我们，这种补救是徒劳的。

连接出岛[2]和日本本土的，是一座只能单人通行的小桥。这座

[1] 纽约湾的一个岛屿，曾经作为移民的检查站。

[2] 出岛是日本近代以前幕府时代唯一对外开放的岛屿。

小桥在轻声地讲述着一个因自我封闭最终导致经济崩溃以及全部的旧政策都被彻底否定的故事。现在看来，我们国家的历史似乎也不会有其他的结果。

西奥多·罗斯福总统[1]曾经用挖苦的语调说“多种语言混居的社会”可能将要结束了。

终究会有那么一天，不会再有那么多混杂的语言。但是这并不能改变一个事实：盎格鲁－撒克逊人作为共和国的统治阶级，他们剩余的时间已经屈指可数了。

对于某些人来说，那可能将会是非常可怕的灾难。

对于生活在公元 500 年的罗马人来说，哥特人和勃艮第人的出现意味着灾难的来临。

罗马人已经清楚地认识到，那些人成功的根本原因就是罗马人自己的衰弱，因为罗马人的子弟都是胸无大志。但是，失败的苦果仍然是难以下咽的。

他们已经预见到了帝国的崩溃、人类的毁灭、世界的终结。

看哪！在一千年以后，东西方的交汇产生了一种全新的文明，在各个方面都超过了古老的帝国时代所能达到的高度。

上帝的磨盘在慢慢地转动着。

也许我们最好是让它们转动的时间更长一些。

因为它们通常会转动得非常好。

[1] 西奥多·罗斯福（Theodore Roosevelt，1858 — 1919），美国政治家，第二十六任总统。

# ◆ 第 50 章　物质的统治 ◆

人们普遍相信，在亚当和夏娃的伊甸园时代，并不存在任何有组织的政府。每个家庭本身就是一个单位，也没有什么国王、王子和皇帝。

但是随着世界上的人口不断增长，人类中的弱者也就越来越难以生存了。因此，他们组织成小的集团，推举出某些强大的人作为他们的领袖。

这些领袖经过一段时间以后就会变成正式的统治者，他们几乎拥有绝对的权力，他们在统治着这个部落，就像是在管理自己的私有财产一样。但是这并没有改变建立政府的初衷。这个初衷就是，在国王和臣民之间签订了一个正式的“契约”。一方面，国王由全体人民选举出来，国王为人民的利益服务；另外一方面，如果臣民对他的服务不满意，那么随时都可以将他们的君主解雇。

这种理论在华盛顿和杰斐逊执政的时代非常流行。但是在最近的五十年时间里，我们在广阔的社会研究领域进行了一系列认真的探讨。我们的发现完全颠覆了旧有的观念：政府的根源在于人民，而统治者是后来为了维护臣民的利益而创造出来的。

在历史上的某些黄金时代，很多臣民都聚敛了巨额的财富，他们可以雇用私人的军队，因此他们经常可以把自己的意愿强加给他们的统治者。甚至偶尔会发生这样的情况，通过显示物力，他们可以迫使统治者签署契约。按照这些契约，国王不得不承认他们是国家的第一公仆，并且受到这项神圣契约的制约。

这就是卢梭所描述的建立国家的过程，这种理论被他的许多追随者当作福音真理来接受。但是，最初建立一个国家的过程却与这一过程是相反的。

实际的情况却并不是人民聚集在一起，而是组成了一个集团或者国家，然后呼吁："现在让我们选出一个精明强干的人来担任我们的领袖。把那些强壮精干的年轻人组织起来成为他的私人卫队，去征服尽可能多的村庄、城市和国家（只需要借助那些忠实的走狗就可以管理得很好），然后通过暴力把它们变成一个小国家。"

接着，他会召集所有乡村里的长老，对他们粗鲁地说："你们这些杂种，抬起你们的头看看你们的主人！如果你们想继续活下去，那么你们就要记住，从现在开始，你们都是我的臣民。如果你们想知道为什么？因为我指挥着一群久经沙场、心狠手辣的年轻强盗。他们听从我的每一个命令。在我发布命令的时候，如果有谁敢大声尖叫，那么他们就会把你们撕成碎片。不过，不必害怕，我是一个讲道理的人。我只想过舒适的生活。我和我的追随者、我的坐骑、女人、牛羊都需要住在漂亮的房子里。而建筑这些房子需要很多的钱。我希望通过征税的方式每年从你们那里获得一笔收入。想想这种制度的好处吧！对于我给你们造成的这点儿小麻烦，我将会郑重地承诺，作为回报我将保护你们不受任何敌人的侵害。这不仅是因为我非常热爱你们，而且也是因为这样做非常符合我的利益。因为如果你们越富有，那么我就可以从你们那里征收更多的税。这就是我想说的，谢谢各位。”

随着时间的流逝，国王的权力被逐渐削弱。这时教士会出来帮助他们的君主，他们之间达成了一笔交易：神权与王权相互承诺，在事关他们共同利益的问题上相互支持、密切合作。

从此，君权神授，国王成了上帝的宠儿，神圣不可侵犯。与此同时，教士也成了统治阶级的一部分，如果他们遇到了麻烦，他们就会得到国王（国家机器）的口头支持和善意的保护，以便放心大胆地传播自己的宗教。

当然，那些丧失了自主权的统治者，很快就意识到这样一个方案是非常有利的：他们得到了前所未有的安全感。他们来到了王宫。当君主准备去打猎的时候，如果他们能够为国王斟酒，扶国王上马，那么他们就会感到心满意足。

非常不幸的是，人类的事情从来都没有完全按照预先制订的计划表进行。有的时候国王和教士之间会发生争吵，而有的时候国王和富有的商人之间也会发生争斗，而教士则始终会与最终获胜的一方结盟。但是，在一般情况下，除了统治者之间偶尔会发生矛盾（通常都是因为分赃不均而引起的）的短暂时期外，与有产阶级（国王、教士和商人）通力合作。他们采取的是一种非常明智的合作政策，并且以此来确保他们在他们祖先通过暴力建立起来的社会中的统治地位。

就像法国和美国的革命所宣称的，这种理念是非常虚伪的。

这听上去是非常遗憾的，但是也没有其他可行的办法。只要世界上的人在智慧和勇气方面存在差异，那么就会有统治者和被统治者。隐瞒这个事实可能只会对统治阶级有利。为了不断地取得成功，民主制比其他政体都更需要隐藏这个事实。因此，鼓吹民主学说的人都拼命地向人们灌输这样的思想，那就是：人民就是权力的来源，“社会契约”是原本就存在的。“我们的人民”不仅仅是一句出现在某些政府文件前言中的一个礼貌的修辞，而且还包含着更多的内容。就像我前面说过的，维系这个神话可能符合统治阶级的利益。但是历史却并不在乎这个神话是怎么说的。因此我们可以断言，我们古老而光荣史书上的每一页所记载的事实：任何时期、任何国家都会严格区分统治阶级和被统治阶级，统治者和被统治者的法则亘古不变，这一点在今天的波多马克河和红河沿岸仍然是非常有效的，就像它们在四千年前的印度河流域和幼发拉底河流域一样行之有效。

同时我们还发现了有关统治阶级和被统治阶级之间其他的一些事情。这些事情对于我们理解我们现在所处的环境是十分重要的。而其中最重要的就是社会生物学法典中的一段文字。这段文字解释了现代对财富的莫名崇拜。这段文字如下：

“统治者总是从他们自己的世俗利益出发，来制定社会的道德准则。”

换句更加通俗易懂的话来说，就是“统治者总是竭力使被统治者相信，统治者颁布的法律实际上是世间道义法则的一个组成部分，服从国王和教会也就意味着服从上帝的意志”。

这听上去是十分复杂的。我最好还是给你们举个例子。

先以埃及为例。

在埃及，法老、王室、祭祀能够获得的持久幸福，都取决于一条河流与几百万皮肤黝黑的臣民之间的密切合作。所以不能有一点儿侥幸的心理。一个村庄的疏忽大意会使几百个村庄遭受灾难。当河水开始上涨的时候，河水必然会在某个时刻引入灌溉的渠道，时间不论早晚都可以。这样也就形成了一条纪律，使法老成为一名船长、一个暴君。他的意志必须被毫不迟疑地服从。这样一来，在民众中就会产生一种信仰，并且教士们也会鼓励这种信仰在民众中传播：即使是统治者最荒唐的想法也是神圣法律的一个组成部分。对于当地统治者的个人崇拜甚至可以和控制潮水涨落的上帝相提并论。

然而所有这些品德都是文明的一个部分。因为埃及基本上没有受到国外敌人的侵扰。在狭长的尼罗河沃土两侧是广阔的沙漠地带，很少有敌人敢于跨越那片散落着白骨和死骆驼的炎热恐怖地带。所以，埃及人并不需要展示天性中武力的一面。所以，军人的地位很低。

在埃及，人们心目中的理想生活就是农民的生活。而军人处于社会的底层。

但是与埃及隔着地中海相望的斯巴达则是另外一番景象。在那里，有一个名叫斯巴达的内陆小国，它的生存则完全依赖于军队的力量。没有人会对农夫的职业感兴趣。他们从小就把遵守纪律和吃苦耐劳看作最好的美德。

跨过叙利亚的草原，来到一个名叫犹太的小国家。犹太国是围绕着一个叫耶路撒冷的小镇子发展起来的。这个小镇之所以有名，因为它是全世界宗教生活的中心，是所有崇拜耶和华为上帝的犹太教的朝圣地。耶路撒冷的教士们既没有能力保护自己，也没有机会在农业或者商业方面一显身手，他们为了生存下去，就必须把虔诚当作他们臣民的主要美德。犹太人可以是没有热情的战士，也没有人在乎他们是如何照料他们那片贫瘠的土地的。但是他们必须严格遵守宗教的法则，因为如果他们失去了宗教信仰，那么这个国家也就没有了生存的希望。

因此，犹太人很小就接受严格的宗教教育，按时去教堂做礼拜，谦卑地服从教士的命令，这都被认为是最好的品质。在斯巴达和埃及都不被重视的品德，在耶路撒冷却被看作犹太国家的支柱。

再向西，就到了一个名叫腓尼基的国家。那里依靠的是贸易立国。西丹和泰雅是两个商业城市。它们不需要农民。它们非常富有，所以他们可以在需要的时候雇用士兵。宗教在它们的生活中也是微不足道的。它们一切都依靠商业贸易而生存。因此，富有的商人（他们统治着城市）认为，精明和交际能力是每一个公民都应该追求的最高美德，而斯巴达人和犹太人所推崇的肉体和灵魂，对于腓尼基人来说是无关紧要的。

说到这里，我想我的观点你们应该已经很清楚了。罗马把整个西部世界都变成了他的殖民帝国。为了治理这些领地，就需要大批的罗马公民精通行政管理和司法常识。冷静稳重的行政长官、独自守卫的士兵，能够在接到紧急通知时当机立断，甚至为了国家利益随时准备牺牲自己的人。这种人被罗马儿童视为学习的榜样。他们如果想出人头地，就应该效仿这些榜样。

随着时间的流逝，罗马已经不再是西方世界的中心，而变成了精神世界的中心。于是，道德标准也就随之发生了变化。新的统治者需要的是非常能干的文职官员。读书写字和雄辩的口才也就取代了在共和国和帝国时代备受推崇的军人和行政官员的行政才能，成为新的标准。

在美国建国后的半个世纪时间里，有非常多的自由土地，数百万人都拥有属于自己的土地，他们可以幸福地生活，根本就没有人来干涉他们。

在这段时间里，人们在经济上几乎是绝对平等的，在过去的历史中这种情况也只是偶尔出现过，但是绝对不会持续很长时间。到了 19 世纪中期，杰斐逊和亚当斯统治的时代，已经像亚述巴尼拔[1]的时代一样过去了。事物又恢复正常。也就是说，人民再次分裂为两个阶级：债权人和债务人。这种情况一旦发生，我在前面提到的古老法则就会重新发挥作用。统治者也就会像从前一样，尽管是不自觉的，但是却非常坚决地树立某些适用于一切好公民的行为准则，作为这些公民和他们子孙后代努力追求的理想。

这一次的理想是对财富的崇拜。这并不是什么新鲜东西。在美洲被发现之前，佛罗伦萨、威尼斯、奥格斯堡和诺夫哥罗德这些商业共和国，都曾经把聚敛财富看作一切公民美德中最高尚的（因为是最有用的）美德。但是，在历史上，从来没有什么人能够像 19 世纪中叶美国的移民那样有机会，在如此短暂的时间里获得如此巨大的财富。

结果，单纯的物质世界也就获得了尊严，而这种尊严在过去一

[1] 公元前 6 世纪亚述的末代国王。

直都是属于中世纪教会的。

在内战结束和马克西米利安消失以后，美国已经没有了外敌入侵的危险。一支小规模高效率的舰队就足以保卫我们的国家安全。当周边发生紧张事态的时候（像1898年，西班牙在古巴糟糕的殖民统治迫使美国出兵为古巴政府恢复独立），海军和少数正规的军队就可以胜任。但是，一般情况下，军人的尚武精神对于国家的安全来说并不是非常必要的，它们很快就会被人们遗忘。独立和自由的精神在将近一个世纪的时间里几乎成为西部边疆生活不可或缺的组成部分。它们只剩下情感上的感染力，成为历史书和爱国主义的教科书的固有名词。但是在实际生活中并没有人认真地看待它们。因为它们代表的是经济和精神的独立，而这种独立对于那些每天都要看银行家和雇主脸色行事的人来说，只会带来灾难。

拓荒者独立自主的旧美德已经不适合现在的时代。新的主人迫切需要寻找一套新的价值体系。结果，他们开始从财产的角度来衡量这个世界，他们宣扬私有财产神圣不可侵犯。最后，他们还创造了一个新的偶像。从此这个新的偶像就开始统治这个国家。他们把它称作“成功”。

但这还并不是全部。

西部拓荒者的精神理念已经被视为过时的奢侈品而被抛弃。

取而代之的是一套全新的行为准则：节俭、经济、工作守时、行为规范、循规蹈矩、忠于雇主、服从多数人的意志、符合大众的观点，被说成最高的公民道德标准。

这一切都转换得十分巧妙，神不知鬼不觉。不久，旧的口号“坚守你的个性，你就会快乐”完全被新的口号所取代：“抛弃你的个性，你就会富有”。

新的生活哲学很快就在国家的政治发展中得到体现。

19 世纪上半叶，美国的总统都是性格特点十分突出的人。他们并不都是博学多才的学者或者是治国的良材。但他们每个人都个性鲜明。只有少数几个人，如波尔克、皮尔斯和菲尔莫尔，能力非常平庸。然而，即使是这种能力一般的人，他们也具有某些明确的思想。他们是靠个人的奋斗才达到人生的顶峰。他们是屹立于金字塔顶端的人。你要么非常喜欢他们，要么对他们深恶痛绝。即使是他们的敌人，也不能说他们是没有特点的平庸之辈。

那时美国的孩子从小就接受这样的教育，他们被告知，如果他们努力地工作、努力地学习，那么他们就有可能在这个伟大的国家得到任何职位，他们甚至有希望成为美国的总统这个世界上最重要的职位。

但是，到了 19 世纪下半叶，一切都发生了改变。

小孩子不再被鼓励为了进入白宫而努力。他们受到的教育是，平庸而循规蹈矩的一生可能会使他们致富。丰富多彩的物质世界呈现在他们眼前。不断地积累就能够致富成为他们的人生信条。

议员们不再作为思想的代表走进国会——不管是好的思想还是坏的思想，还是中立的思想，毕竟都是思想。不，他们成为某个特殊利益集团的代理人来到华盛顿。他们要为“木材业”或“煤炭业”说话。他们从董事会接受指示。国家在他们看来就是一些大工厂的联合，他们只是物质成功的代理人而已。

那些继续向西迁移，在威斯康星、堪萨斯、怀俄明和达科他的农场定居的人，没有丢失西部边远地区拓荒者独立自主的传统。他们试图打破社会主流思想对无生命物质的崇拜，通过组织新的政党来表达他们的不满。但是，他们已经没有成功的机会了。他们被无情地嘲弄。如果嘲笑还不能击败他们，那么他们就会被宣布为新体制的敌人，遭到封锁和制裁厄运，直到屈服为止。

上帝的磨盘在永不停息地转动着。

煤炭、钢铁、水力、石油、金银等都是没有生命的物质，它们都被开发出来，为国家增加财富。

数百万移民被卷进了巨大的社会进步机制之中，被抛到我们的土地上，为了成为这个上帝更大的荣耀而工作。

最终人类将完全被这个钢铁怪物所奴役。这个钢铁怪物是由人创造出来的，它能够帮助我们劳动，但是人现在却变成了自己奴隶的仆人。

人们也曾经大声疾呼，反对这种非人化的社会进程。有一位被幸运女神推上总统宝座的人进行了勇敢地抵抗。他竭尽全力向他的同胞们证明，那种让人们的钱包装满金币，却使人们的灵魂变得空虚的政策是非常愚蠢的。但是，这个任务对于他来说实在是太艰巨了。西奥多•罗斯福也没有足够的时间来完成他的理想。他刚一退出历史舞台，一切就都又恢复了原样。共和国依然像他所挖苦的那样是没有灵魂的多种语言混居的旅馆、工厂、银行。

即使是精神完全独立的天才，也会接受无生命物质的专制，被这些新的民族之神驱使着，而没有一句抗议和怨言。

在这种情况下，救赎的唯一希望就是文学领域。通常情况下，讽刺作家要比政治改革家更强大。一支秃笔的威力抵得上一挺机关枪。然而，现在文学也投降了。那些对现行社会制度持批判态度的批评家，也被驯服了；那些拒绝向这种新的物质专制屈服的人被蹂躏和践踏；其他的人也最终丧失了勇气，躲在一边唱起了赞歌。

这就是十几年前的情况。由于与世界其他的地区相距遥远，而且东西两边都是浩瀚的大海，这个国家没有受到过侵犯。它可以向南方的邻国发号施令，但是丝毫都不用担心有任何不愉快的后果发生。

它可以把它的意志强加给任何一个它的炮舰所能够到达的地方。只要它认为有必要，它就会毫不犹豫地显示它的武力，尽管有的时候是不必要的。

于是，命运之神突然出人意料地提出了一个十分荒谬的问题。

这位神灵（还颇具幽默感）说："你们已经聚集了如此多的财富。你们拥有的工厂、高速火车、摩天大楼比任何人都多。你们银行里的存款数以亿计，你们的人均财富比历史上任何一个国家都要多。既然你们已经拥有了这一切，那么，你们要用这些财富干什么呢？"

当我们开始考虑这个问题的时候，我们也没有答案！

## ◆ 第 51 章　为争夺更多廉价的原料而战 ◆

为什么那些清教徒会被流放到低地国家，并且被迫离开他们在莱顿和阿姆斯特丹的家园，漂洋过海来到北美大陆。原因之一就是为了躲避战乱。

当英国那些不信奉国教的人来到低地国家之前不久，荷兰和西班牙刚刚达成了一个为期 12 年的停战协议。

1621 年，这个协议就应该结束了，双方都没有续约的意思。不仅那些年轻的清教徒会有应征入伍的危险，而且一旦西班牙入侵，那么他们将会与他们的荷兰主人一样面临同样的危险。因此，他们必须在战火重新燃起之前离开那里，让欧洲的新教徒兄弟们尽最大努力来挽救自己。

这场战争终于在 1621 年爆发了，并且一直持续到 1648 年，成为遍及欧洲的一系列战争的一部分，后来这场战争被称为“三十年战争”。

三十年战争是马丁·路德宗教改革的一个直接后果。由于他的宗教改革把德国分成了两个相互之间水火不容的集团，在 1517 年以后，德国人已经不再把自己当作德国人。无论是新教徒还是天主教徒，维系他们与德意志民族血缘的纽带被无情地斩断了。三十年战争是宗教对立的直接后果，它毁灭了德意志帝国，使德意志的人口减少到原来的四分之一，使帝国的发展至少倒退了二百年。这些都与本章的内容密切相关。

在那个重要的历史时期，欧洲的列强开始瓜分世界。德国由于自身的衰弱而被排除在瓜分者的行列之外。

西班牙和葡萄牙打仗，葡萄牙和荷兰打仗，荷兰和法国打仗，而英国为了占有亚洲、非洲和美洲的殖民地和所有人打仗。当他们的怒气都消失了，他们都占据了一片可以供他们发展的领土。

到了19世纪，一个名叫奥托·冯·俾斯麦的小个子巨人，一个来自普鲁士边境粗野的人，抓住了时机，使自己成了霍亨索伦家族的领袖，他用强力的手段统一了德意志，建立起一个非常强大的统一帝国。

从普通欧洲人和美国人的角度来看，这个巨大的成就存在一个无法弥补的缺憾，那就是它晚了整整二百年。煤、铁和石油的供给，在很早以前就已经分配完毕了；当时，除了一些没有防卫能力的印第安人和黑人以外，没有人敢和白人展开竞争。但是现在，所有的煤矿、铁矿和油田都属于那些拥有强大武装的白人国家，他们为了自身的利益要依赖这些原料产地，因此就要竭尽全力地加以保护，使它们不受到外国势力的攻击。

因此，如果德国人希望得到这些原料分配中的份额（他们的确非常希望），那么就意味着战争，而战争大概是那些负债累累的欧洲国家所最不希望的。

但是在当时富有经验的政治家，再一次看到他们所有的计划都被某种神秘的经济力量所打乱，这种力量将会不顾及皇帝、总统、武装集团与和平集团的力量而产生作用。

对物质的崇拜并没有局限在美洲大陆上。其他国家都已经成为它的牺牲品，到处都被机器所统治。但是机器是一个非常贪婪的家伙，每隔几分钟就必须喂它一次，而它的食物则是非常特殊的，它需要大量的煤、铁、铜和铅以及其他不能消化的原料，否则，就不能做任何的工作。一旦这些需要被满足了，一个国家的正常运转就必须依靠机器来维持，保证原料源源不断地供给就成为这个国家政府的首要职责，否则它的臣民将会面临饥荒的危险。

就拿正在恢复活力的德意志帝国来说，情况恰巧就是这样。

这个国家迟到了二百年才出现在历史的舞台上，为了弥补失去的时间，就大肆炫耀这种自以为是的活力，让其他国家都感受到一种模糊不清的未知的危险，并且采取措施保护他们自己及其祖先赠予他们的殖民地。

只要对过去三百年的历史有所了解，我们一眼就可以看出，反对德国的大本营在英国。为了统治世界，英国曾经一个又一个地击败对手。西班牙、荷兰、葡萄牙、法国，他们都被迫向英帝国割让海外的领土。

我不知道为什么德国人认定他一定能够战胜英国。但是德国人是最不善于玩政治游戏的，他们耽于哲学的思辨，而不太懂现实的政治。另外一方面，我们不难找出英国在所有殖民战争和事业中连续胜利的原因。

现在的英国，外交事务仍然还是（向来如此）一小批职业外交官的私人领地。这种传统有一个非常大的优点。在国际政治领域，英国人是唯一真正知道他们想要的是什么，并且能够一心一意、坚持不懈追求他们所想要的东西的人，这是其他国家所不具备的。

德国人直到 1914 年才发现打错了算盘，而这足以让他们付出惨重的代价。

由于双方宣传机器的肆意鼓吹，关于冲突最初起因的奇怪谣言也就迅速地流传。但是可以肯定的是，第一次世界大战的起因并不是由于奥地利大公被谋杀，或者是一个神圣的条约被违反，或者是英国、俄国和法国对小国权利的珍视所造成的。奥地利的大公在以前也被暗杀过，但是什么事情都没有发生。条约也经常会被违反，并且每年都会有那么一两次，但是也并没有人对此抱怨过。至于英国、俄国和法国对小国权利的珍视——这更是一派胡言。

即使战争注定要发生，有远见的历史学家早在1871年那个令人难忘的日子，当凡尔赛的大厅里为刚刚重建的德意志帝国而热烈欢呼的时候，就应该预见到战争不可避免。

战争的直接原因可以是任何事情：格陵兰岛的捕鱼权、塞尔维亚的生猪进口税、默兹山河谷的小煤矿等。

而真正的潜在原因，则是不幸的条顿人为了得到属于他们的那一份殖民财富，要求得到已经被其他国家所控制的便宜而丰富的原料才是战争的真正原因。

美国拥有比其他任何国家都多得多的煤、铁和石油，因此美国人民不可避免地被拖入了战争。

直到同盟国集团到了失败崩溃的边缘，美国才正式参战。在此之前，所有狂热的战争拥护者煽动人心的演说，对德国暴行添油加醋的描述，所有为政府政策进行辩护的蓝皮书、绿皮书、紫皮书，都没有打动大部分国民。

但是当普通民众的潜意识里开始觉察“战争即将降临到我们头上”。如果德国人获得了胜利，打败了英国和法国，就像他们打败了俄国、罗马尼亚、意大利和其他敌人那样，那么，我们就会是名单上的下一个，因为我们拥有德国人需要的更多的原料，他们将会向我们开火，夺走我们的机器所必需的原料。普通的公民模糊地意识到如果德国人冲破了欧洲国家的包围圈，那么厄运就会降临到他和他的孩子身上，于是，美国终于开始准备加入同盟国一方对德作战，德国失败的命运也就注定了。

因为这已经不再是一场人与人之间的斗争，而是机器与机器的对决。

任何优秀的统计学家都能够精确计算出战争的结果。而美国，在过去的六十年时间里专心致志地从事大规模的物品生产。现在他们把工厂里生产的不计其数的产品倾卸到欧洲的战场上，就像一位具有丰富经验的消防队长，有取之不尽的储备物资——他们的同事们已经把大火限制在一个城市的街区，而他们所要做的工作，就是满怀成功的信心从容不迫地把火扑灭。

1917 年 4 月 6 日，威尔逊总统[1]派出了第一批灭火器[2]。几周之后，他们出现在欧洲的土地上。几个月之后，他们投入了工作。后来，他们的数字又持续增加。他们源源不断地把大量的灭火物资运往旧大陆燃烧的心脏地带。在很短的时间内，德国和奥匈帝国就崩溃了。

随着一声可怕的巨响，大厦轰然倒塌了。

两年之后，大火被扑灭了。灭火器们也回家了。

然而那时威尔逊总统政府的表现，还不如一个大城市的消防部门有能力。

在火灾之后，不管它多么小，总是要委托一位消防队员监视那

[1] 威尔逊(Woodrow Wilson, 1856 — 1924)，美国政治家，第二十八任总统。

[2] 美国派出美军参战。

些失火的房屋几天或者几个星期。

这种预防措施看起来好像是没有必要的。

然而保险商将会告诉你这样做的理由。火灾本身是非常危险的。但是更大的危险却隐藏在余烬未熄的废墟之中。

一堆堆的灰烬看起来好像是没有危险的。好像一切危险都已经被消灭了。然而那些仍然灼热的还没有燃尽的东西钻进垃圾堆中有可能会点燃邻近的房屋。在人们认识到所发生的事情之前，火势已经蔓延到了整个街道。

一个孤零零的消防队员，叉着手，看着几周前的幽默画报，好几天甚至好几个星期都无所事事，这似乎是在无谓的浪费金钱和实践。然而最终他却能够证明这是一种极其经济实惠的投资。只需要一桶水他就可以防止灾难的再次降临，而这场灾难很可能会毁掉整个街区。

## ◆ 第 52 章　一个未知的世界 ◆

哥伦布跨越大西洋的航行，本来是为了寻找一条到达印度的捷径，但令人意想不到的是，他却发现了一个新的大陆，一个对当时的欧洲人来说还完全未知的新大陆。

425 年以后，美国回访欧洲，试图去拯救那向往已久的文明，他们面对的却是一个非常复杂的社会结构，这与交战双方的战争预言家所鼓吹的那些冠冕堂皇的思想是截然相反的。

当我说这些的时候，请千万记住一件事情：普通人是从来都不会从历史角度来思考问题的。特别是在我们的国家，物欲妨碍了思想自由健康地发展，历史决定的思维被斥为是浪费时间，这种思维方式被美国的开国元勋视为怀疑论的表现，而艾利斯岛的守卫者则应该把这种怀疑论阻隔在国门之外。

博学多识肯定能够让人在看问题的时候看到问题的各个方面。但这又会导致人们在行动的时候犹豫不决和思想上过于谦虚。而任何一个受过训练的老兵都会告诉你，这两个特点对军队的士气是非常有害的。因为那些美国的统治者公开宣称的目的，就是将老百姓组织起来成为一支训练有素的商业或贸易大军，所以任何破坏士气的事情都会受到谴责，如果有可能，就应从中学和大学的课程表中将这些破坏士气的东西剔除掉。

这种政策并不是没有好处的。年轻的一代不会被过多的、无用的思想负担拖累。但是另外一个方面，他们并没有做好准备扮演他们应该扮演的角色。

当我们国家的年轻人慷慨激昂地加入这场战争的时候，他们都满怀崇高的理想。

两个强国为了争夺原料而进行斗争，最终却演变成了恶魔和天使之间的冲突。一方面是英国的大宪章、圣女贞德[1]和拉法耶的民

[1] 圣女贞德（John of Arc，1412 — 1431），法国的女英雄。英法百年战争中，她鼓舞法军的士气，在奥连城击败了英军，成为一位传奇性的人物。后来被人诬告为“女巫”，被烧死。1920 年，法国政府表彰了她的事迹。

主；另一方面是“恐怖”“尼采”（不管他是谁）和一个由疯狂的暴君控制的专制国家。

问题看起来好像是非常简单和清楚的，没有人认为必须要为解决这样的问题制订一张详细的计划表。当一个正直的人看到一个恶棍在欺负一个小男孩儿，把他打倒在地并且抢走了他的钱时，他不会停下来讨论这件事情的是非曲直，而是立即冲过去把那个恶棍打倒在地。由于这一正直的形象经常出现在美国青年人的脑海中，所以也就会激励数百万人赶到另外一地方（欧洲）去履行他们最神圣的义务。

他们刚登上欧洲大陆，失望就随之而来了，很快他们发现欧洲是一个非常奇怪的地方，这里居住着一群奇怪的人——它本身就是一个自成体系的世界——美国的大脑从来都没有进行过探索。

当第一次世界大战结束的时候，六个帝国一夜之间就被从地球上被抹去了，美国人所熟悉的欧洲文明突然被那些饥寒交迫和被剥夺继承权而怒火中烧的民众所毁灭，1917 年高涨的热情很快就让位于 1918 年幻想破灭的沮丧。

在詹姆斯・门罗执政期间，发表了一篇总统咨文，让欧洲人不要干涉美洲的事务。

在伍德罗・威尔逊总统任期的最后两年，大多数美国人都要求给《门罗宣言》增加一条修正案，就是从今以后美国人都不得介入欧洲事务。

一次失望就已经足够了，永远不要再有第二次。

迄今为止的欧洲——由争吵不休的小单元和各国较大的专制集

团组成的欧洲——与那些无意识就学会用一个大陆的思维来进行思考的美洲人的口味完全不同。

由于突然意识到这个事实——旧的传统在慢慢复活，从心理上把美国看作一个国家而不仅仅是一个成功的经济发展模式——这就引起了精神和心理上的震撼，它至少可以促使我们重新考虑我们现在的信念和信仰，并且认真研究我们民族灵魂最深处的奥秘。

几乎所有的伟大人物在他们的一生中都曾经有过危机——这个时候，外部环境的残酷现实迫使他们不得不正视自己的使命。

直到 1916 年，我们一直都在沿着一条平凡的道路走向繁荣，而从来都不需要考虑未来。为我们工作的机器每天都迅速而愉快地完成他们的日常工作。我们全都过着舒适的生活。如果说我们偶尔也会担心什么事情的话，那就是关于农村自由投递的新规定和海地人民（或者芝加哥人民）互相残杀的暴力事件，如果我们真的拿出一些时间来处理这些事情的话，他们会在转瞬之间迎刃而解。

然而欧洲发生了剧变，欧洲古老的文明被毁坏，整个大陆积累的财富也被毁灭。

突然之间，我们知道了事情的真相。

欧洲也曾经在虚假的祭坛前崇拜过。

欧洲也曾经把积累无生命的物质当作最高的道德标准。

其结果就是——正如我们所看到的一切——混乱，彻底的、绝对的混乱。

美国第一次参加欧战就这样结束了，曾经希望能够成为一次伟大而光荣的十字军东征，但是最后却演变成了一次痛苦的、令人沮丧的发现之旅。

显然，是这个世界出了问题。不幸的是，美国人民要来解决这些问题。

不幸中的万幸，或者由于仁慈上帝的恩赐，我们可以做出自己的选择。

## ◆ 第 53 章　美国新道路 ◆

我们当时还不清楚，甚至都没有意识到，第一次世界大战的结束，也就意味着美国无忧无虑的快乐生活行将结束，这种生活状况下的国家，我们可以称之为“单身汉一样的国家”。但是在那场冲突之后，我们就不可能独立和自由地行动了。我的意思并不是说，我们走得有些远了，以至于卷入了争端，也不是说我们要继续与前盟友保持着正常的关系。由于我们的国家非常富有，我们可以同那些曾经与我们结盟的国家，甚至敌对的国家，提供经济上的援助。但是，也不能说因为我们已经背弃了我们的誓言，就不再会向美国最开始的那一个半世纪中那样无忧无虑地生活，在我看来，自由的丧失（我是这么看的）可能是第一次世界大战给美国人带来的最严重后果。

所以我将从这个角度来写最后的一章。从表面上看，并没有发生过特别巨大的变化，我们国家的大多数民众可能从来都没有意识到外面发生了什么。他们高兴地看到，战争结束了，日常生活又恢复了平静。人们把法国的行动看作一场光荣的圣战，而最终的结果却是以失败告终（我能否用这样带有贬低意味的话来描述这件高尚的事情），使双方陷入了争吵之中。美国的士兵满怀高尚的理想，要教训那些做出错误决定的人，帮助欧洲恢复民主，为世界赢得安全，但是仅仅几个月之后，这些人就垂头丧气地回国了，他们对新的盟友没有一点儿好感。

来自阿尔芒蒂埃尔的法国姑娘无法讨人喜欢，她们一直穿着破旧的羊毛大衣，木制的鞋子上沾满了牛粪，看上去有些邋遢，除了钱，她们什么都不关心。成千上万对鸡肉和法国葡萄酒感兴趣的小伙子，突然从爱荷华和阿肯色的农场，来到遥远的奥弗涅山和加莱海峡的小村庄，接待工作就不可避免。那些负责接待这些士兵的地方官员和店主们，在接待工作中暴露出了他们吝啬的天性。即使是那些看起来很重视美国人的高层人士，也只是挤出一部分官方开支来支付给这些美国士兵，并没有解决这些救世主的困难。然而幸运的是，由于语言上的障碍，使他们难以进行直接明了的沟通，所以美国人也就无法得知他们所遭受的侮辱。但是在英国则没有这种安全阀的保护。于是，当两个人谈论（他们刚好在讨论共和政体与君主政体的优劣）某个绅士可疑的身世时，对方立刻就能够清楚地知道他所说的是什么。语言的统一，更有助于盟友之间相互理解（希望通过世界语和沃拉卜克语实现世界和平的人所渴望的场景），经常导致国王谦卑的臣民和总统的神圣公民之间发生流血和痛苦的冲突。

更为糟糕的是，在德意志帝国溃败之后，德意志帝国的皇帝乘坐飞机逃往了荷兰，美军不得不承担起占领一大块德国领土的责任。莱茵河和摩泽尔周围平静的村庄、整洁的街道、布局整齐的房屋、活泼可爱的儿童、面带微笑的妇女、和蔼诚实的旅店老板，以及热心肠的市镇官员（试图以期获得占领者的友谊）——他们与大西洋彼岸来的这些单纯的小伙子们的认识形成鲜明的对比，而那些小伙子内心充满了矛盾和疑惑，他们无法看清事情的真相。

他们在给家人写信的时候，经常会这样说："这个古老国家中的德国佬，和我们小时候经常看到的那些老家伙十分相像，这些老家伙都留着胡子，他们喜欢在合唱晚会上蹦蹦跳跳。他们每个人对我们都很好，他们的女儿在厨房里帮妈妈做家务，他们都是很好的人。为什么我们听到的宣传却把他们说成野蛮、凶残的德国佬呢？为什么在我们离开的那个周末他们给我们苹果馅儿点心做晚餐，而在法国我们又得到了什么呢？"如此等等。

他们忘记了（他们的经历很少），这里是世界上最富庶的葡萄产地，这里的居民愉快地、无忧无虑地生活在莱茵河畔，与那些专横霸道、骨子里满是冲动、随时都会爆发、要把世界带入死亡和喧嚣的普鲁士人不同，他们与其说是德国人，还不如说是斯拉夫人。

由于盟军犯了一个非常严重的错误，没有占领柏林（他们日后会为此付出惨重的代价），所以，我们的年轻人只看到了德意志帝国的一部分地区，而这一地区的居民的血液里混有高卢人的血统，而我们的年轻人却将这里的居民与东部、西部那些黑暗的内陆地区生活的真正的德国人相混淆，所以他们自然也就会得出与真相相去甚远的结论，就像通过研究胡库塞和克瑞的迷人风景就去判断现代日本人一样。

很少有人会怀疑，当他们回国的时候，他们已经完全陷入了迷惘——他们还会有刚刚踏上欧洲土地时的良好感觉，他们认为把旧大陆联合起来是一件苦差事，欧洲的这些小国家愚蠢而高傲，他们全都是自私自利的，所以他们永远不可能达成任何精神上或者经济上的共识。

千百万美国民众都怀有这种看法，可以想象，威尔逊总统提出的建立国际联盟的计划不会很轻松，在这项计划中，美国将会扮演一个更为直接的和重要的角色。在这里，我们应该记住一点，这一点我们的历史学家很少注意到，曾经做过历史学家和教育家的伍德罗·威尔逊，对这场战争的理论方面非常感兴趣，而对实际战斗则没有什么兴趣。在这个方面，他与他的继任者正好形成鲜明的对比，后者就是在第二次世界大战时期一直领导着我们的国家的罗斯福总统。在担任威尔逊总统海军助理参谋长的岁月里，富兰克林·罗斯福[1]最关注的就是舰艇、水手和战士。当人们在阅读他的《大西洋宪章》时，就会产生这样一种感觉，在这里面可以读到他和丘吉尔[2]先生的思想。那就是大多数人所希望的，人们希望他们不仅要致力于赢得这场战争，而且还要为明天的世界做一些准备，对德国实施严格的军事控制。但是，人们只要稍微用点儿心去研究一下

---

[1] 富兰克林·罗斯福（Franklin Delano Roosevelt，1882 — 1945），美国政治家，曾经四次当选为总统。

[2] 丘吉尔（Winston Churchill，1874 — 1965），英国政治家、历史学家、画家，第二次世界大战时的担任英国首相。

威尔逊总统的《十四点计划》，那么就不会怀疑他的真诚，不会怀疑他对世界形势的深切关注。他相信，世界大战这类事情是不可能再发生的，因为人类的良知已经觉醒，人们知道采取哪些必要的措施可以防止战争的发生，我们的道德信念也可以做到这一点。

在人类的历史上，在感情或者利益的支配下，人类从来都没有从自己的良心出发考虑问题，所以人类会让一位教授去为未来的行动设计一套行之有效的、在道德上站得住脚的世界秩序，并且期望它能够得以实施。然而不幸的是，我们的年轻人都不是教授，如果有人想把这样的观点强加给他们的话，他们肯定会激烈地反抗。当他们返回家乡的时候，他们会迫不及待地告诉他们的家人和邻居，那些关于旧大陆国家公平和平等的话，纯粹都是胡言乱语，只不过都是在浪费美国人的大好时光和金钱，我们最好还是及早离开欧洲，这对我们大家都有好处。

然而威尔逊总统不仅是一位学者，他还是一位大学校长，而大学校长是不容许自己的观点被否定的。他们真诚地相信自己是站在上帝一边的，如果他们的计划遭到反对，那么他们就会感到十分愤慨。在所有为人类未来的幸福制订的计划中，有哪一个能够比基督教长老会派教徒、美国的第 24 任总统托马斯·伍德罗·威尔逊的计划更为周详呢？当然没有，所以，谁干扰了他的宏伟计划，谁就是在亵渎神灵。

“噢，是吗？”退伍军人会嘲弄他，并打算把他们前任总司令的《十四点计划》埋葬在脏话大山的下面，这样就永远也看不见、听不着了。如果欧洲想组建一个国际联盟，那么就让他们自己去搞好了，我们还要祝愿波兰人、捷克人、阿尔巴尼亚人、立陶宛人、匈牙利人、罗马尼亚人、比利时人、西班牙人、葡萄牙人交好运，如果他们连德国人都允许加入的话，这当然就很有问题了，当然我们也会祝德国人好运。但是对于生而独立、自由的美国人来说，要让他们提高警惕并且离得远一点儿，否则他们将会为此而悔恨终生，欧洲人会让他们干所有的最脏、最累的活儿，就像后来所发生的事情一样不愉快，连他们使用的战壕都要交租金，而这些战壕是让他们用来对付德国人的。

在这里，我提到我们为战壕付租金的老故事，是因为它代表了战后我们对待盟友的态度。这个故事当然是杜撰的，但是每个人都愿意相信它，在历史上，事情的本来面目与人们相信的完全不一样。阿道夫·希特勒肯定是过去五十年中最臭名昭著的刽子手之一。但是，成千上万的德国人却相信他们的元首是条顿民族全部美德的化身，他们坚信，他们的元首是万能的上帝赐给他们的礼物，将带领他们的民族进入主宰世界的乐土。这些观念的后半部分我们必须予以清算，而前半部分则大可不必去管它，因为它并不可能改变纳粹奴隶的思想。因而，从理想的角度去争论一个问题是没有什么意义的，如果国际联盟能够帮助人类避免下一场灾难，那么世界一定需要它。但我们的大多数人民并不愿意接受它，他们的理由是完全合理的，也是非常充分的，所以，威尔逊总统注定会非常失望。与其他所有的事务相比，这项事业是他最重视的，这项事业的失败对他身体的损害也是非常严重的。这次严重的打击，使他在总统任期的最后一个月里中风了。他已经无法理解人民的想法，也不能领悟他们对外国人的不信任，一旦一个处于高位上的人、负有巨大责任的人，无法理解政治的高明之处就在于做“可能做的事”，他的结局只能是孤独和悲伤。

对于美国人来说，他们既为他们的领导人得到这样的结果而感到难过，同样也会用最粗鄙下流和最不体面的方式来庆祝他的结局，而仅仅是几年以前这个人还被视为人类的救星。但是，也有一小部分有远见的美国人，意识到现代的交通运输工具已经使美国成为世界不可或缺的一个部分，大部分美国人的生活又回到了战前的状态，做他们喜欢做的事情，在尽可能短的时间内积累尽可能多的财富，并且建立一种生活标准，保证每个公民的餐桌上有两只鸡，每个家庭的车库里有两部汽车，做这些事情的时候根本就不需要考虑世界其他部分的想法。每个地方都会有一些不受欢迎的人，他们总是喜欢嘀嘀咕咕发出不和谐的声音，他们会说如果对消费和投机不加以节制，那么灾难就会降临。但是他们很快就发现了，一个人无法同一百万美元作战，而当每个人（除了他们自己）都至少拥有一百万万美元的时候，那些忧郁的悲观主义者就会被粗暴地踩在脚下，而快乐的人们则成群结队走在前往救济院的路上。

悲观主义者（像历史上经常发生的那样）比乐观主义者对形势有更深刻的理解。股票交易所已经出现轻微的震荡，但是没有人理会；接着天花板的碎片开始坠落；然后墙壁开始出现了严重的裂缝；最后，随着一声巨响，荒唐、虚伪和物欲的大厦轰然倒塌。对于这场灾难，人们根本就没有任何防范。那时，只有到了那个时候，美国人民才意识到，他们的利益遭受了巨大的损失，当世界到处都有魔鬼的时候，他们才知道究竟发生了什么。那时他们才能够理解——在那以前只有极少数不受欢迎的作家和职业观察家才清楚——美国是世界的一个组成部分，就像现代城市中的任何建筑都是这个城市的组成部分一样，如果在摩天大楼的周围数英里内是一幅房屋倒塌、瓦砾遍地的景象，那么，即使是最雄伟坚固的大厦也会显得很衰败。

这就是为什么如果我们不了解最近二十年在地球上的其他地方发生了什么事情，那么就不可能理解这段时间内美国的历史。作为一位值得信赖的报告者，我现在可以为你们简要叙述一下发生在俄国、土耳其、希腊、德国、利比亚和埃塞俄比亚的事情，这样一来，在我们一起了解那些不幸的事件之后，我们都可以得出这样的结论，他们一定会对我们产生负面的影响。

从一开始就存在缺憾，历史和疾病有很多相通的地方——没有人能够准确预见它们将会如何发展——即使是最聪明的评论家也无法做出准确的预测，他们曾经试图用令人信服的雄辩，来预测出即将发生事情的大致轮廓。

在我们祖先生活的时代，人们在自由之树下热情洋溢地舞蹈，他们深信法国大革命高举的自由、平等、博爱的旗帜已经飘扬在新旧两个大陆的每一个地方。拿破仑帝国野蛮的二十年的奴隶制统治，已经告诉他们结论不要下得太早。1848 年的革命没有能够导致民主政权的出现，反而导致了霍亨索伦家族和哈布斯堡家族反动统治的建立，并且使拿破仑三世接过了他那著名的叔叔早已过时的王冠，他的叔叔就是拿破仑一世，波拿巴家族最显赫的人物。第一次世界大战的目的是为民主创造一个和平的世界环境（换句话说就是继续维持旧的帝国之间的平衡），当这场大战终于结束了，谁是最后的胜利者呢？我们还是坦白承认了吧！那时以为名不见经传的俄国革命家——尼古拉·列宁（这不是他的真名实姓，而是源于他的出生地尼古拉·乌里扬诺夫）取得了胜利，因为他使世界六分之一的地区走上了马克思的社会主义道路，这是旧式的民主最希望做的事情，也是他们最不希望的事情。

世界上的事情一直都是这样发生的，并且还将继续发生下去，直到人类演变成为逻辑思维的动物，现在看来这条路似乎还很漫长。因此，当我在阅读有关战后世界的书刊报纸时，以及听到关于我们为和平做准备的演讲时，甚至是被邀请拜读神圣的《大西洋宪章》时，我都感到有必要抬高抗议的声音，并警告那些被热情冲昏了头脑的人（他们想让我相信，毫无意义的杀死我们青年人的战争将要结束），当前的冲突必然将会愈演愈烈，那些神圣的条约都将归于无效，人类只能是苦苦地挣扎，直到最后出现一位天才的领导者，向我们显示他是如何管理一个国家的，其实就是把国家当作一家成功的商业公司来操作，由诚实的、有能力的管理者来进行管理，而不是一个政治组织，由那些凭借能说会道的能力获取高职位的人统治。

自从希腊人开始进行自治实验，人们就已经知道演说是民主制度最危险的敌人。演讲天才和音乐天才是十分相似的，但仅仅都只是艺术而已，所以没有理由指望那些政治舞台上的首席男、女演员能够治理好复杂的现代国家，这就像不能指望大都会歌剧院的首席男高音或者卡耐基音乐厅的钢琴家和提琴家创造类似的奇迹。但是我们仍然生活在狄摩西尼的影响之下，这个人具有非凡的雄辩口才，他可以仅仅凭借神奇、华丽的辞藻就说服他的同胞，毫无顾忌地放纵，最终导致希腊失去了独立。

我们现在就像中世纪处于教会统治下的人们那样，完全处于“民主”这个词的控制之下。当我们遗憾地看到我们的威廉·詹宁斯·布莱恩[1]试图成为政治家时的可怜模样，我们就有了一个观察现代狄摩西尼的机会。布赖恩是最近五十年最优秀的演说家，他低沉的嗓音让我们国家的两代人为之着迷，但是现在他有机会成为国家的真正领导人，他不仅会把我们带到灾难的边缘，而且还会将我们带到荒谬的边缘，这对于一个大国的声望来说是非常致命的。我们不得不让他离开，我们这些有着世界上最好的性情、耐心和经历长期磨难的人，最终也不得不得出结论，单凭富有激情的喉咙并不能够治理好一个20世纪中叶复杂的工业国家。

为什么要谈论政治理论领域？因为在美国历史的最后一章，还不如尝试做一些建设性的工作。有一天，战争终将会结束，接着，如果我们按照一百五十年前的方式重建和平，那么和平文件上的墨迹尚未干的时候，我们自己就会制造出另外的麻烦。我们的开国元勋都是18世纪自由主义的忠诚信徒，他们选举美国总统、副总统的时候知道该怎样做出自己的决定。他们会选择那些独立的、不容易被空洞华丽的辞藻所控制的人作为联邦的总统和副总统。但是国父们进入墓坟不久，破坏势力就重新登上舞台并且毁弃了华盛顿、杰斐逊、麦迪逊做出的成果，使政治成为野猫争斗的表演场，在那

[1] 布莱恩（William J.Bryan，1860 — 1925），美国辩论家，1896年，他曾被推举民主党总统候选人，但是被共和党人麦金莱击败。

里，谁的“喵喵”声最响，谁就会被视为当然的领导人。如果政治进入了这种决斗场，那么人类的命运也就注定了。自从伟大的演说家主宰世界以后，世界就难觅和平——他们仅仅依靠言词就可以影响他们的同胞，他能够使六千万人热血沸腾，说服他们按照他的想法行事，而且不计一切后果，最后，整个文明世界将被抛进残酷的、致命的、死亡的、绝望的深渊，我们只希望他们自己能够得到解脱。

在谴责希特勒的时候，我们也不必太傲慢。不过是因为我们的运气好一些，才使我们避开了社会中潜在的希特勒，而下一次，我们也许就没有这么幸运了。因为现实的世界是一个建立在科学事实、理性和常识之上的世界（一个我们最为渴望的目标），除非议会明令禁止辞藻华丽的辩论——这种夸夸其谈早就被那些一直致力于寻找挽救人类生命新方法的科学家们废弃了——否则我们将再也没有机会。这些认识使我迷失了原来的方向，但是我还有时间返回我的起点。现在，我想要简要叙述一下发生在旧世界的事情，这些事情几乎导致了灾难性事件的发生，这些事件将导致每个车库里的豪华汽车变成了两只迷途的猫。

现在我准备谈谈俄国。如果协约国能够了解遍布俄罗斯大地的不满的真相的话，他们或许能将沙皇俄国从彻底崩溃中挽救出来。这一崩溃使布尔什维克的崛起成为可能。然而，由于一系列的误解，同盟国的外交一片混乱。享有治外法权的外交使团是一个非常奇怪的阶层。其他的官员由于犯下了严重的错误，他们可能会受到严厉的惩处，并且可能会被解职，如果他们缺乏洞察力和预见性，那么他们就有可能受到死亡的惩罚。另外一方面，因为外交官的不称职而导致了灾难性的后果，却在一队警察的护送下，坐上专门的列车，并得到一束送别的鲜花，向对面敌国的同僚们点头哈腰、阿谀奉承。回国之后，他们拒绝为自己错误的判断进行任何解释（“我们必须严守国家的秘密”），他们向上级礼貌地打个招呼（不要怀疑戈林先生狩猎房屋里响起的枪声，也不要因为底特律的某位小姐变成亲爱的波多里亚伯爵夫人而大惊小怪），然后就消失得无影无踪，除非他们打算用拿破仑的技巧写回忆录，在回忆录中，他们将会掩盖自己的错误，并且诋毁他们的对手，否则他们将会被遗忘。

我们应该公平地对待每一个人，即使他是坏人。在“一战”后的二十年间，外交官们非常忙碌，但是他们却仍然像什么都没有发生过一样，还是按照老办法来行事，这种办法从梅特涅使用阴谋手段编织网络统治世界以来就一直在使用。他们没有意识到，神圣同盟建立以来，欧洲已经发生了巨大的变化，无休无止的会议可以在进行反击的时候发挥作用，但是，收音机和飞机已经改变了时间和空间，国家的人口也不再是由虔诚、顺从的农民构成，而是由训练有素的产业工人构成，这些人受过良好的职业训练，所以他们对如何使用枪械是十分精通的。

当凡尔赛的政治家们企图将世界恢复为原来的模样时，这个旧的时代早已经变成了博物馆里的标本了（但并不是让人感兴趣的标本），希特勒粉墨登场了，而那些受人尊敬的老古董们却好像正在为火星人立法似的非常可笑。他们把世界看成一个庞大的控股公司，由董事会来进行管理，而董事会的成员就是他们自己。

他们首先要做的就是打算恢复俄国的秩序，并且资助那些由原来的沙俄将军率领的远征军，他们把希望寄托在这帮无法无天、不负责任的雇佣军身上，希望他们能够在很短的时间内将可恶的布尔什维克赶走。甚至是美国，都被误导进入了歧途，也决定参与这件徒劳的事情，他们试图让一百年甚至更久以前的罗曼诺夫王朝的统治重新复活，并将赐福于遭遇不幸的俄国人。

这些远征军的首脑们被节节胜利的共产党军队击毙之后，那些高级官员（以及他们来自波多马克河畔的年轻同事们）决定不再对俄国的内部事务进行武装干涉。他们现在试图建立一道新的防线——经济封锁，让“邪恶”的布尔什维克尽快向他们屈膝投降。当他们的目标无法实现的时候，他们又在思考另外一件事情，那就是最近在他们的帮助下重新建立的波兰帝国或许能够回报西方给予它的文明。于是，他们就怂恿约瑟夫·毕苏斯基发动了一场针对他东边的斯拉夫邻居的战争，他曾经是一位社会主义的煽动者、波兰独立运动的领导人。波兰帝国的梦想是，能够统治从维斯杜拉河到第聂伯河的广阔领土，这个梦想驱使每个波兰人都愿意做出最大的牺牲。在一批战功卓著的法国军官的帮助下，韦甘德将军率领波兰人进行了一场反对俄国人的战争，并且取得了胜利，毋庸置疑——他们至少是在一个时期内——成功地阻止了共产党人染指欧洲的西部。但是最终没有能够赢得任何东西，波兰军队打到第聂伯河岸边，但是很快就不得不再次退回到维斯杜拉河。唯一的成果就是证明了波兰的无能，现代民主国家对于波兰不适合。老毕苏斯基又于太过精明，以至于无法成为新国家的独裁者。自治政府的形式在表面上被保留了下来，但是美国——什么好处也没有捞到——只是耸耸肩膀说："还是老一套！"然后从乱作一团的欧洲撤了出来，远离那些不思进取的国家和自私自利、不负责任的政客。

与此同时，一个奇怪的谣言正越过阿尔卑斯山传到我们的耳朵里。意大利在战争中付出了惨痛的代价，而在凡尔赛会议上却一无所获。当意大利议会宣布无法控制局面的时候，可怕的事情不可避免地发生了。有一种事态是任何国家都无法承受的，那就是严重的骚乱。全部的商业和贸易活动都陷入了停顿。整个国家陷入了无休止的辩论中。在意大利完全陷入毫无意义的争吵海洋之前，出现了一个人，他对重建法律和秩序有非常明确的计划。

大多数意大利人都不信任这个前社会主义的鼓动家，第一次世界大战爆发以前，他的时间多数都是在这个或者那个监狱里度过的。但是，意大利人必须做出选择，要么是墨索里尼统治下有秩序地生存，要么就是工党领导人统治下的混乱状态。把两种不好的状态进行权衡，当然是选择稍微好一点儿的，因而他们选择了墨索里尼。当意大利逐渐成为一个典型的法西斯国家时，没有人感到特别吃惊，也没有人做出极度愤慨的表示。

对于我国的大多数人民，他们毫不介意。从地中海度假归来的旅游者们说，那不勒斯街头的所有乞丐都消失了，对于单身旅行者来说，意大利比芝加哥更为安全，那里列车正点运行，银行不欺骗持有信用卡的顾客。美国人认为，这个能够创造如此奇迹的人肯定是一个非常优秀的人，他明白自己在做什么。当看到造访我们港口的威武的意大利舰船，美国人都会产生敬畏之情，这些船在服务和舒适程度方面要远胜于我们的轮船，我们的轮船上充斥着缺乏训练的服务员和狂妄自大的水手这样目无法纪之辈。

新的法西斯政府绝对是一个反动的组织，但在当时却没有引起我们的注意。一些美国人热情地赞同墨索里尼的观点，让妇女回到她们本来的位置。一直以来地中海国家的妇女都只负责抚育儿童、管理家务、温顺地服从贵族统治者，做丈夫的附庸。拿破仑本人（他也像墨索里尼那样轻视妇女）也没有将妇女的地位贬低到法西斯意大利时代的地位。法国的专制君主曾经试图将大学转变为统治者进行政治舆论宣传的地方，但是与墨索里尼相比，根本就不算什么。

至于新闻出版界，它已经不是表达各种观点的工具，而是已经成为政府寒酸的喉舌。至于议会还是少谈为好。因为意大利的议会对国家的政治生活早就已经不具有任何影响力了，这一点是千真万确的。就像我前面说过的那样，议会已经成了一个辩论的场所，在议会里，那些最卑劣的政客们在互相进行攻讦，除了极少数有道德的人之外，他们根本就不会为这个国家制定什么政策，更谈不上去听取乡村、庄园那些高贵的先生们提出的建议。尽管这样，我们还是觉得所有这一切都与我们毫不相干，而我们的商人感到欣慰的是，终于有一个国家把工会教训得老老实实了。所以，我们什么也没有做，只是将最真挚的祝福送给了墨索里尼，让他为所欲为，只要他偶尔给美国资本家一些利润丰厚的合同就可以了。因为此前，这种合同都被英国的竞争对手抢走了。

下面我们来谈谈法国。可怜的法国！它最优秀的孩子都战死在疆场。议会的政客们紧紧地抓住了国家的权力，他们在“政治家”这个尊称的掩饰下干着一些见不得人的卑鄙勾当。他们使法国陷入了一次又一次的危机。他们瓜分了国家并且还互相抢劫，他们甚至收买了司法官员。但是当美国的旅游者带着用美元换回来的法郎回国后，却兴高采烈地描述这个幸福国度的自由生活，而忽视了法国的真实面貌。

也许还应该浏览一下欧洲其他国家的情况。在斯堪的那维亚地区，瑞典、荷兰和芬兰都是很好的例子，如果鼓励将政治作为有规律的管理科学的一部分，并且用理性来替代激情和传统，那么国家就能够为全体公民的福祉效力。但是这些国家的领导人都被视为社会主义者，而在美国人的眼睛里，任何与社会主义沾边的东西都是非常可疑的。虽然我们在口头上称赞这些社会主义国家在经济和社会方面所取得的巨大成就，但实际上我们却在小心翼翼地避免遵循他们的做法，不让我们的热情超出斯堪的那维亚式自助餐的餐桌，有礼貌的瑞典人常常会在这种餐桌上招待我们的国会议员，这些国会议员到太阳不落山的地方来旅行，就是想看个究竟，那些斯堪的那维亚人到底是用什么办法做出了那么多的成就(没有放一枪一弹，也没有任何带有明显敌意的创造)，这些事情我们是做到的。

关于巴尔干的国家，他们是很容易被我们忽视的，除了把他们王室成员的造访当成荣耀之外。关于他们，我们听到的通常都是丑闻，这些丑闻本来应该向我们显示（但是没有能够做到），我们投向这些国家的金钱，在离开我们海岸的那一刻就如同石沉大海了。

我们以前的敌人，因为战败而感到无望的德国人。我们都很奇怪，为什么会宽恕他们。他们已经被征服了，他们非常清楚这一点。现在，他们有了重新站起来的机会，在世界分工中取得了他们应得的那一份。那些德国的领导人并没有从他们最近的经历中汲取任何东西，至少他们没有因为失败而收敛，他们仍然像过去那样贪恋权力。我们向他们提供了几百万美元（大部分都被证明是白白扔掉了），他们却认为是理所当然的。德国人认为，那些钱对于德国来说是必不可少的，这些钱可以使德国达到一定程度的繁荣，以便开始偿还犹如天文数字的战争赔款，那是凡尔赛和会的领袖们强加在德国人民身上的沉重负担。

阅读这本书的大部分读者，应该能够记住赔款这件事情，因为我们的新闻中每天都会提到这件事情，当然，并不一定能够完全记住关于这件事情的所有令人伤心的细节。很少有人能够想象得到（甚至是大胆地猜测），我们正在商谈的这笔款项的数目，而能够想到这笔数以亿万元计的赔款的千分之一以上，将会流入伦敦或者巴黎的人就更少了。对于我们来说，整个交易看起来是非常愚蠢的，我们要感谢埃及的慎重，使我们免于成为那个著名的国际联盟的一分子，虽然这个联盟曾经是我们伟大的战时总统的理想。当我们看到欧洲人除了混乱一无所获的时候，我们更加为自己的选择而感到庆幸。

现在仿佛又回到了外交会议的时代。一百二十年前，梅特涅就曾经通过无休止的会谈来维持欧洲的平衡。外交家们想继续效仿梅特涅，做相似的事情。我并不想为你们列出这些会谈的详细清单。但是，差不多每六个月就要举行一次这样的会议，同盟国人数众多的谈判专家在无休止地讨论“解决方案”，而这些解决方案在形成正式的“条约草案”之前，就注定了要以失败告终。这些会谈不会对任何人有利，当然，当地饭店的老板和铁路公司却获利颇丰。

在众多会议召开的期间，一群新闻通讯记者向美国传递着欧洲事态的信息，这些记者的工作热情很高，他们能够迅速地获取资讯，他们的使命感很强，就是希望能够描绘出一幅能够被人们所理解的自由民主制度的图画，以便我们国家的人民有机会表达他们对这类问题的见解。然而非常不幸的是，当这些事件发生的时候，我们却仍然在埋头赚大钱，而没有在乎其他的事情，更没有去关注自己的未来。对于普通的美国人来说，欧洲就像月亮那样遥远。我们认为，无论这些没完没了的争吵会是什么结果，我们都是安全的。大西洋仍然有三千英里宽，在上次世界大战期间，只有六艘德国U型潜艇能够接近我们的海岸线，而有人用九天的时间驾驶飞机飞越大西洋也成为轰动一时的大事，他受到美国人的热烈欢迎并得到百老汇的青睐。

至于亚洲，甚至比欧洲还要遥远。有一位作家写了一本书，他预言在不久的将来日本将会对美国发动进攻，他的预言在当时受到了人们的嘲笑，还有另外一位将军也不幸遭到同样的奚落，他预言说，在今后十几年内，我们的城市将不得不采取防御的措施，来保护自己，以防止德国轰炸机的袭击。

还有一些爱国者的组织（男、女都有），它们试图让美国人民知道他们现在是这个世界不可或缺的一部分，但是这些组织的影响却是非常有限的。普通的百姓都愿意把安全的保障的希望寄托在浩瀚的大海和仁慈的上帝，因为他们认为上帝会赐福和保护民主国家，并且能够保证正义一定会战胜邪恶。因此，当日本突然发动战争，撕毁全部条约，攻击中国并占领满洲的时候，并没有人特别担忧。我们的国务院还试图说服英国的外交部门，采取联合行动，迫使日本承担起义务。但是当时英国的保守党执政，他们只害怕一个敌人（克里姆林宫里的革命家），所以他们拒绝参与这一行动，所以在大洋的这一边，也就没有人把这件事看得很严重了。让中国人和日本人自己去处理这些事情吧，我们还可以把废铜烂铁卖给滑稽可笑的日本人，从而获得丰厚的利润，他们还会用这些东西来对付布尔什维克，除掉我们的心头大患。所以，我们对欧洲和亚洲的事务漠不关心，只想赚取巨额的利润，直到舒服的日子走到了尽头，我们才突然意识到，我们已经在白日梦里沉溺太久了，欧洲和亚洲都已经陷落，我们也正处在毁灭的边缘。我们告诉希特勒，现在他可以尝试突然袭击了。虽然距离第二次世界大战的爆发还有几年的时间，但是我们仍然没有认识到这一点，我们都是这颗行星上的乘客，每个人的幸福和不幸对其他人都会产生影响，就在我们不慌不忙地为那个古怪的狂人阿道夫·希特勒创造便利的时候，这个家伙的野心只有一个，那就是让德国人主宰整个世界。

这好像不是在讨论严肃的历史事实，是不是更像一篇哲学论文？如果是这样的话，我很抱歉，但在目前的形势下，当我们每个人都在为自己的生命和自由而战的时候，哲学家在解释一连串不可避免的事件的时候，比历史学家更为准确，因为哲学家总是从一个永恒的角度来看待那些事件，这是我们最容易接受的观点，如果我们想打赢这场战争，那么我们就需要接受这种见解。那些哲学家，他们中的很多人都装扮成普普通通的男女新闻记者，他们之所以享有这么高的信誉，就是因为他们尽自己最大的努力去唤醒我们的人民，告诉他们正在面临的危险。

我们的外交官们看上去和他们的英国同行一样患上了色盲症，他们都宣布整个世界沉浸在红色的危险之中，他们并没有看到灰色、黑色、粉色，甚至还有更多的颜色。

当前，美国国内经济的大灾难，导致整个社会传统的可信赖的现金支付体系，正在转变成为便利的却有些危险的信用卡体制。国内的经济灾难很快蔓延，使我们的人民丧失了最起码的生活必需品，迫使他们不得不像印第安丛林中的流浪汉那样生活，这些困难导致我们不可能将整个的注意力都放在保护我们的海岸、抗击袭击这项十分艰巨而复杂的任务上，纳粹和日本随时都会对我们发动袭击。

现在，悲剧突然降临到了我们的头上。这时已经万分危急，美国仍然只关注自己的事务，而无暇顾及世界其他地区的事务，它不愿意再参与到世界的事务中。华盛顿已经变成了社会和经济活动的马蜂窝。不可能让成千上万的美国人继续睡在走廊或者公园的长凳上。上百万的年轻人非常需要照顾，这些人已经被抛给了社会。这个国家尽管是按照“个人奋斗”的信条发展起来的，但是现在却开始怀疑这个时代已经过去了，原来，人们可以愉快地做自己的事情，不去关心那些倒在路边（并不是他们本身的原因）或者年迈无力需要救济的人。结果，现在出现了许多新的联邦组织，它们将许多普通的美国人从最可怕的噩梦中解脱出来，将人们从未来的恐惧中解脱出来，使他们更加快乐。而在以前，这些组织是不会被美国人所接纳的。

当然，这些做法肯定会遭到某些社会阶层的强烈反对，因为在此之前，这些阶层从“人不为己，天诛地灭”的古训中得到了很多好处，而现在，他们已经预感到共和国即将崩溃和毁灭。但是，许多年过去了，却什么事情也没有发生，大多数民众的生活依然如故，照旧吃这一日三餐，穿着西装革履，每天大部分的时间都花在开着小汽车往来于电影院上，这些变化并没有导致那些新政的敌人所预言的革命的爆发，相反，它们已经成为国家结构中的一部分，再也不会从法律中删去。如果不是大洋彼岸不断传来隆隆的雷声，我们也许还在继续沿着和平的进步道路前进，而现在，暴风雨随时可能来临。

但是，我们仍然没有认真地关注事态的发展，好像那些事情离我们仍然非常遥远，而上次世界大战所留给我们的不幸回忆又在我们耳边响起。由于某些原因，所有种族的成分仍然没有融合起来，也没有有意识地变成真正的美国人，竭力利用这个大好的时机，企图浑水摸鱼，解决彼此之间的夙怨，而对于国家的利益却并不关心。结果，我们就很容易成为民主制度中最危险的薄弱环节的牺牲品，我们将再一次浪费宝贵的时间（每一个小时对我们成千上万年轻人来说都可能是生死时刻）辩论、争吵、毁谤、咒骂，允许大量的公民以“言论自由”为名，去阻碍那些战争的准备工作，也不管他们的争论是否有思考的能力、逻辑性、建设性，甚至是否爱国，如果我们的国家希望在世界末日来临的时候能够保全自己，那么这些准备绝对是必不可少的。

在那个致命的星期日早晨，日本人背信弃义的炸弹粉碎了所有对和平的祈望，我们才如梦方醒，不管我们是否愿意，我们都将成为这个混乱世界的一部分。

我认为，这是我们国家过去20年历史中，最重要的内容。我们一直在和不可避免的事态进行战斗。在美国建国后的一个半世纪里，我们完全都沉浸在快乐之中，此间，我们继承了一块未开垦大陆的所有财富，两个浩瀚的大洋保护着我们免受外国的侵略，我们得到了上帝赐与我们的恩惠。这一切好像都是上帝的旨意，这使我们忘记了所有历史教训中最重要的一条——行动和言论的自由并不是夸夸其谈地演说和痴心妄想，只有那些愿意为它们战斗、为它们劳动、为它们生活、（如果必要）为它们而牺牲的人们才能够获得自由；只有那些渴望并能够呵护和珍惜它们的人，用持之以恒的细心关照它们的人，这些人将行动和言论的自由看作这个他们称作“家园”的小行星短暂居留这段时间，追求的最高利益。

当这本书即将排版付梓之际，美国在吸取这些教训。在过去的20年时间里，我们犯下了太多的错误，我们将不得不为这些错误付出高昂的代价，就像每个人必须为判断失误承担责任一样。现在，我们终于认识到自己所处的环境，我们已经专心致志解决我们所面对的问题，一旦我们确信这项工作是值得的，那么我们就会非常乐于将它做好，这样一来，我们也就不必担心冲突的结局了。或许，我们可能不愿意生活在这样一个世界上：这个世界的一部分居住着心地善良的人们，至少是对伟大拿撒勒先知[1]的教诲非常尊敬，而

[1] 指耶稣基督。

世界的另外一部分则住着野蛮人，他们宣布，连襁褓中的孩子都不能免于大规模的屠杀。

但是一旦战争结束，我们就会有绝佳的机会，纳粹主义造成的巨大灾难将被清除，就像我们清除霍乱、天花和其他可怕的传染病一样。因为到那时，美国将向世界指明一条通向新的更幸福的文明形式的道路，在这种文明形式中，我们所有的人都将和我们的同胞一起，为了国家的利益而合作。这个国家是我们最宝贵的遗产和自豪的源泉，它就是自由、独立的美利坚合众国。

历史学家的困境就在于，如果讲真话，那么他就会引起众怒；如果满纸谎言，那么他将不为上帝所容，因为上帝是可以明辨是非的。

——尊者比德